Laurent Marchandiau

Word 2010

Micro Application

Copyright © 2010 Micro Application
20-22, rue des Petits-Hôtels
75010 Paris

Édition Juin 2010

Auteur(s) Laurent MARCHANDIAU

ISBN : 978-2-300-030574

MICRO APPLICATION
20,22 rue des Petits-Hôtels
75010 PARIS
Tél : 01 53 34 20 20
Fax : 01 53 34 20 00
http://www.microapp.com

SUPPORT TECHNIQUE :
Également disponible sur
www.microapp.com

Retrouvez des informations sur cet ouvrage !
Rendez-vous sur le site Internet de Micro Application www.microapp.com. Dans le module de recherche, sur la page d'accueil du site, entrez la référence à 4 chiffres indiquée sur le présent livre. Vous accédez directement à sa fiche produit.

1

Premiers pas

La sortie d'une nouvelle version de Word est toujours un événement. Et pour ce cru 2010, Microsoft a revu certaines fonctionnalités tout en gardant l'interface organisée en « ruban », initiée lors de la sortie de sa suite bureautique Office 2007. Il en ressort un Word bien plus réactif, apportant son lot de nouveautés. Partons à la découverte de ce traitement de texte le plus utilisé au monde et familiarisons-nous avec son environnement de travail !

OUVRIR WORD

L'installation d'Office 2010 ne présente pas de difficultés particulières. Il suffit de suivre les étapes pas à pas. Une fois cette opération effectuée, vous disposez d'une suite bureautique complète, composée par défaut du traitement de texte Word, du tableur Excel et du logiciel de présentation PowerPoint.

Il existe plusieurs manières de démarrer Word. La plus classique consiste à ouvrir l'application à partir du menu **Démarrer**.

1/  Cliquez sur le menu **Démarrer** de Windows afin d'accéder aux différents programmes installés sur votre ordinateur. Pour les utilisateurs de Vista ou de Windows 7, le menu **Démarrer** est représenté par cette icône :

2/ Cliquez sur la commande **Tous les programmes**.

3/ Cliquez sur le dossier *Microsoft Office*.

4/ Cliquez sur *Microsoft Word 2010*.

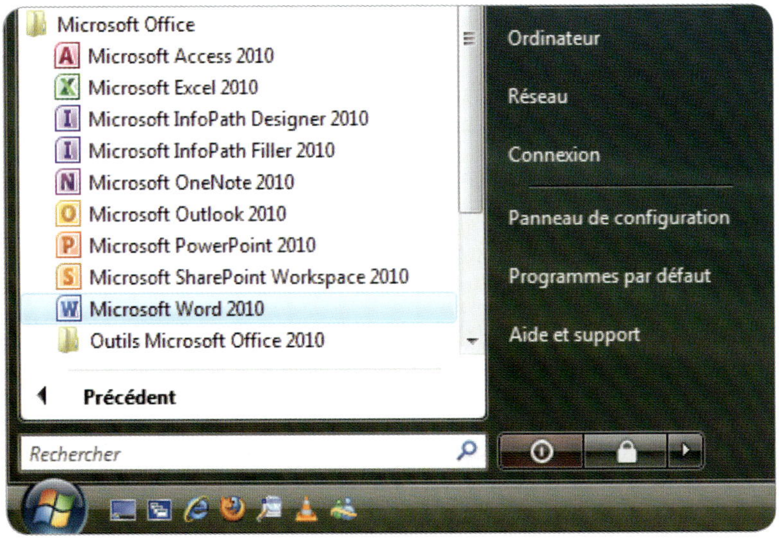

Microsoft Word 2010 est accessible depuis le menu Démarrer de Windows

Si vous utilisez Vista ou Windows 7, vous pouvez démarrer Word encore plus rapidement grâce à l'outil d'indexation intégré.

1/  Cliquez sur cette icône afin d'accéder au menu **Démarrer**.

2/ Dans la zone de recherche située juste en dessous de *Tous les programmes*, saisissez `Word`.

3/ Sous la rubrique *Programmes*, sélectionnez *Microsoft Word 2010*.

Le menu de recherche inclus dans le menu Démarrer de Vista ou de Windows 7 permet d'accéder rapidement aux programmes installés, tels que Word

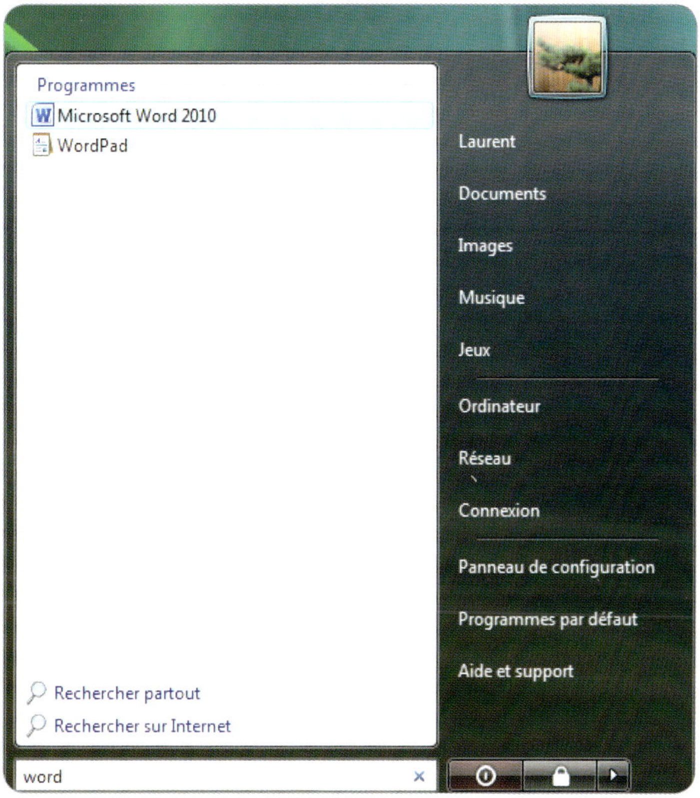

Une autre méthode consiste à créer un raccourci et à le placer directement sur le Bureau. Ainsi, un double clic sur ce dernier permettra de lancer l'application.

1/ Rendez-vous dans le menu **Démarrer**.

2/ Allez ensuite dans **Tous les programmes** puis dans le répertoire *Microsoft Office*.

3/ Cliquez du bouton droit sur *Microsoft Word 2010*.

4/ Dans le menu contextuel qui s'affiche, allez dans **Envoyer vers** et sélectionnez **Bureau (créer un raccourci)**.

La création d'un raccourci d'une application se fait via la commande Envoyer vers

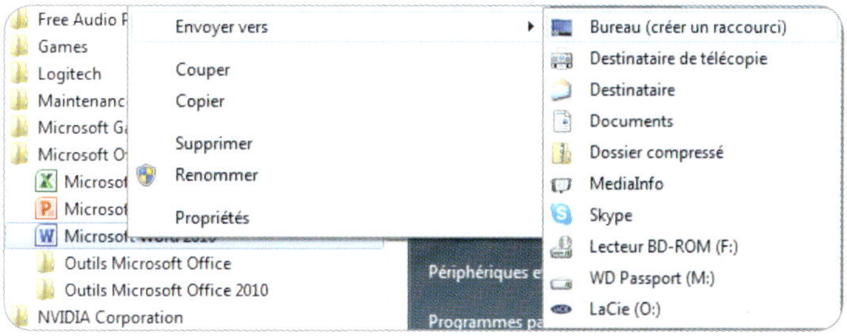

Lorsque Word est installé sur un ordinateur, les documents lisibles par cette application sont identifiés par l'icône dotée de la lettre W du programme. L'icône varie d'une version de Word à l'autre et selon que l'option d'aperçu du document est activée ou non (nous y reviendrons un peu plus loin dans ce chapitre).

Les documents lisibles par Word sont facilement identifiables à leur icône représentant le logo de l'application et les documents avec aperçu apparaissent différemment des autres

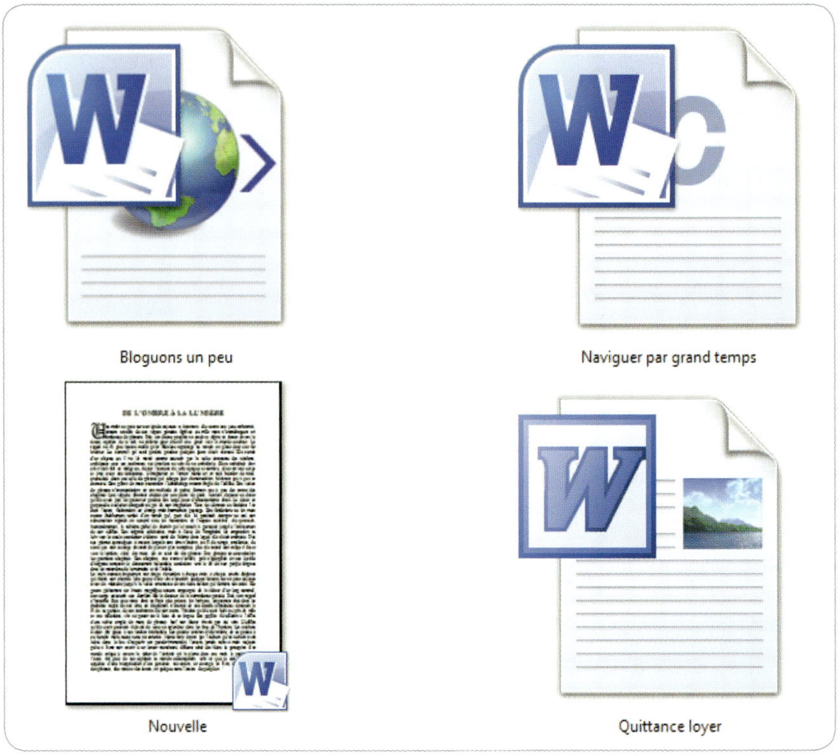

Astuce

Word rapidement

Une autre méthode bien moins prisée consiste à utiliser la commande **Exécuter**.

1/ Utilisez le raccourci clavier Win + R afin d'ouvrir la commande **Exécuter**.

2/ Dans celle-ci, saisissez `winword`.

3/ Appuyez sur la touche Entrée.

Avec Windows 7, il est désormais possible d'ajouter n'importe quel programme directement dans la nouvelle barre des tâches. Un clic sur l'icône de l'application disposée dans celle-ci lancera le logiciel.

1/  Cliquez sur cette icône représentant le menu **Démarrer**.

2/ Sélectionnez **Tous les programmes** puis rendez-vous dans le dossier *Microsoft Office*.

3/ Cliquez du bouton droit sur *Microsoft Word*.

4/ Dans le menu contextuel, choisissez **Épingler à la barre des tâches**. L'icône aux couleurs de Word s'affiche alors dans la Superbar (nom donné à la nouvelle barre des tâches de Windows).

Windows 7 permet très simplement de créer des raccourcis dans la barre des tâches

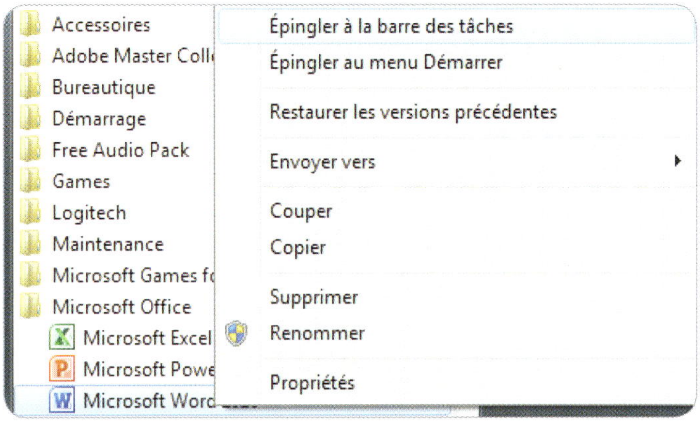

S'INITIER À WORD : L'INTERFACE

Avec Office 2007, Microsoft avait repensé l'ergonomie globale des logiciels de sa suite bureautique. Le Ruban remplaçait dès lors la traditionnelle barre de menus au profit d'une organisation en onglets. L'interface de Word 2010 reprend ce principe en apportant quelques légers changements.

Depuis la version précédente, l'interface remaniée comprend:

- Le Ruban : il remplace la traditionnelle barre de menus des versions antérieures à Office 2007. Il se présente sous la forme d'un bandeau horizontal où les principales fonctionnalités sont rangées par onglets.
- Le Live Preview : cette technologie donne un aperçu des changements avant leur application au document. L'utilisateur peut ainsi visualiser l'effet d'un type de police sur son texte ou de tel ou tel effet graphique sur une image, etc.
- Les galeries : elles représentent un ensemble de choix prédéfinis qu'il est possible d'appliquer à un tableau, un cadre, un style, une mise en page, etc.
- Le mode Backstage : digne successeur du bouton **Office** présent dans Word 2007, il est accessible depuis l'onglet **Fichier** (nous y reviendrons plus loin).

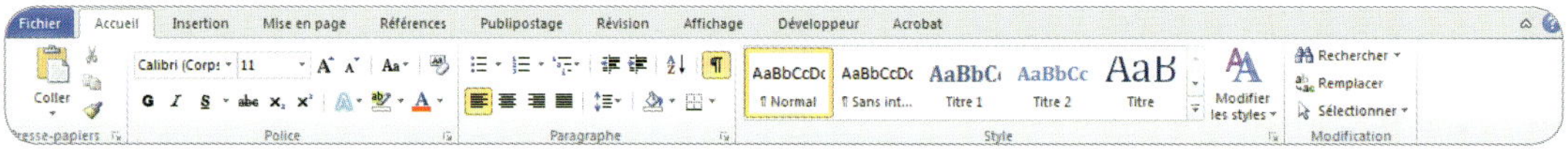

Le Ruban de Word 2010

L'interface de Word 2010 s'inscrit clairement dans la continuité de la version précédente. Elle se compose toujours de la même manière, avec le Ruban en guise de barre de menus, la barre d'état en bas et l'espace de travail au centre.

● Le menu Fichier

Lors du passage à la nouvelle interface, Microsoft n'avait pas jugé pertinent de garder le menu **Fichier** tel qu'il était ! Il cédait ainsi sa place au bouton **Office**. Sous Word 2010, l'onglet **Fichier** revient en force. Il convient désormais de parler de mode Backstage. Présentation…

L'onglet **Fichier** permet d'activer le mode Backstage. Celui-ci recense les principales fonctions permettant de gérer les documents ainsi que les données qui y sont liées. Mais pas seulement ! Il offre la possibilité de créer de nouveaux documents, d'enregistrer et d'envoyer des textes, d'inspecter les fichiers dans le but de retrouver des informations cachées, d'accéder aux paramètres de Word, etc. Il se compose :

- Des fonctions classiques d'enregistrement, d'ouverture et de fermeture de document.
- D'une rubrique *Informations* permettant d'accéder aux options de conversion, de protection et d'inspection du document. C'est aussi ici que vous pourrez récupérer les différents enregistrements automatiques de votre fichier en cours d'utilisation. Ce dernier apparaît en aperçu ainsi que les différentes informations qui y sont rattachées.
-   Comme son nom l'indique, la rubrique *Récent* contient les documents ouverts dernièrement. Notez la présence de cette icône permettant, d'un simple clic, de placer le document sélectionné dans la liste *Documents récents*. En cliquant de nouveau sur cette icône, vous supprimerez le fichier de la liste.
- **Nouveau** offre la possibilité de créer de nouveau document, soit à partir d'exemple, soit vierge.
- **Imprimer** dispose des principales options d'impression, allant du choix de l'imprimante, en passant par les options de mise en page, jusqu'à l'impression du document actif.
- **Partager** propose les différentes fonctions de publication en ligne des documents telles que l'envoi par e-mail via un logiciel de messagerie électronique, mais aussi la conversion d'un texte au format PDF ou au format équivalent XPS (concurrent du PDF créé par Microsoft).
- **Aide** permet d'accéder aux options d'aide.
- **Compléments** permet de se connecter à Office Live, le service de partage, d'édition et de création de documents en ligne de Microsoft.

- **Options** ouvre la fenêtre recensant les différents paramètres de Word.
- **Quitter** ferme le logiciel.

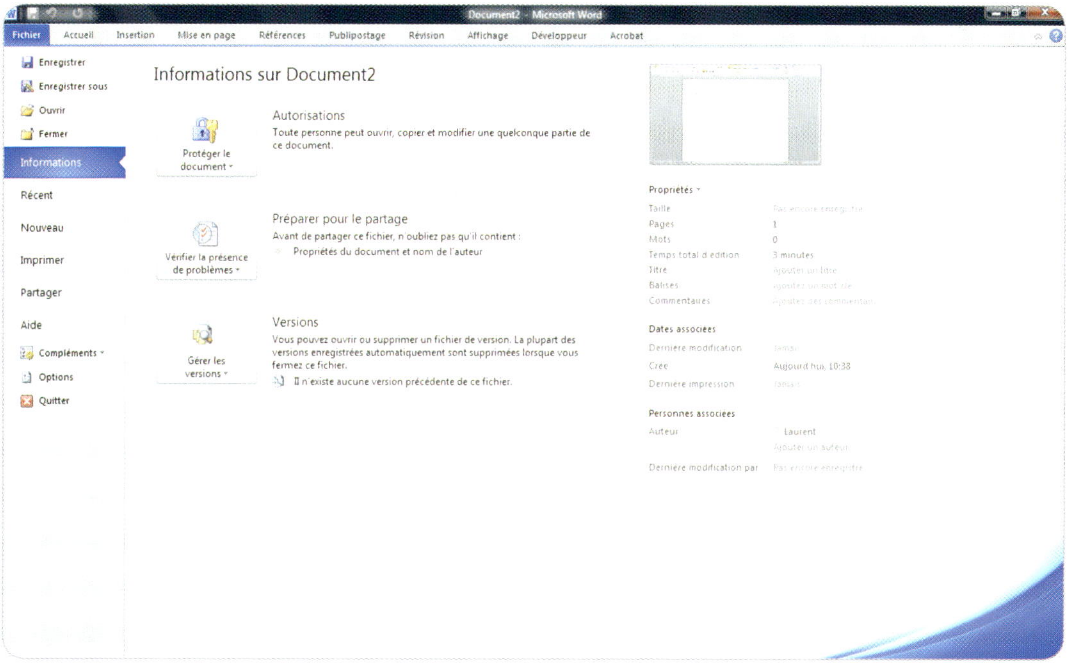

Le nouveau mode Backstage de Word 2010 permet notamment d'effectuer les opérations de gestion, d'enregistrement et d'impression

> Astuce
>
> **Quitter le mode Backstage**
>
> Pour fermer le mode Backstage et retourner à votre document, vous disposez de plusieurs méthodes :
>
> - Cliquez de nouveau sur l'onglet **Fichier**.
> - Cliquez sur l'onglet **Accueil**.
> - Appuyez sur la touche Echap.

Les onglets

Depuis Office 2007, la barre de menus a cédé la place au Ruban organisé par onglets, sous lesquels vous retrouvez les fonctions de votre logiciel. Word 2010 ne déroge pas à la version précédente. L'ergonomie reste globalement la même, Microsoft ayant mis l'accent sur la finition. Et c'est un pari réussi puisque les quelques changements opérés apportent une plus grande lisibilité.

Précédemment, nous avons vu le mode Backstage accessible depuis l'onglet **Fichier**, remplaçant l'ancien bouton **Office**. Les autres onglets réunissent les différents outils de mise en page nécessaires à la création de documents variés.

→ **Accueil** : c'est certainement l'onglet que vous utiliserez le plus souvent. Il intègre les fonctionnalités les plus couramment exploitées, classées dans cinq catégories.

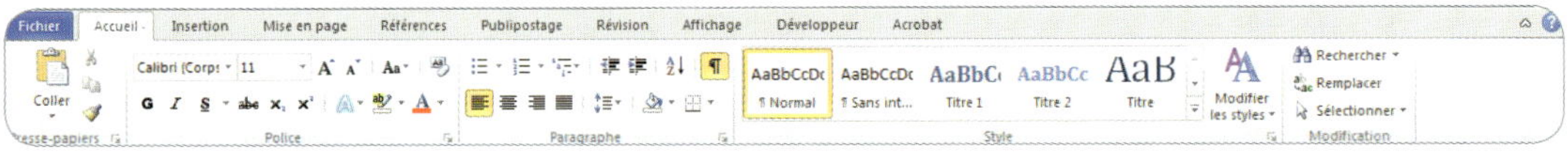

L'onglet Accueil

→ **Insertion** : il compte l'essentiel des outils permettant d'ajouter des éléments graphiques et multimédias.

L'onglet Insertion

→ **Mise en page** : il réunit les fonctions nécessaires à la présentation de vos documents.

L'onglet Mise en page

→ **Références** : il regroupe les différentes options de texte avancées, particulièrement utiles lors de la création de documents « volumineux » nécessitant une présentation plus aboutie.

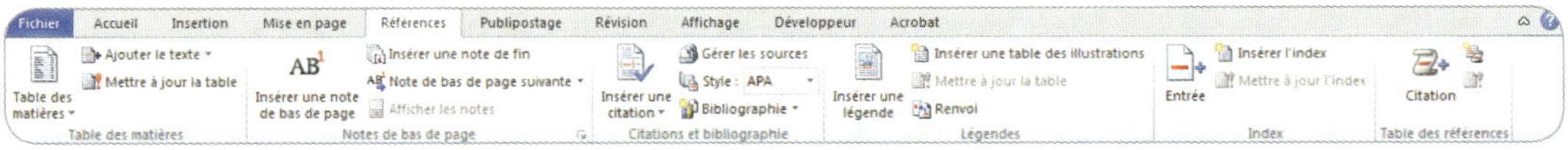

L'onglet Références

→ **Publipostage** : derrière ce nom se cache les outils de diffusion adaptés pour la réalisation de mailing et la création d'enveloppes et d'étiquettes.

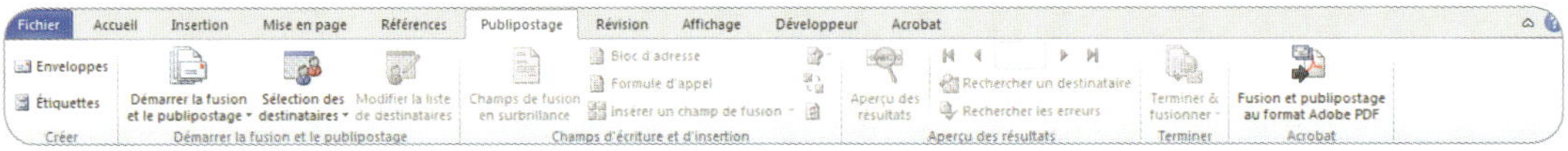

L'onglet Publipostage

Révision : sous cet onglet sont réunis les outils de correction orthographique et grammaticale, la fonction de traduction et surtout les outils de vérification, de comparaison et de création de commentaires. Le tout assure un meilleur suivi des différentes versions d'un même document.

L'onglet Révision

Affichage : les différents modes d'affichage et d'organisation de votre plan de travail sont disponibles ici.

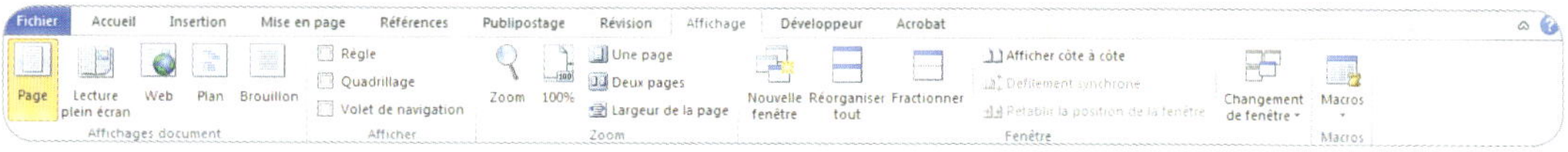

L'onglet Affichage

> **Astuce**
>
> **Naviguer d'un onglet à l'autre**
>
> Vous pouvez passer d'un onglet à l'autre rapidement :
>
> **1/** Positionnez le curseur sur le Ruban.
>
> **2/** Utilisez la molette de votre souris pour passer d'un onglet à l'autre instantanément.
>
> L'onglet **Fichier** permettant d'activer le mode Backstage n'est pas accessible de cette manière.

Ces onglets brièvement présentés sont ceux par défaut. Depuis la version 2007 de Word, le traitement de texte de Microsoft s'est doté de menus intelligents. Suivant les opérations que vous effectuez, telles que l'insertion d'un tableau, d'une image, d'un dessin, etc. d'autres onglets se juxtaposent, à côté de ceux par défaut. Cela évite d'encombrer l'écran de Word de multiples barres d'outils et permet ainsi de gagner en lisibilité. Si vous n'êtes pas un habitué de Word 2007, le fait que certaines fonctions soient réorganisées peut vous perturber. Une fois la surprise passée et après un léger temps d'adaptation, votre productivité en sera décuplée.

Passons à présent à l'onglet nommé **Compléments**. Il s'affiche dans les cas suivants :

Lorsque le fichier exécute des macros. Ces dernières permettent d'enrichir les fonctionnalités de Word, notamment en créant de nouveaux outils pour optimiser le travail (automatisation de certaines tâches répétitives). Les macros sont généralement créées par des utilisateurs pour répondre à des problématiques spécifiques.

Si vous utilisez des programmes tiers dont certains outils s'incorporent au Ruban de Word. C'est le cas lorsque vous exploitez l'application de création de PDF Acrobat, développée par Adobe, ou encore le correcteur orthographique Antidote, édité par Druide. Des onglets au nom de l'application s'afficheront probablement à côté de ceux existants.

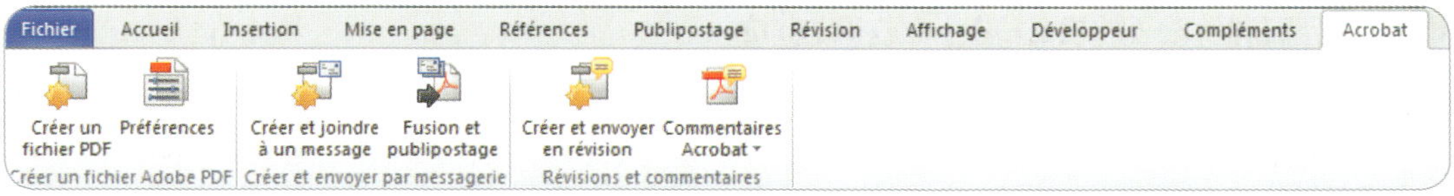

Des applications tierces peuvent ajouter de nouvelles fonctions dans Word, qui s'affichent alors sous la forme d'onglet au nom du programme, tel Adobe Acrobat

Sous chaque onglet, les fonctions sont classées par catégories. Certaines catégories contiennent bien plus d'options qu'il n'en est affiché à l'écran. Elles sont facilement reconnaissables à l'icône située à côté du nom de la catégorie. Pour faire apparaître les autres options, procédez comme suit :

1/ Rendez-vous sous un onglet, par exemple **Accueil**.

2/  Cliquez sur cette icône située à côté du groupe *Police*.

3/ La boîte de dialogue **Police** s'affiche.

Word 2010 possède également une fonction assez pratique permettant de masquer le Ruban. Seul le nom des onglets reste alors visible.

1/  Cliquez sur cette icône pour réduire le Ruban.

2/  Pour le rétablir, cliquez sur cette icône.

Office World

Une refonte nécessaire de l'interface

À sa sortie en 1983, la première version de Word comptait une centaine de fonctionnalités. Vingt ans plus tard, Word 2003 intègre plus de mille cinq cents commandes. Ce qui au départ était censé enrichir les menus et simplifier l'accès aux différents outils a commencé à encombrer l'écran. Une refonte de l'interface devenait plus que nécessaire. Microsoft a donc conçu un nouveau menu baptisé Office fluent. Plusieurs études ont été nécessaires à la conception de cette interface. Microsoft a passé au crible 1,3 milliard de sessions afin d'analyser et de comprendre comment les utilisateurs d'Office travaillent, où ils passent le plus de temps et de quelle manière il est possible de leur en faire gagner. Il en est ressorti l'interface Office fluent, avec son Ruban organisé en onglets. Word 2010 reprend cette interface qui a fait ses preuves et le succès d'Office 2007.

● La barre d'accès rapide

La barre d'accès rapide permet d'accéder à certaines fonctionnalités courantes. Très pratique lorsqu'il s'agit d'enregistrer un fichier ou encore de visualiser un document rapidement puis de l'imprimer.

Cette barre se situe juste au-dessus des onglets **Fichier** et **Accueil**. Par défaut, elle recense les fonctions d'enregistrement, d'annulation et de répétition. Mais il est tout à fait possible de la personnaliser.

1/  Cliquez sur cette icône.

2/ Un menu contextuel s'affiche. Les fonctions déjà présentes dans la barre d'accès rapide apparaissent avec une coche à côté de leur description.

3/ Cliquez sur la fonction dépourvue de coche. La fonction apparaît alors dans la barre d'accès rapide.

Les différentes commandes de la barre d'accès rapide

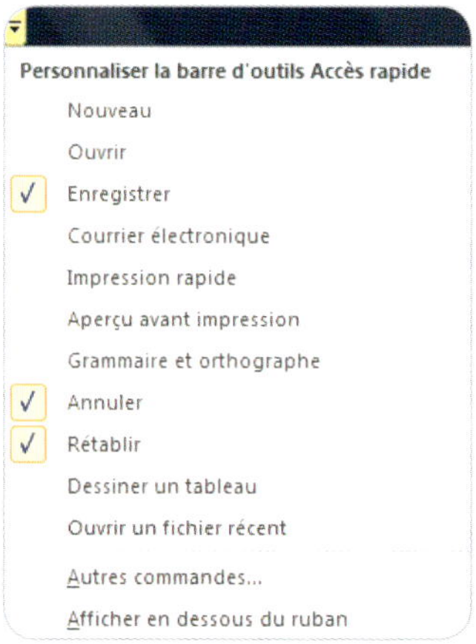

Vous pouvez insérer d'autres commandes qui ne sont pas présentes par défaut dans la barre d'accès rapide.

1/  Cliquez sur cette icône permettant d'afficher le menu **Personnaliser la barre d'outils Accès rapide**.

2/ Sélectionnez **Autres commandes** dans le menu contextuel. La fenêtre **Options Word** s'ouvre.

3/ Cliquez sur la liste déroulante *Choisir les commandes dans les catégories suivantes*.

4/ Les différentes commandes de Word sont classées par types d'onglets. Cliquez sur l'option qui vous convient. Si vous souhaitez afficher l'intégralité des commandes, cliquez sur *Toutes les commandes*.

5/ Dans la colonne de gauche, sélectionnez la commande à insérer dans la barre d'accès rapide puis cliquez sur le bouton **Ajouter** situé entre les deux colonnes.

6/ La nouvelle commande s'affiche alors dans la colonne de droite. Renouvelez selon vos besoins les étapes 4 à 5 pour insérer de nouvelles commandes dans la barre d'accès rapide.

7/ Cliquez sur le bouton OK.

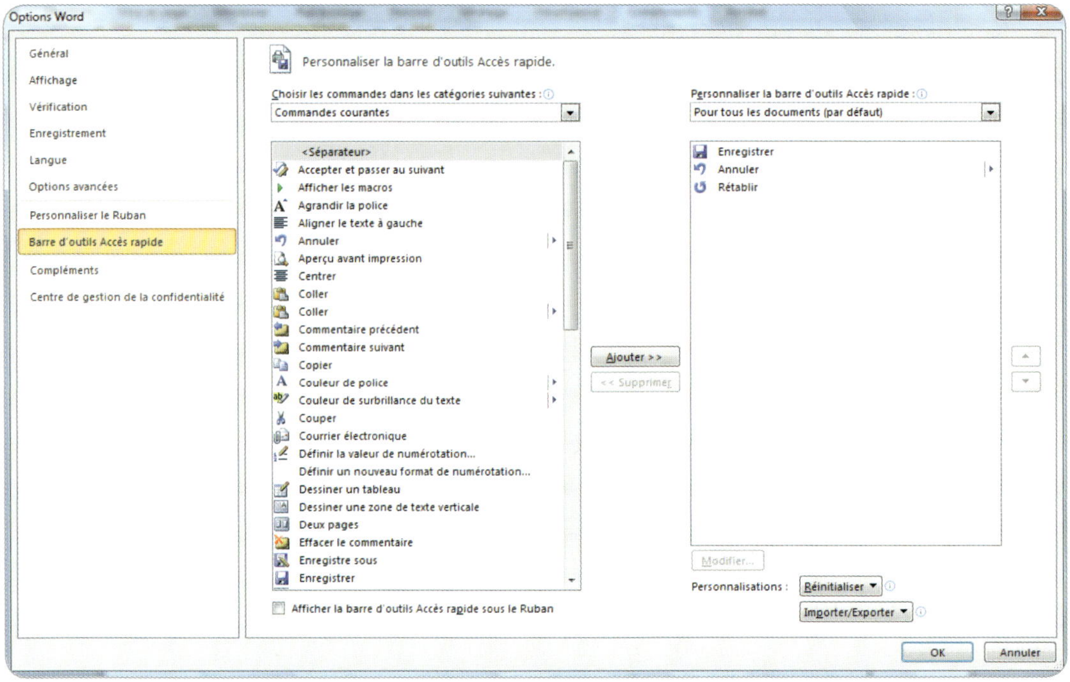

Les options de personnalisation de la barre d'accès rapide

Astuce

Modifier la position de la barre d'accès rapide

Si l'emplacement de la barre d'accès rapide ne vous convient pas, Word 2010 offre la possibilité de la déplacer en dessous du Ruban.

1/ Cliquez sur l'icône afin d'afficher le menu **Personnaliser la barre d'outils Accès rapide**.

2/ Dans le menu contextuel, sélectionnez **Afficher en dessous du Ruban**.

Pour rétablir la barre d'accès rapide dans sa position d'origine, renouvelez l'opération en cliquant cette fois sur **Afficher au-dessus du Ruban**.

● La barre d'état

Ce n'est certainement pas la barre la plus visible de Word. La barre d'état se situe tout en bas de l'interface. Elle indique différentes informations telles que le nombre de pages, la langue du document, et permet de passer rapidement d'un mode d'affichage à l'autre.

Cette barre atypique affiche également des informations ponctuelles, comme l'enregistrement d'un fichier, le fait que la touche Maj soit activée, la disponibilité d'une mise à jour, etc. Par défaut, elle indique :

- le nombre de pages du document ;
- le nombre de mots présents ;
- la langue par défaut ;
- si une macro est en cours d'enregistrement ou non ;
- les différents modes d'affichage ;
- la barre de zoom.

La barre d'état de Word 2010

En cliquant sur l'une de ses commandes, vous ouvrirez les options correspondantes. Par exemple, si vous cliquez sur **Mots**, la boîte de dialogue **Statistiques** s'affiche. Si vous cliquez sur **Page**, la fenêtre **Rechercher et remplacer** apparaît, etc.

Tout comme la barre d'accès rapide, vous pouvez la personnaliser.

1/ Cliquez du bouton droit sur la barre d'état.

2/ Un menu contextuel s'affiche. Les commandes apparaissant avec une coche à côté sont déjà activées. Pour les désactiver, cliquez dessus.

3/ Afin d'activer une commande, cliquez sur l'une d'entre elles dans la liste proposée. Veillez à ce qu'elle ne soit pas déjà cochée.

Les options de personnalisation de la barre d'état

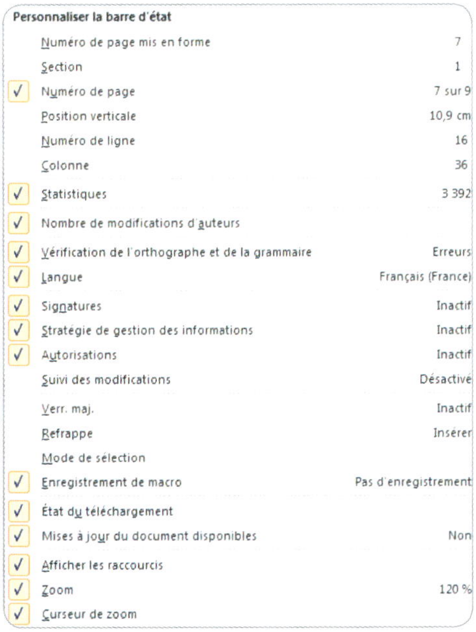

MODIFIER L'AFFICHAGE

Suivant le type de document que vous utilisez, l'affichage peut varier. Dans certaines situations, il est parfois utile de réorganiser l'espace de travail. Word 2010 dispose de quelques fonctions permettant de vous simplifier la vie. Utile lorsque vous avez l'habitude de travailler avec de multiples documents ouverts !

● Les différents modes de vue

Dès ses premières versions, Word offre la possibilité de visualiser un même document selon différents modes. Ceux-ci sont à la fois accessibles depuis l'onglet **Affichage** mais aussi depuis la barre d'état.

Word 2010 permet de visualiser un texte de cinq manières différentes :

- Page : c'est le mode par défaut, le plus couramment usité. Il permet de visualiser un document sous sa forme imprimable (visualisation des marges, des en-têtes et pieds de page…).
- Lecture plein écran : l'accent est mis sur le document. Les seules modifications que vous pourrez apporter devront s'effectuer par l'insertion de commentaires. Les menus disparaissent au profit de quelques commandes succinctes. Pour quitter ce mode, appuyez sur la touche [Echap] ou cliquez sur le bouton **Fermer** situé dans le coin supérieur droit de la fenêtre.
- Web : le document s'affiche sous la forme d'une page web, c'est-à-dire d'un seul tenant.
- Plan : ce mode offre la possibilité de visualiser en un clin d'œil la structure d'un document. Il est particulièrement utile lorsqu'il s'agit de réorganiser rapidement le texte.
- Brouillon : ce mode est principalement utilisé pour un affichage rapide du document. Certains éléments tels que les en-têtes et pieds de page ne sont pas visibles dans ce mode.

Les différents modes d'affichage d'un document

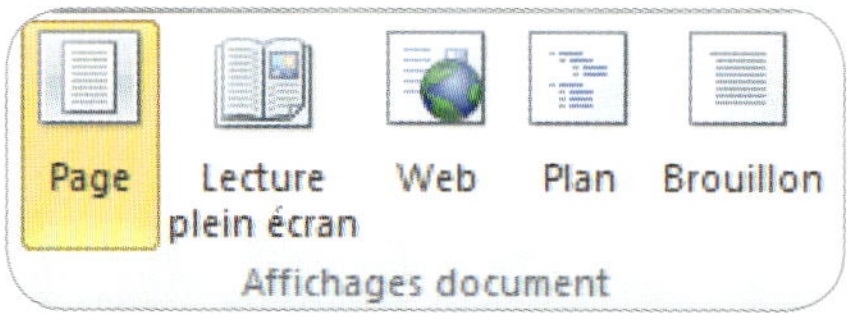

Parmi les modes proposés, l'affichage en mode Plan et la lecture plein écran méritent que l'on s'y attarde un peu.

Lorsque vous passez en mode Plan, un onglet **Mode Plan** fait son apparition dans le Ruban. Celui-ci propose plusieurs fonctions telles que :

- *Outils Mode Plan* recense l'essentiel des fonctions permettant de hausser ou de baisser le niveau des titres lorsque vous utilisez des styles.

Afficher le document permet de créer ou d'insérer des sous-documents.

Fermer le mode Plan permet de quitter ce mode de vue et revient à l'affichage par défaut en mode Page.

Le mode Plan permet de visualiser la structure d'un document en un clin d'œil

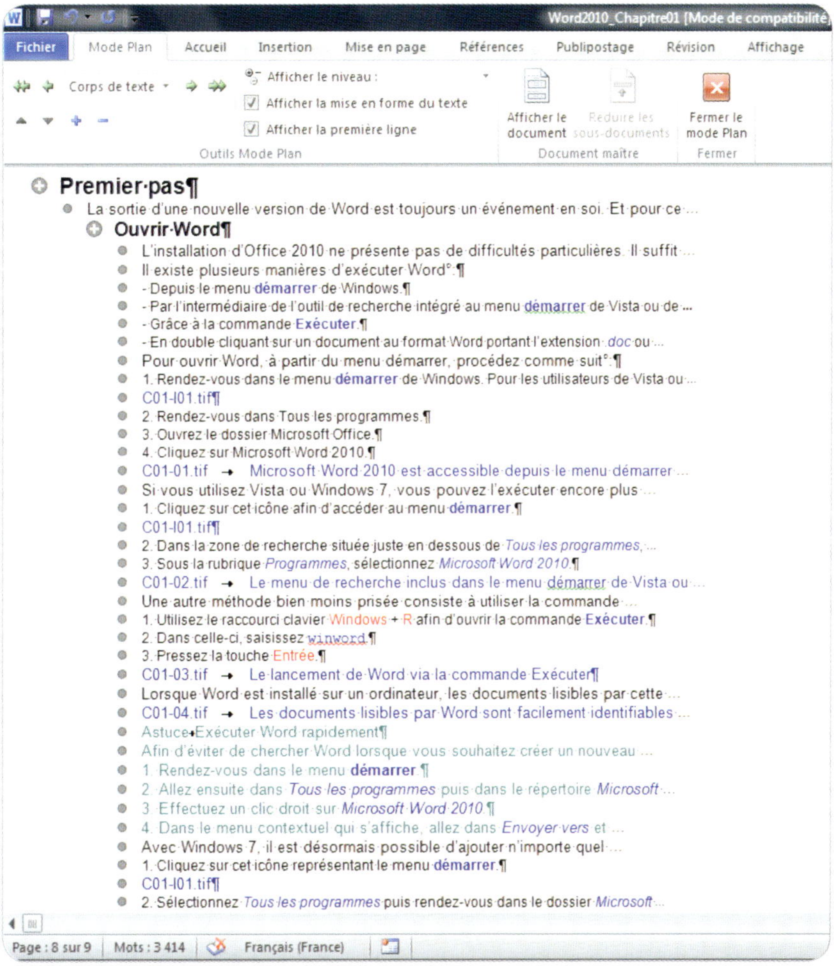

> **Astuce**
>
> **Mieux visualiser la structure d'un document**
>
> Lorsque vous êtes en mode Plan, vous pouvez accroître la lisibilité de vos documents en procédant de cette manière :
>
> **1/** Cochez la case *Afficher la mise en forme du texte.*
>
> **2/** Grisez la case *Afficher la première ligne*, ce qui aura pour effet d'afficher la première ligne de chaque élément de la structure.

Le mode Lecture plein écran dispose de quelques avantages puisque l'interface est réduite à sa portion congrue, soit à quelques fonctions comme :

- **Enregistrer** : enregistre votre document.
- **Imprimer** : imprime votre texte.
- **Outils** : recense plusieurs commandes telles que l'outil de recherche, la mise en surbrillance de mots sélectionnés, l'insertion de commentaires.
- **Mini-traducteur** : traduit le texte sélectionné.
- **Couleur de surbrillance du texte** : surligne les morceaux de phrases choisies.
- **Nouveau commentaire** : crée un nouveau commentaire rattaché au texte sélectionné auparavant.
- **Commencer la saisie manuscrite** : si vous disposez d'une tablette graphique, vous pouvez, en activant cette option, écrire naturellement sur votre document.
- **Effaceur de traits** : efface les traits sélectionnés.
- **Options d'affichage** : ce bouton recense d'autres options telles que le suivi des modifications, l'affichage du document sur plusieurs pages, ou encore permet d'autoriser la saisie de texte pendant la lecture plein écran.
- **Fermer** : permet de quitter le mode Lecture plein écran.

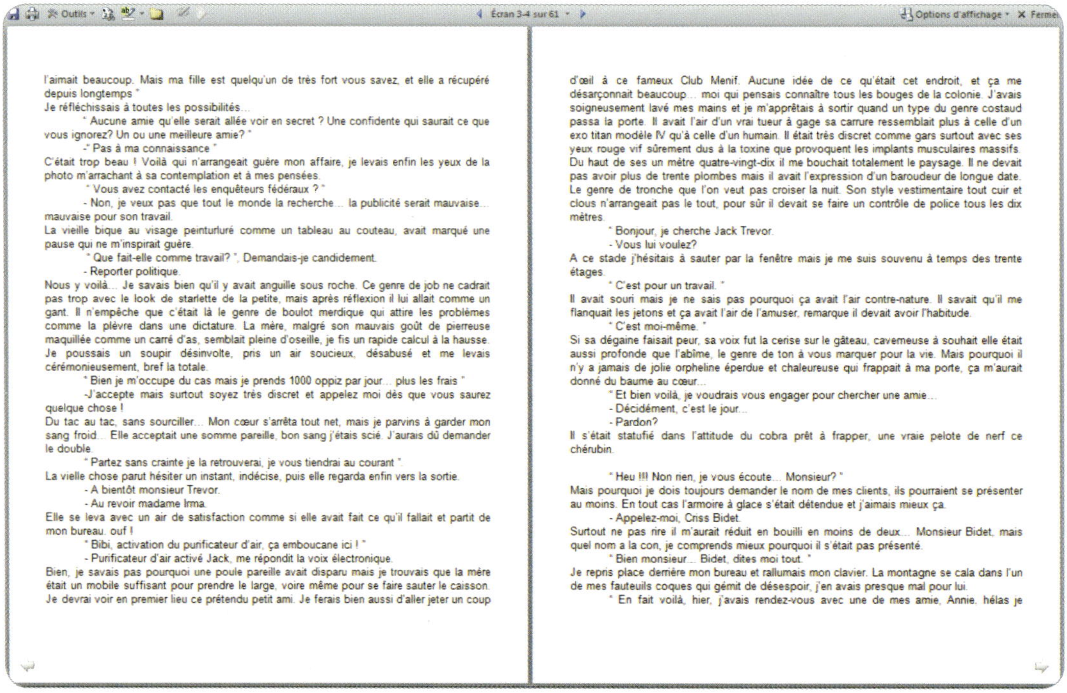

Un document ouvert en mode Lecture plein écran

● Réorganiser l'espace de travail

Lorsqu'on travaille sous Word, il arrive souvent d'ouvrir de multiples documents au point d'encombrer l'espace de travail. L'application possède pourtant différents outils permettant d'agencer les fenêtres ouvertes sous le logiciel, voire de modifier leur affichage.

Vous pouvez adapter la taille d'affichage de votre document en modifiant les options de zoom de cette manière :

1/ Dans le Ruban, cliquez sur l'onglet **Affichage**.

2/ Dans le groupe *Zoom*, sélectionnez le bouton **Une page** ou **Deux pages**. Cela opère un zoom sur le document de manière à ce qu'il affiche une page ou deux dans la fenêtre en cours d'utilisation.

Les boutons Une page ou Deux pages permettent de visualiser une ou deux pages dans une même fenêtre

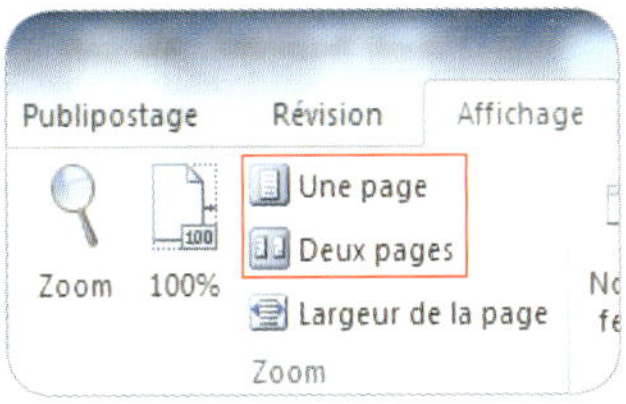

3/ Quant au bouton **Largeur de la page**, il permet d'adapter la largeur de la page afin qu'elle corresponde à la fenêtre du document ouvert.

4/ Afin d'afficher la taille normale du document à l'écran, cliquez sur le bouton **100 %**.

Il est possible de modifier l'affichage de votre document afin de visualiser plusieurs pages sur votre écran.

1/ Cliquez sur l'onglet **Affichage**.

2/ Sélectionnez le bouton **Zoom** dans le groupe éponyme.

3/  Dans la boîte de dialogue qui s'ouvre, cliquez sur cette icône.

4/ À l'aide de la souris, survolez les icônes représentant le nombre de pages à afficher sur une fenêtre et sélectionnez le nombre voulu en cliquant dessus. La zone *Aperçu* permet de visualiser instantanément l'effet final.

Word dispose d'autres options de zoom disponibles depuis la boîte de dialogue Zoom

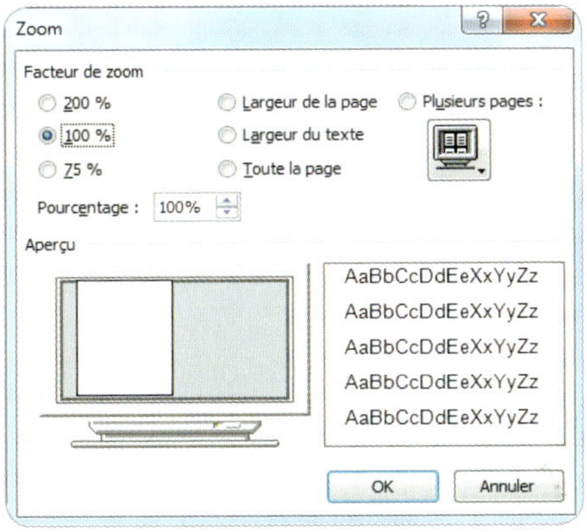

5/ Cliquez sur le bouton OK.

> **Astuce**
>
> **Effectuer un zoom rapidement**
>
> Vous pouvez zoomer et dézoomer à volonté sur votre document sans passer par l'onglet **Affichage**. Pour cela, maintenez la touche Ctrl enfoncée et utilisez la molette de votre souris pour réduire ou augmenter la taille de la page.

D'ordinaire, vous passez d'un document à un autre en utilisant la barre des tâches de Windows.

La barre des tâches de Windows permet de passer d'un document Word à un autre

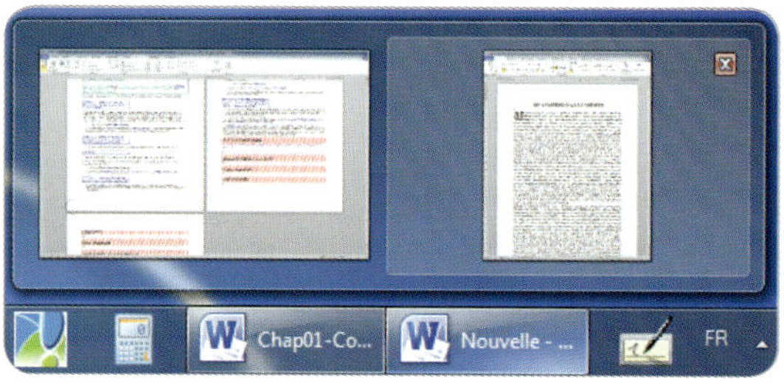

Word intègre pourtant quelques commandes offrant la possibilité de changer l'agencement des fenêtres. Ces outils sont particulièrement utiles lorsque vous travaillez sur plusieurs documents en même temps. Ainsi, vous pouvez afficher vos documents Word l'un à côté de l'autre par exemple. Pour visualiser en un clin d'œil l'ensemble de vos documents ouverts, procédez de cette manière :

1/ Allez sous l'onglet **Affichage** du Ruban.

2/ Dans le groupe *Fenêtre*, cliquez sur le bouton **Réorganiser tout**. Les différentes fenêtres ouvertes sous Word sont redimensionnées de manière à occuper l'intégralité de l'écran.

L'utilisation de la fonction Réorganiser tout permet de visualiser les différents documents Word ouverts

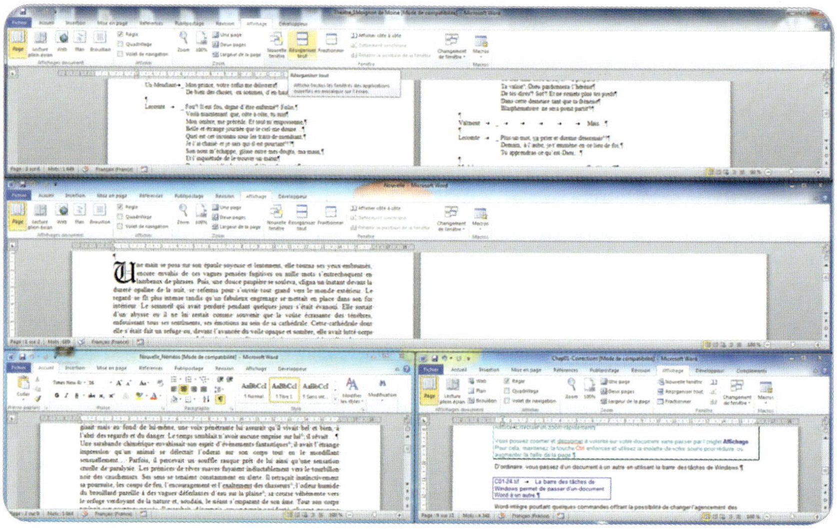

3/  Pour visualiser un document de manière à ce qu'il occupe tout l'écran, cliquez sur cette icône.

Attention cependant à ne pas ouvrir trop de documents au risque de perdre en lisibilité.

Il est possible d'afficher côte à côte deux documents dans le but de les comparer par exemple.

1/ Ouvrez au moins deux documents Word.

2/ Sous l'onglet **Affichage**, dans le groupe *Fenêtre*, cliquez sur le bouton **Afficher côte à côte**.

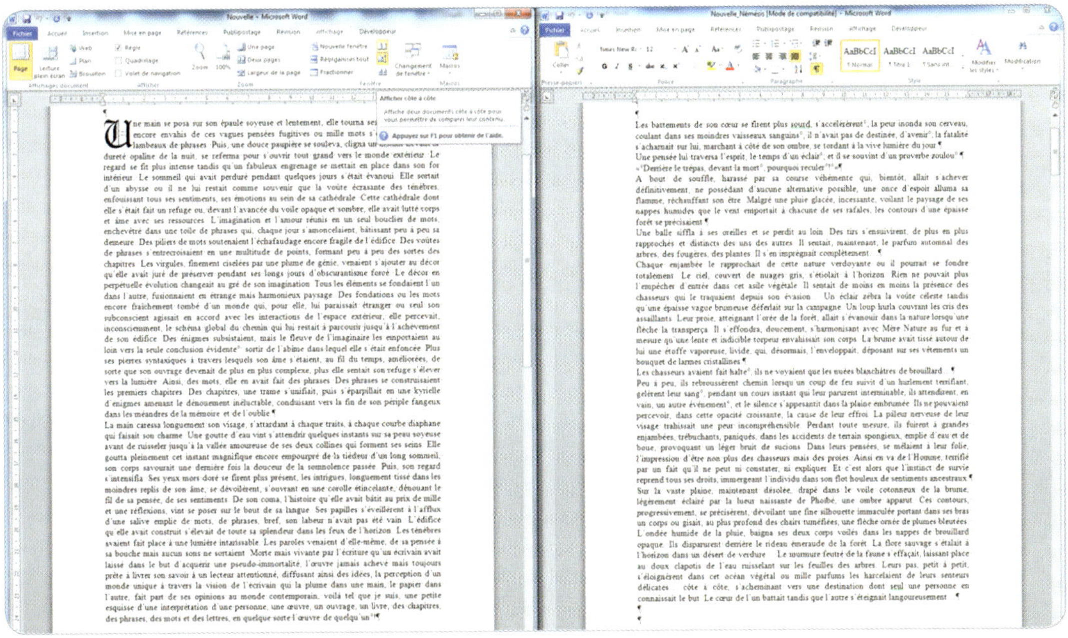

Le bouton Afficher côte à côte permet de comparer deux documents

3/ Si vous avez plus de deux documents ouverts, Word ouvre une boîte de dialogue recensant les différentes fenêtres actives. Sélectionnez alors le document à comparer avec celui en cours d'utilisation puis cliquez sur OK.

4/ Par défaut, Word active le défilement synchrone. Cette fonction permet de synchroniser le défilement des deux documents ouverts côte à côte. Dans la pratique, lorsque vous faites défiler la page d'un document à l'aide de la molette de la souris ou de l'ascenseur de droite, l'autre document défile automatiquement de la même manière. Pour désactiver cette option, cliquez sur le bouton **Défilement synchrone** apparaissant en orangé. Le surlignage disparaît lorsque la fonction est désactivée.

Astuce

Réagencer des fenêtres avec Windows 7

Les utilisateurs disposant de Windows 7 peuvent agencer les fenêtres de manière à ce qu'elles occupent une moitié droite ou gauche de l'écran. Utilisez les raccourcis suivants :

- Win + Flèche gauche déplace la fenêtre active à gauche et la redimensionne de manière à ce qu'elle occupe la moitié de l'écran.
- Win + Flèche droite aimante la fenêtre sélectionnée à droite et la redimensionne à mi-écran.

Word offre la possibilité de fractionner un même document en deux. Cette opération consiste à scinder la fenêtre en cours d'utilisation en deux parties afin de visualiser deux sections différentes d'un même document.

1/ Rendez-vous sous l'onglet **Affichage**.

2/ Dans le groupe *Fenêtre*, cliquez sur le bouton **Fractionner**.

3/ Une barre grise horizontale s'affiche alors. Positionnez-la où vous souhaitez diviser la fenêtre et cliquez.

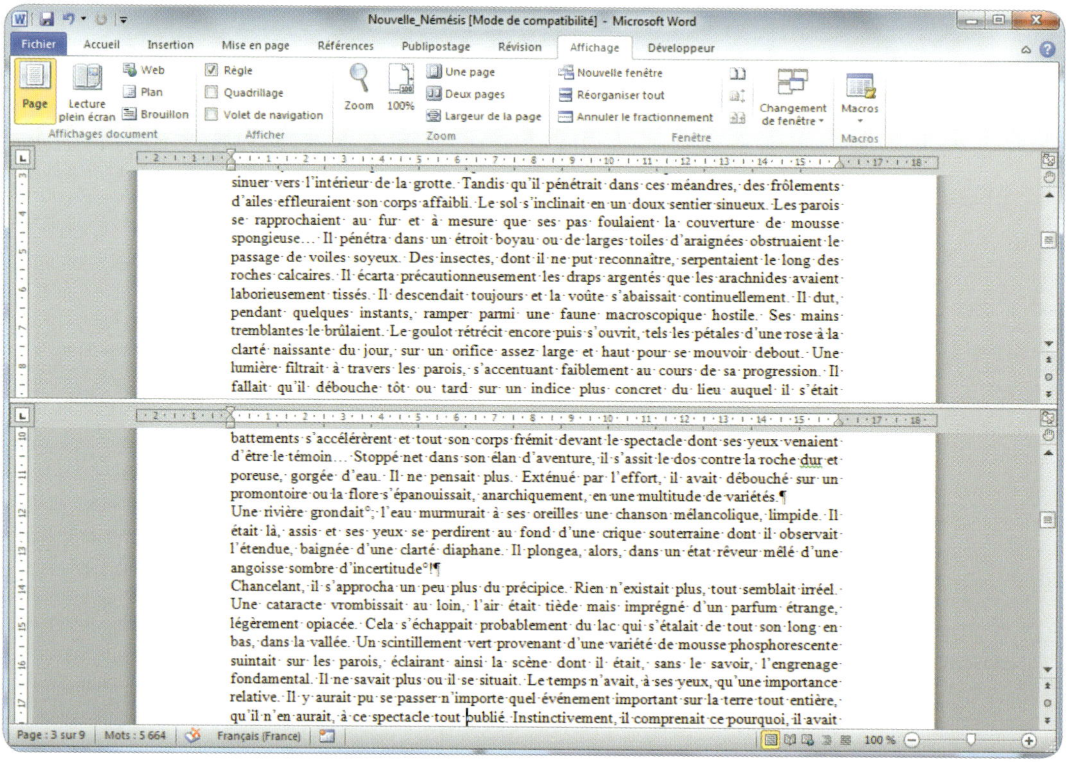

Word offre la possibilité de scinder un même document en deux parties, ce qui est utile lors de la saisie de renvois

4/ Votre document est désormais séparé en deux parties distinctes indépendantes de l'une de l'autre. Vous pouvez modifier la barre de fractionnement en cliquant dessus puis, tout en maintenant le bouton gauche de la souris enfoncé, déplacez-la où vous le désirez.

Pour supprimer le fractionnement, cliquez sur le bouton **Annuler le fractionnement** situé sous l'onglet **Affichage** dans le groupe *Fenêtre*.

L'onglet **Affichage** propose d'autres options. En les cochant ou non, vous affichez ou masquez les règles ou le quadrillage. Quant au volet de navigation, nous y reviendrons plus loin. Au chapitre suivant, nous verrons comment créer un nouveau document et utiliser l'aide de Word.

2

Créer un document et utiliser l'aide

Dès le démarrage de Word, l'application lance par défaut un document vierge. Il peut s'avérer utile de passer par le mode Backstage via l'onglet Fichier pour utiliser l'un des nombreux types de modèles intégrés au logiciel. Word offre la possibilité d'enregistrer votre fichier sous différents formats. Nous verrons comment réaliser cette tâche. Vous apprendrez également à vous servir de l'aide de Word, qui est précieuse lorsqu'il s'agit de rechercher une fonctionnalité.

RÉALISER UN NOUVEAU DOCUMENT

Dès son ouverture, Word affiche un document vierge par défaut de sorte que vous pouvez saisir directement votre texte. Concevoir un nouveau document de qualité professionnelle ou modifier un document existant se font en quelques clics.

Ainsi Word permet de réaliser de nouveaux documents de différentes manières :

- soit à partir d'un document vierge ;
- soit à partir d'un document existant ;
- soit par l'intermédiaire des nombreux modèles intégrés.

Pour concevoir un nouveau document, procédez comme suit :

1/ Cliquez sur l'onglet **Fichier** pour activer le mode Backstage.

2/ Cliquez sur **Nouveau** puis, sous la rubrique *Modèles disponibles*, cliquez sur *Document vierge*.

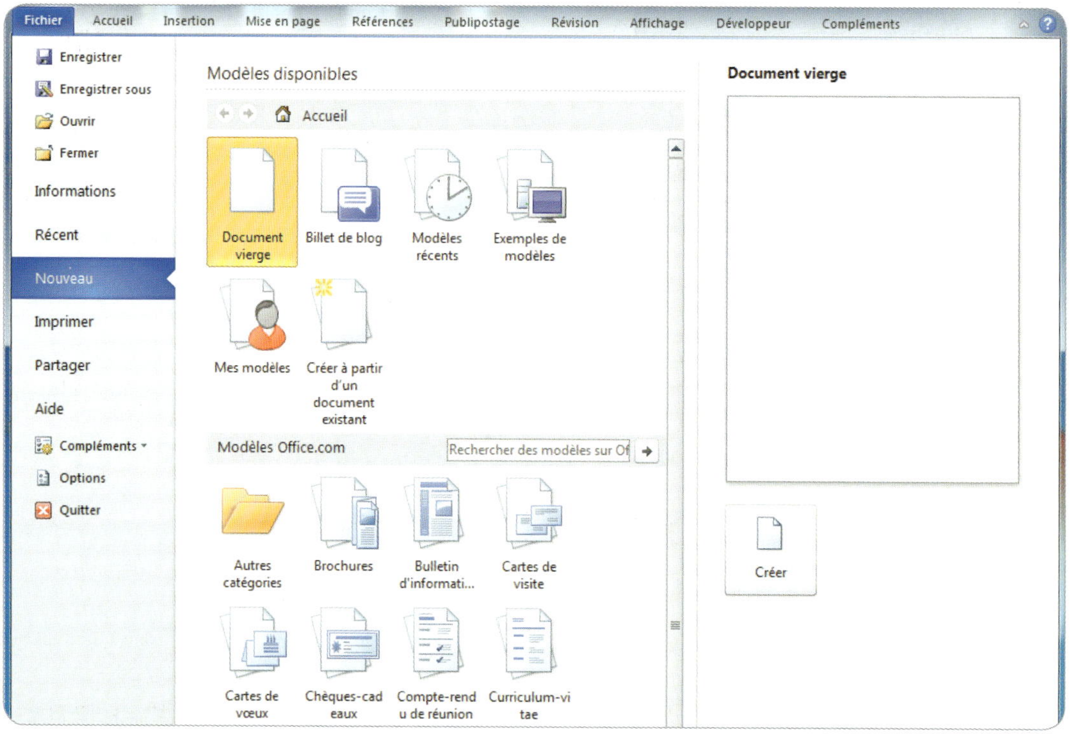

La rubrique Nouveau permet de concevoir différents types de documents

3/ Dans le volet de droite, cliquez sur le bouton **Créer**.

Word intègre une fonctionnalité qui évite de créer des modèles de document. Ainsi, il est possible d'utiliser un document déjà réalisé comme base pour un nouveau fichier texte. Celui-ci inclura la mise en forme du document dont il est issu.

1/ Cliquez sur l'onglet **Fichier** pour activer le mode Backstage.

2/ Cliquez sur **Nouveau** puis, dans le volet central sous la rubrique *Modèles disponibles*, sélectionnez **Créer à partir d'un document existant**.

3/ Dans la boîte de dialogue **Créer à partir d'un document existant**, recherchez dans l'arborescence à gauche, le document qui vous servira de modèle pour créer votre nouveau fichier.

4/ Sélectionnez votre fichier puis cliquez sur le bouton **Ouvrir**. Word ouvre alors un nouveau document à l'image du document cible, tout comme si vous utilisiez un modèle de document.

Astuce

Créer un nouveau document en un clic
Pour concevoir un nouveau document en un instant, cliquez sur la flèche située en regard de la barre d'outils *Accès rapide*. Dans le menu contextuel **Personnaliser la barre d'outils Accès rapide**, sélectionnez **Nouveau**. Désormais, en cliquant sur l'icône représentant une feuille vierge dans la barre d'outils *Accès rapide*, vous créerez automatiquement un nouveau document.

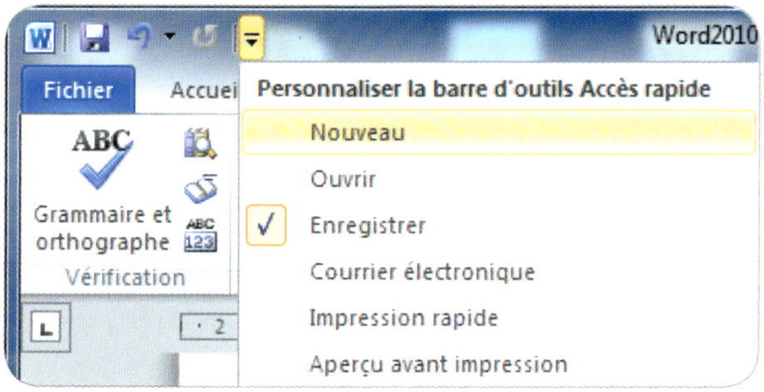

En ajoutant la commande Nouveau à la barre d'outils Accès rapide, vous pouvez créer rapidement un document sans passer par l'onglet Fichier

• Employer des modèles existants

L'utilisation de modèles permet de gagner un temps précieux dans l'élaboration de documents. Ils présentent une mise en page prédéfinie adaptée à différents types de situations (rapport, C.V., lettre…), qu'il suffit ensuite de modifier selon les besoins. Word intègre en standard une dizaine de modèles auxquels s'ajoutent les multiples modèles Internet fournis par Microsoft mais aussi par la communauté d'utilisateurs de la suite bureautique Office.

Un modèle Word est au format **.dotx* depuis Word 2007 ou **.dot* pour les versions antérieures à Word 2007. Il contient :

- les formats de mise en page (orientation, taille de la feuille, en-tête et pieds de page…) ;
- les différents styles du document tels que les styles de titre mais aussi ceux des tableaux, des différents sous-titres, etc.
- les macros éventuelles, les barres d'outils personnalisées, le niveau de zoom de la page à son ouverture, etc.
- le texte saisi préalablement ainsi que les images intégrées, les logos, etc.

Vu qu'un modèle de document est censé être réutilisé, sa conception nécessite beaucoup d'attention. Il doit être irréprochable tant sur le fond que sur la forme.

Par défaut, Word utilise le modèle *normal.dot*, dont il se sert pour créer tout document vierge. Pour utiliser un modèle différent, procédez comme ceci :

1/ Cliquez sur l'onglet **Fichier** pour activer le mode Backstage.

2/ Cliquez sur **Nouveau** dans la colonne de gauche. Sous la rubrique *Modèles disponibles*, cliquez sur *Exemples de modèles*.

Word intègre une dizaine de modèles de document préinstallés

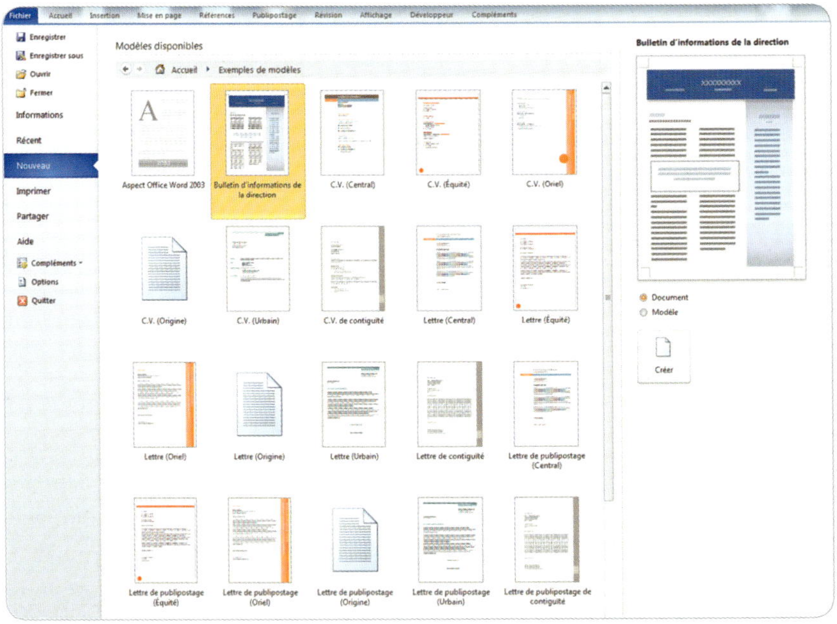

3/ La liste des modèles de document installés sous Word s'affiche alors. Choisissez-en un parmi ceux proposés. Dans le volet de droite, cochez la case *Document* (par défaut) puis cliquez sur le bouton **Créer**.

Si vous disposez d'une connexion Internet, vous pouvez télécharger depuis Word d'autres modèles de document bien plus variés, de cette manière :

1/ Sous l'onglet **Fichier**, cliquez sur **Nouveau**.

2/ Sous la rubrique *Modèles Office.com*, cliquez sur la catégorie de modèles qui vous intéresse.

Vous pouvez télécharger d'autres modèles de document depuis la rubrique Modèles Office.com

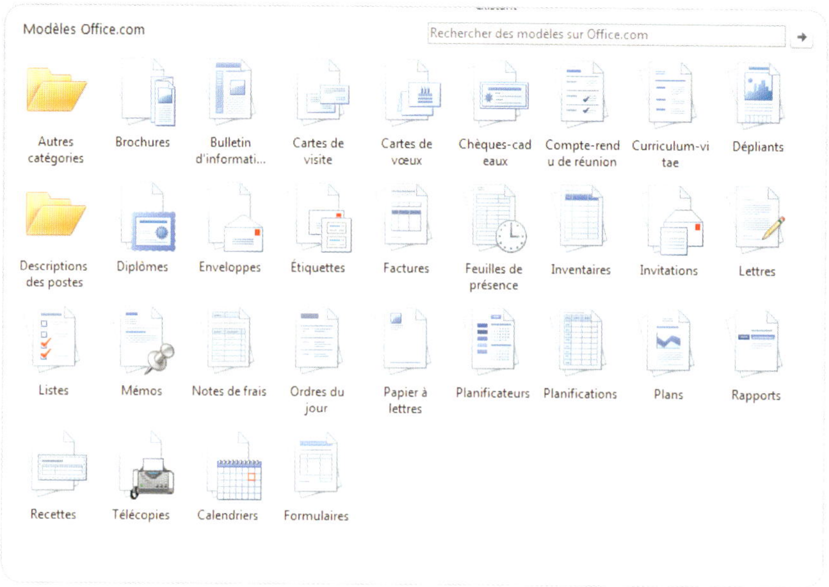

3/ Naviguez dans les différentes sous-catégories de modèles puis sélectionnez le modèle de document à télécharger.

4/ Dans le volet de droite, sous l'aperçu du modèle sélectionné, cliquez sur le bouton **Télécharger**. Le modèle s'ouvre alors dans un nouveau document.

Astuce

Rechercher des modèles sur Internet

Vous avez la possibilité d'effectuer une recherche des modèles sur Internet directement depuis Word. Pour ce faire, allez sous l'onglet **Fichier** et cliquez **Nouveau**. Dans la zone de recherche située en regard de la rubrique *Modèles Office.com*, saisissez l'objet de votre recherche (par exemple, `rapport`) puis appuyez sur la touche [Entrée]. Les résultats s'affichent alors dans le volet central. Téléchargez le modèle de document qui vous convient.

Word enregistre le modèle nouvellement téléchargé dans une rubrique bien particulière. Pour réutiliser les modèles téléchargés, procédez comme suit :

1/ Allez sous l'onglet **Fichier** pour activer le mode Backstage.

2/ Cliquez sur **Nouveau** et, sous la rubrique *Modèles disponibles*, cliquez sur la catégorie *Mes modèles*.

3/ Dans la boîte de dialogue **Nouveau**, sélectionnez le modèle de votre choix parmi ceux proposés puis cliquez sur OK.

Les modèles de document téléchargés apparaissent dans la rubrique Mes modèles

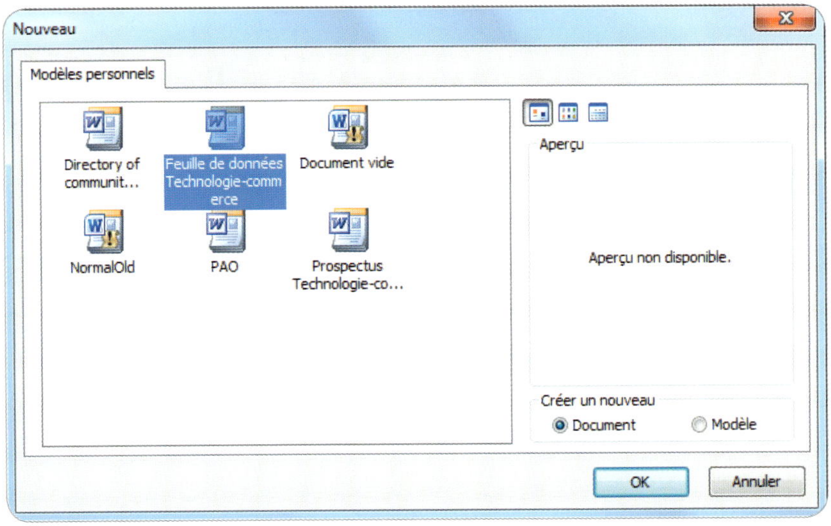

Les documents téléchargés depuis le site Office.com sont enregistrés sur votre disque dur dans le dossier *C:\Users\Nom de la session\AppData\Roaming\Microsoft\Templates*. Remplacez *Nom de la session* par votre nom d'utilisateur. Notez que le dossier *AppData* ainsi que ses sous-dossiers sont masqués.

Astuce

Afficher les dossiers masqués dans l'Explorateur

Certains dossiers et fichiers sensibles sont masqués dans l'Explorateur de Windows. Pour les afficher, procédez de cette manière :

1/ Dans l'Explorateur de Windows, si vous êtes sous Vista ou Windows 7, appuyez sur la touche Alt afin d'afficher le menu.

2/ Cliquez sur le menu **Outils** puis sélectionnez **Options des dossiers**.

3/ Allez sous l'onglet **Affichage**. Sous la rubrique *Fichiers et dossiers*, recherchez la sous-rubrique *Fichiers et dossiers cachés* et cochez la case *Afficher les fichiers, dossiers et lecteurs cachés*. Cliquez sur le bouton OK.

En accédant à la fenêtre Options des dossiers sous l'Explorateur de Windows, vous pouvez afficher les fichiers et dossiers masqués

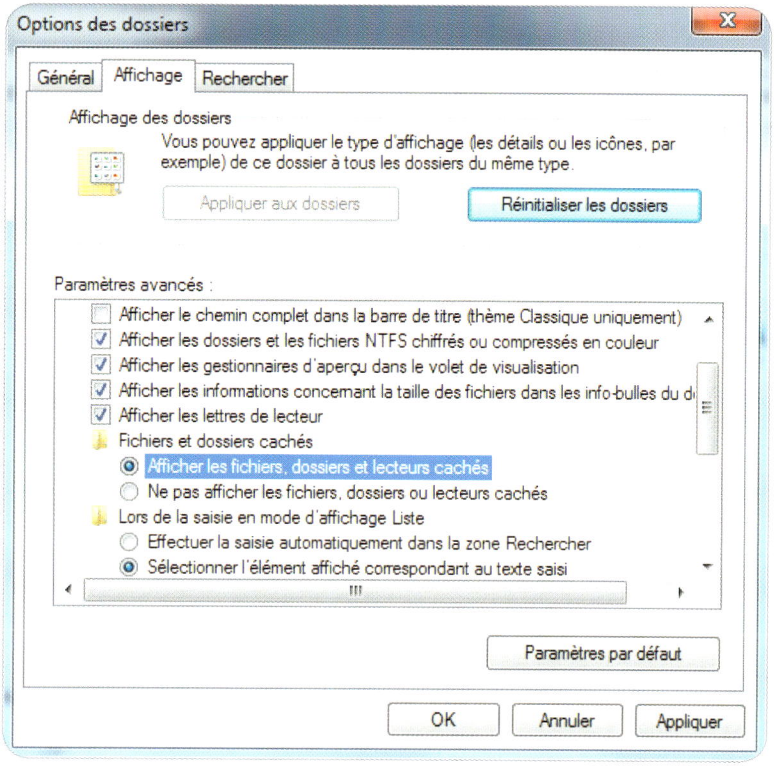

Indiquer les propriétés du document

Lorsque vous créez un nouveau document Word, vous pouvez changer le nom de l'auteur ainsi que différentes propriétés du document, telles que les éventuels commentaires et mots-clés qui lui sont rattachés, le titre indicatif, etc. Ces données permettent à la fois d'identifier clairement les différentes personnes ayant travaillé sur ce document mais aussi de mieux le retrouver lors d'une recherche.

Sous Word, il existe cinq types de propriétés de document :

- Les propriétés standard : à chaque document Word sont associées des propriétés classiques, qui se composent du nom des auteurs, du titre ainsi que des commentaires éventuels et des mots-clés.

- Les propriétés automatiquement mises à jour : ce sont les propriétés système du fichier, telles que la taille occupée sur le disque dur, la date de création et du dernier enregistrement, les statistiques conservées par le programme (nombre de mots ou de caractères dans le document par exemple).

- Les propriétés personnalisées : sous Word, comme sous la plupart des autres applications d'Office (Excel et PowerPoint notamment), vous pouvez inclure des informations supplémentaires dans votre document. Vous pouvez affecter un texte, une heure, une valeur numérique, etc. comme propriétés personnalisées.

- Les propriétés pour votre organisation : si vous (ou votre entreprise) avez personnalisé le panneau **Informations sur le document**, les propriétés associées à celui-ci peuvent être spécifiques.

- Les propriétés de bibliothèque du document : lorsque vous créez une bibliothèque de documents sous le logiciel SharePoint, vous pouvez définir plusieurs propriétés particulières. Ainsi, dès que l'utilisateur ouvrira ce document, il sera invité à remplir chaque champ d'information.

Word 2010 simplifie encore la saisie des propriétés d'un document, qui deviennent accessibles et modifiables directement depuis la rubrique *Informations* du mode Backstage.

1/ Sous l'onglet **Fichier**, cliquez sur la rubrique *Informations*.

2/ Dans le volet de droite, cliquez sur la rubrique *Propriétés*. Dans le menu contextuel, sélectionnez **Afficher toutes les propriétés** afin d'accéder à l'ensemble des propriétés disponibles.

En cliquant sur la rubrique Propriétés, vous pouvez afficher plus ou moins d'informations relatives à votre document

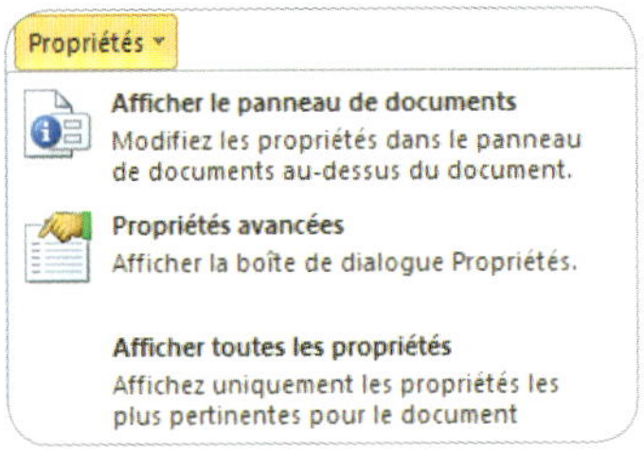

3/ Cliquez sur la zone *Titre* et saisissez un intitulé pour votre document.

4/ Dans la zone *Balises*, saisissez les mots-clés. Séparez-les par un point-virgule. Les mots-clés permettent de retrouver plus rapidement un document lors d'une recherche de fichier.

5/ À la ligne *Commentaires*, indiquez d'éventuelles notes.

La rubrique Propriétés permet d'ajouter certaines propriétés de document

6/ Complétez de la même manière les champs *Objets*, *Répertoire Web* et *Société*.

7/ Les propriétés placées sous *Dates associées* ne sont pas modifiables, ce qui n'est pas le cas sous la rubrique *Personnes associées*. Cliquez sur le champ *Responsable*. Saisissez le nom du responsable. Faites de même pour la zone *Auteur*.

8/  Notez la présence d'une icône représentant un carnet d'adresses, qui apparaît lorsque vous sélectionnez les champs *Responsable* ou *Auteur*. Cette icône permet de saisir un nom directement depuis le carnet d'adresses. Cliquez sur cette icône pour l'ouvrir.

9/ La boîte de dialogue **Carnet d'adresses : liste d'adresses globales** s'affiche. Dans la colonne de droite, sélectionnez le nom de la personne puis cliquez sur le bouton **À**. En maintenant la touche Ctrl enfoncée, vous pouvez sélectionner plusieurs auteurs. Cliquez sur OK une fois cela fait. Le nom des personnes s'affiche dans le champ sélectionné.

La fenêtre Carnet d'adresses permet de sélectionner les auteurs ayant travaillé sur le document

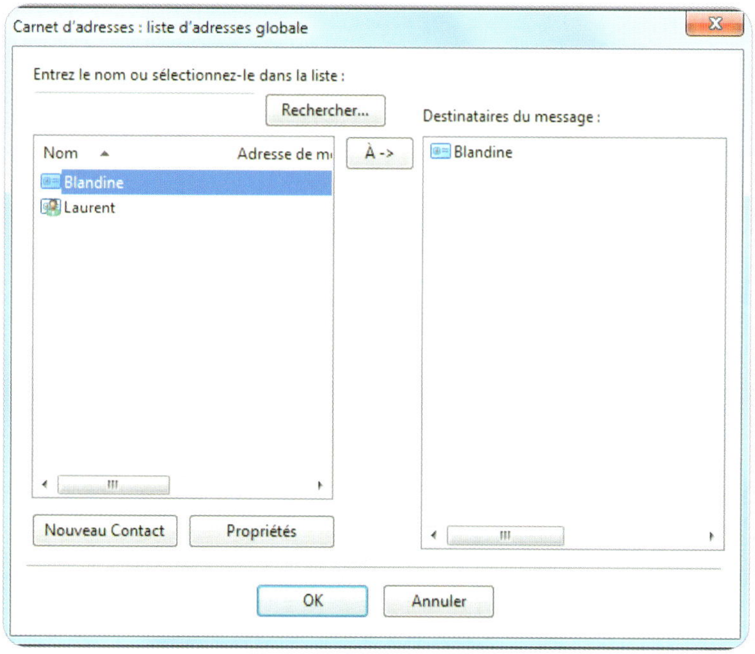

10/ Si l'auteur est absent du carnet d'adresses, cliquez sur le bouton **Nouveau contact**. Saisissez ensuite les données correspondantes dans les différents champs et onglets. Cliquez sur OK pour créer le contact.

Une autre solution consiste à saisir et à modifier les propriétés du document directement depuis le panneau d'informations du fichier ouvert :

1/ Sous l'onglet **Fichier**, sélectionnez *Informations*.

2/ Dans le volet de droite, cliquez sur la rubrique *Propriétés*. Dans le menu contextuel, sélectionnez **Afficher le panneau de documents**.

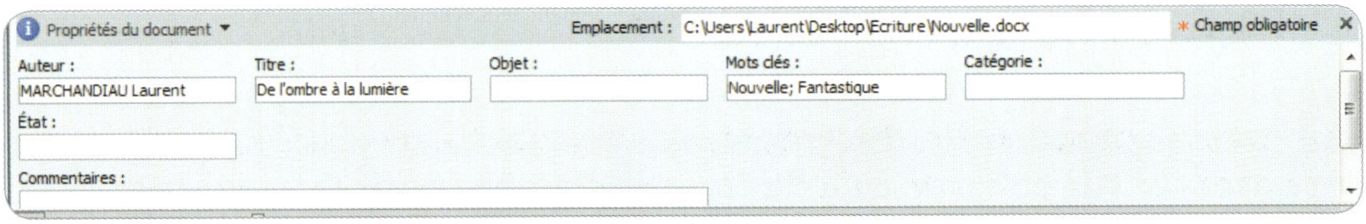

Le volet Propriétés du document est plus agréable à utiliser lorsqu'il s'agit d'ajouter différentes propriétés au document

3/ Le volet **Propriétés du document** s'affiche alors. Saisissez les données voulues dans les champs correspondants.

4/  Pour fermer le panneau, cliquez sur la croix située dans l'angle supérieur droit du volet.

Astuce

Créer des propriétés personnalisées

Vous pouvez ajouter des propriétés personnalisées à un document afin de préciser différentes informations complémentaires en guise de rappel par exemple.

1/ Cliquez sur l'onglet **Fichier** puis sélectionnez *Informations*.

2/ Cliquez sur la rubrique *Propriétés* et sélectionnez dans le menu contextuel **Propriétés avancées**.

3/ Dans la fenêtre qui s'affiche, allez sous l'onglet **Personnalisation**.

4/ Dans la colonne *Nom*, sélectionnez une catégorie de propriétés telles qu'*Assistante*.

5/ Cliquez sur la liste déroulante *Type* et sélectionnez un type parmi les quatre options proposées.

6/ Saisissez un texte ou cochez une case *Oui* ou *Non* si vous avez sélectionné comme type *Oui ou Non* puis cliquez sur le bouton **Ajouter**.

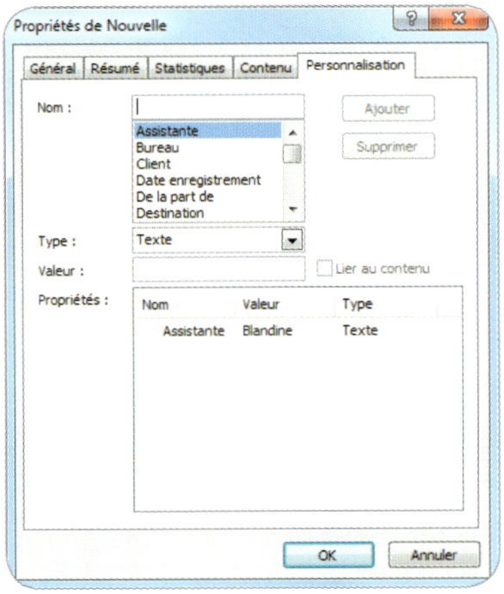

La boîte de dialogue Propriétés permet d'ajouter des propriétés personnalisées au document

Les propriétés personnalisées ne sont visibles que par l'intermédiaire de la fenêtre **Propriétés du document**. Pour y accéder, rendez-vous sous l'onglet **Fichier** puis sélectionnez *Informations*. Cliquez sur la rubrique *Propriétés* située dans le volet de droite puis sélectionnez **Propriétés avancées**. Naviguez dans les différents onglets de la fenêtre **Propriétés du document** pour visualiser les propriétés le concernant.

ENREGISTRER UN FICHIER

Après avoir conçu votre document, vous devez l'enregistrer pour le conserver sur votre disque dur ou simplement pour sauvegarder d'éventuelles modifications apportées à un document déjà créé. Word 2010 prend en charge de nombreux formats texte et permet même de convertir un fichier en PDF.

L'enregistrement d'un fichier sous Word, comme sous les autres applications de la suite bureautique Microsoft Office, s'effectue depuis l'onglet **Fichier**. Par défaut, vous avez accès à deux commandes de sauvegarde :

- **Enregistrer** : enregistre le document en cours d'utilisation.
- **Enregistrer sous** : cette commande est à utiliser lorsque vous souhaitez sauvegarder votre fichier sous un autre nom ou sous un autre type de format.

Les deux types de commandes d'enregistrement de Word

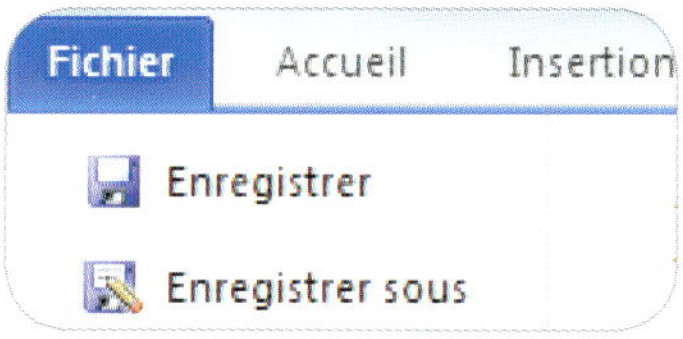

● À propos des formats d'enregistrement

S'inscrivant dans la continuité des autres versions, Word 2010 propose la plupart des formats d'enregistrement déjà bien connus du public. Par défaut, les documents sont enregistrés au format **.docx*, directement issu de la version précédente du logiciel de traitement de texte de Microsoft.

Il devient possible de convertir directement depuis Word un fichier en PDF ou en XPS sans avoir besoin de télécharger une extension sur le site de Microsoft Office.

L'édition 2010 de Word intègre le format OpenDocument, attendu depuis près de trois ans par certains utilisateurs. Cette norme tend à devenir un standard pour les fichiers bureautiques à venir, de sorte qu'elle garantit qu'un fichier créé dans ce format sera pleinement lisible des années plus tard par n'importe quel type de traitement de texte. Les documents enregistrés en OpenDocument présente l'extension *.odt*. Cette extension est bien connue des utilisateurs d'OpenOffice.org, la suite bureautique libre concurrente de Microsoft Office, et des personnes se servant de l'application Google Docs.

Office World

Le format *.docx

Apparu lors de la sortie d'Office 2007 le 30 janvier 2007, le format **.docx* marque l'utilisation du langage XML dans les documents Word. Ce dernier sert essentiellement à stocker des données et assure une meilleure interopérabilité avec les outils informatiques actuels (notamment avec les bases de données et les langages de programmation). L'utilisation du XML dans les documents Word garantit ainsi une meilleure prise en charge des fichiers par d'autres programmes. De plus, l'utilisation du XML dans les *.doc* permet de réduire considérablement la taille des documents et donc l'espace qu'ils occupent sur le disque dur. Cependant, les documents Word au format **.doc* restent encore largement utilisés dans le monde. Privilégiez le format **.doc* si vous souhaitez que vos documents soient lisibles par tous.

Word 2010 peut enregistrer les documents dans de multiples formats. Le tableau suivant récapitule les formats d'enregistrement les plus courants.

Les principaux formats et l'extension correspondante utilisés par Word 2010

Intitulé	Extension	Description
Document Word	*.dotx*	Format d'enregistrement standard des documents Word depuis la version 2007.
Document Word prenant en charge les macros	*.docm*	Format standard de Word depuis la version 2007, prenant en charge les macros.
Document Word 97-2003	*.doc*	Format d'enregistrement des documents Word utilisé par les versions antérieures à Word 2007 et Word 2010. Privilégiez-le pour assurer une lecture optimale de vos documents par la majorité des personnes.
Modèle Word	*.dotx*	Modèle de document standard utilisé par Word 2007 et les versions ultérieures.
Modèle Word prenant en charge les macros	*.dotm*	Modèle de document Word 2007 et Word 2010 prenant en charge les macros.

Modèle Word 97-2003	*.dot*	Modèle de document standard utilisé par les versions antérieures à Word 2007 et Word 2010.
PDF	*.pdf*	Format de document créé par Adobe et utilisé principalement pour la diffusion et l'impression de fichiers. Ce type de fichier permet de créer des documents non modifiables par le destinataire tout en préservant la mise en forme et la qualité des illustrations et polices présentes dans les documents.
Document XPS	*.xps*	Format de diffusion et d'impression conçu par Microsoft dans le but de concurrencer le format PDF d'Adobe.
Page web	*.htm*	Enregistre le document en tant que page web HTML lisible par un navigateur comme Internet Explorer.
Format RTF	*.rtf*	Format de fichier développé par Microsoft pouvant contenir du texte et des images, et lisible sur la plupart des logiciels de traitement de texte existants.
Texte brut	*.txt*	Format de fichier incluant uniquement le texte, et lisible par la grande majorité des logiciels du commerce.
Document XML Word	*.xml*	Le format XML tend à remplacer le format HTML utilisé par les sites web. Il est plus complet que le HTML.
Texte OpenDocument	*.odt*	Ce format de texte est utilisé par la suite bureautique gratuite et libre OpenOffice. Enregistrez un fichier dans ce format pour le rendre pleinement compatible avec les applications d'OpenOffice.

● Enregistrer un document

Pour enregistrer un document nouvellement créé ou pour le sauvegarder ponctuellement, procédez comme ceci:

1/ Cliquez sur l'onglet **Fichier**.

2/ Sélectionnez **Enregistrer** dans la colonne de gauche.

3/ Dans la boîte de dialogue **Enregistrer sous**, sélectionnez l'emplacement où vous souhaitez enregistrer le document en naviguant dans l'arborescence via la colonne de gauche. Celle-ci peut être masquée, notamment sous les systèmes d'exploitation Windows Vista et Windows 7. Dans ce cas, cliquez sur le bouton **Parcourir les dossiers**.

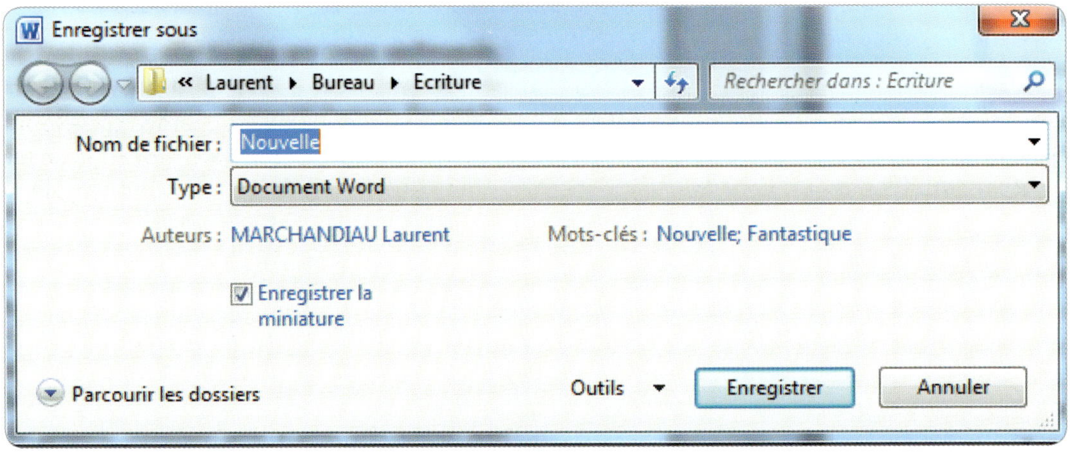

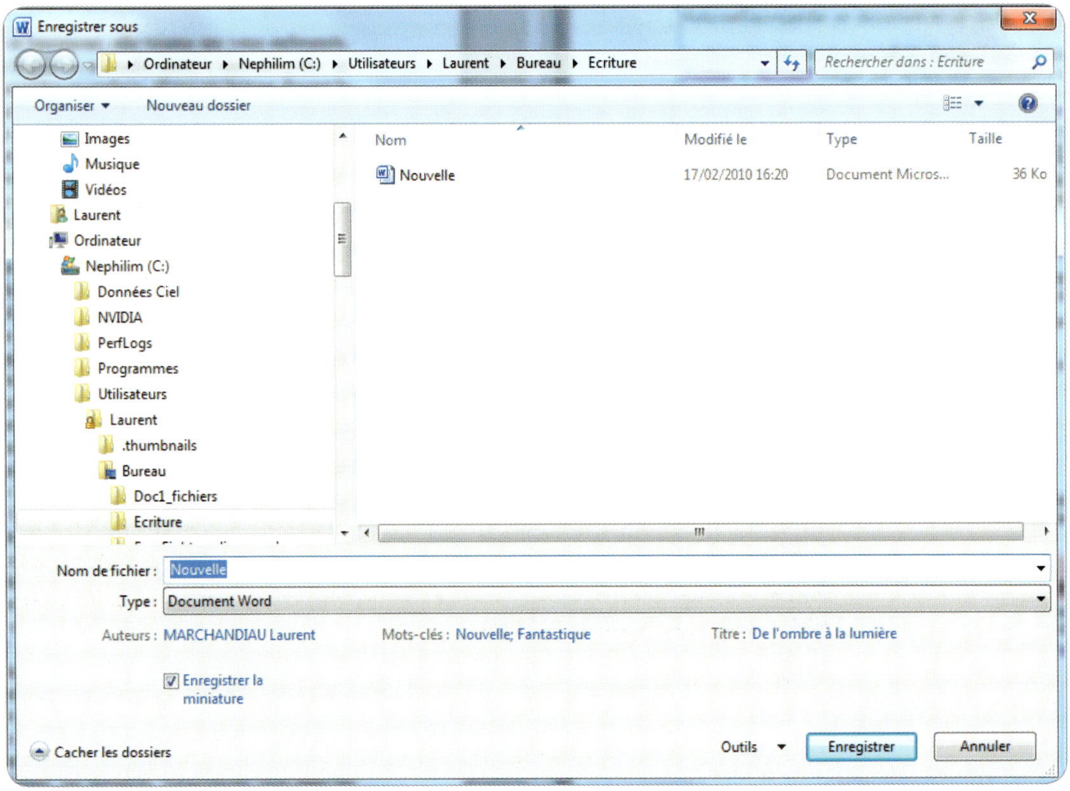

La boîte de dialogue Enregistrer sous en mode réduit (en haut) et en mode avancé (en bas), après un clic sur le bouton Parcourir les dossiers (uniquement sous Windows Vista et Windows 7)

4/ À la ligne *Nom*, nommez votre document.

5/ Cliquez sur la liste déroulante *Type* afin de choisir un autre format de fichier que celui par défaut (*Document Word*). Privilégiez le format *Document Word 97-2003* pour que votre document puisse être lu par les versions antérieures à Word 2007. Dans ce cas, il sera sauvegardé au format **.doc* utilisé par la plupart des personnes aujourd'hui, au lieu du format standard de Word 2010, **.docx*.

6/ Vous avez la possibilité de saisir le nom de l'auteur, d'ajouter un titre ainsi que des mots-clés à votre document lors de son enregistrement. Pour cela, cliquez sur les champs correspondants (*Auteurs*, *Mots-clés* et *Titres*) situés juste en dessous de la liste déroulante *Type* et saisissez les données afférentes. Si vous saisissez plusieurs mots-clés, séparez-les par un point-virgule.

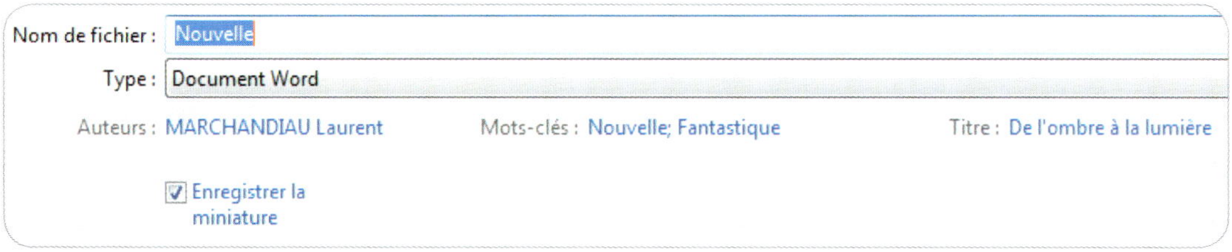

Vous pouvez ajouter des propriétés à votre document en remplissant les champs Auteurs, Mots-clés et Titres directement depuis la boîte de dialogue Enregistrer sous

7/ En dernier lieu, vous pouvez cocher la case *Enregistrer la miniature*. Cette option permet de sauvegarder un aperçu de votre document, qui s'affichera dans l'Explorateur de Windows et permettra d'identifier plus clairement le document en question.

8/ Cliquez sur **Enregistrer**.

Astuce

Sauvegarder un document en un clic

La barre d'outils *Accès rapide* située juste au-dessus des onglets **Fichier** et **Accueil** intègre par défaut une commande permettant d'enregistrer instantanément un fichier sans passer par le mode Backstage. Cliquez sur l'icône représentant une disquette afin d'accéder à la boîte de dialogue **Enregistrer sous** si c'est la première fois que vous enregistrez votre document. Dans le cas contraire, un simple clic sur cette icône sauvegardera les modifications apportées à votre document s'il a été préalablement enregistré.

La commande **Enregistrer sous** permet de sauvegarder sous un autre nom ou sous un format différent de celui d'origine le document actif. Pour accéder à cette fonction, procédez comme suit :

1/ Cliquez sur l'onglet **Fichier**.

2/ Sélectionnez la commande **Enregistrer sous** dans la colonne de gauche.

3/ Sélectionnez l'endroit où vous voulez enregistrer votre document en naviguant dans l'arborescence située dans la colonne de gauche. Si celle-ci ne s'affiche pas, cliquez sur le bouton **Parcourir les dossiers**.

4/ Dans la boîte de dialogue **Enregistrer sous**, renommez le document en remplaçant le nom à la ligne éponyme.

5/ Pour le sauvegarder dans un autre format, cliquez sur la liste déroulante *Type* et sélectionnez l'une des options proposées.

Word propose différents formats d'enregistrement

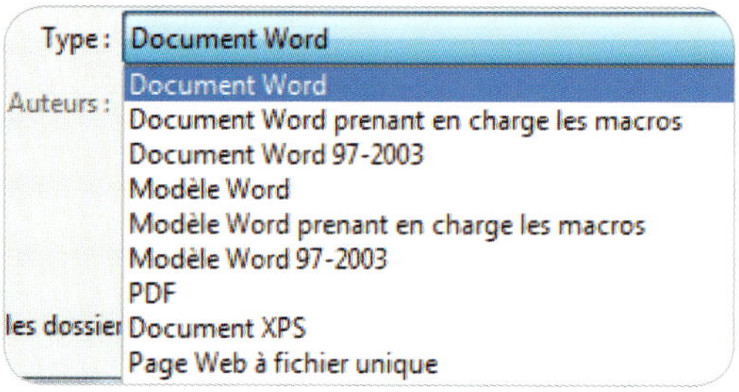

6/ Cliquez sur le bouton **Enregistrer**.

Depuis Word 2007, les documents sont enregistrés par défaut au format **.dotx*. Or celui-ci reste peu utilisé par la majorité des personnes. Word 2010 ne fait pas exception ! La solution consiste à modifier les paramètres d'enregistrement de l'application.

● Configurer les options d'enregistrement

Vous ne souhaitez pas utiliser le format **.docx* comme format d'enregistrement par défaut ? Vous voulez que le dossier contenant tous vos documents Word soit ouvert instantanément dès que vous cliquez sur la commande **Ouvrir** ou **Enregistrer** ? Et que dire des sauvegardes automatiques du logiciel, trop espacées à votre goût ? Il va falloir entrer dans les options de configuration de Word pour remédier à cela.

1/ Cliquez sur l'onglet **Fichier** pour activer le mode Backstage.

2/ Cliquez sur **Options** dans la colonne de gauche.

3/ Dans la boîte de dialogue **Options Word**, cliquez sur l'onglet **Enregistrement**.

4/ Sous la rubrique *Enregistrer des documents*, cliquez sur la liste déroulante *Enregistrer les fichiers au format suivant* et sélectionnez le format qui vous convient. Privilégiez le format *Document Word 97-2003* pour assurer une meilleure compatibilité avec les autres traitements de texte et les versions antérieures à Word 2007.

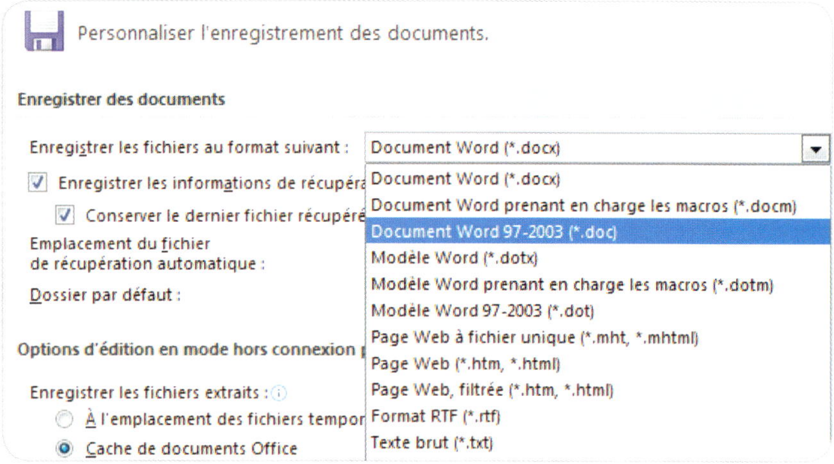

Word permet de modifier le format d'enregistrement par défaut depuis la boîte de dialogue Options Word

5/ Cliquez sur le bouton OK.

Word effectue régulièrement des sauvegardes automatiques de votre document en cours d'utilisation. Si bien, qu'en cas de plantage de l'application ou d'une coupure de courant, Word peut restaurer le fichier à sa dernière date de sauvegarde automatique. Par défaut, Word 2010 effectue une sauvegarde toute les 10 minutes. Cela peut paraître insuffisant. Pour modifier ce délai, procédez comme suit :

1/ Sous l'onglet **Fichier**, cliquez sur **Options**.

2/ Dans la boîte de dialogue **Options Word**, cliquez sur l'onglet **Enregistrement**.

3/ Sous la rubrique *Enregistrer des documents*, remplacez la valeur *10 minutes* de la ligne *Enregistrer les informations de récupération automatique toutes les*, par le chiffre de votre choix. *5 minutes* est une bonne option.

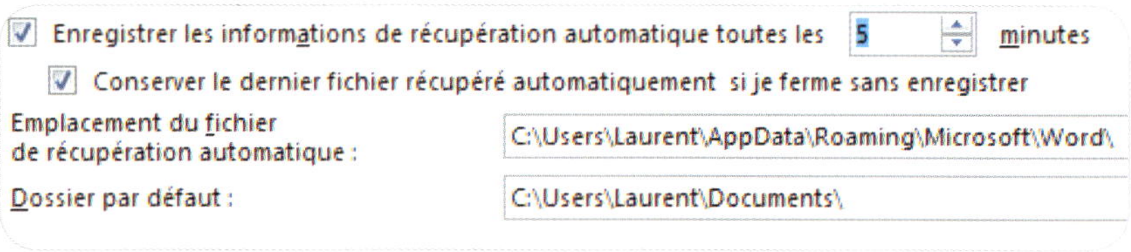

La modification de la durée de sauvegarde automatique des documents se fait depuis la ligne Enregistrer les informations de récupération automatique toutes les

4/ Vérifiez que les cases *Enregistrer les informations de récupération automatique toutes les* et *Conserver le dernier fichier récupéré automatiquement si je ferme sans enregistrer* sont bien cochées.

5/ Cliquez sur le bouton OK pour valider vos paramètres.

À chaque ouverture d'un fichier, Word ouvre automatiquement le dossier *Documents* (ou *Mes documents* si vous êtes sous Windows XP). Vous pouvez lui indiquer un autre emplacement de cette façon :

1/ Sous l'onglet **Fichier**, sélectionnez **Options**.

2/ Dans la boîte de dialogue qui s'affiche, allez sous l'onglet **Enregistrement**. Sous la rubrique *Enregistrer des documents*, cliquez sur le bouton **Parcourir** en regard du champ *Dossier par défaut*.

Word offre la possibilité de changer le dossier d'enregistrement par défaut

3/ Indiquez un nouvel emplacement par défaut dans la boîte de dialogue **Changer de dossier** puis cliquez sur le bouton OK.

4/ Fermez la boîte de dialogue **Options Word** en cliquant de nouveau sur OK.

Enregistrer un document Word n'a désormais plus de secret pour vous. Voyons comment ouvrir et supprimer un fichier depuis l'application.

OUVRIR ET SUPPRIMER UN DOCUMENT

C'est l'une des commandes les plus courantes, communes à de nombreuses applications. Depuis Word, vous avez la possibilité d'ouvrir un document mais également de le supprimer en un instant.

Pour ouvrir un document depuis le traitement de texte de Microsoft, procédez comme suit :

1/ Cliquez sur l'onglet **Fichier** pour activer le mode Backstage.

2/ Dans la colonne de gauche, cliquez sur **Ouvrir**.

3/ Dans la boîte de dialogue **Ouvrir**, naviguez dans l'arborescence à droite afin de sélectionner l'emplacement où se trouve le document à ouvrir. Word reconnaît automatiquement les fichiers qu'il peut ouvrir.

La commande Ouvrir est accessible depuis l'onglet Fichier

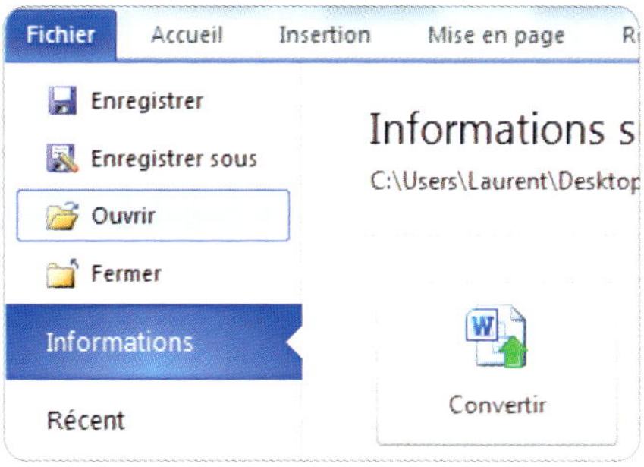

4/ Sélectionnez le document et cliquez sur le bouton **Ouvrir**.

Il est également possible de supprimer un document directement depuis la boîte de dialogue **Ouvrir** de Word 2010 en procédant de cette façon :

1/ Sous l'onglet **Fichier**, cliquez sur **Ouvrir**.

2/ Dans la boîte de dialogue **Ouvrir**, recherchez le document à supprimer en naviguant dans les répertoires situés dans la colonne de droite.

3/ Sélectionnez le document puis appuyez sur la touche Suppr. La boîte de dialogue **Supprimer le fichier** s'affiche. Cliquez sur OK pour valider votre choix. Le document est placé dans la Corbeille de Windows.

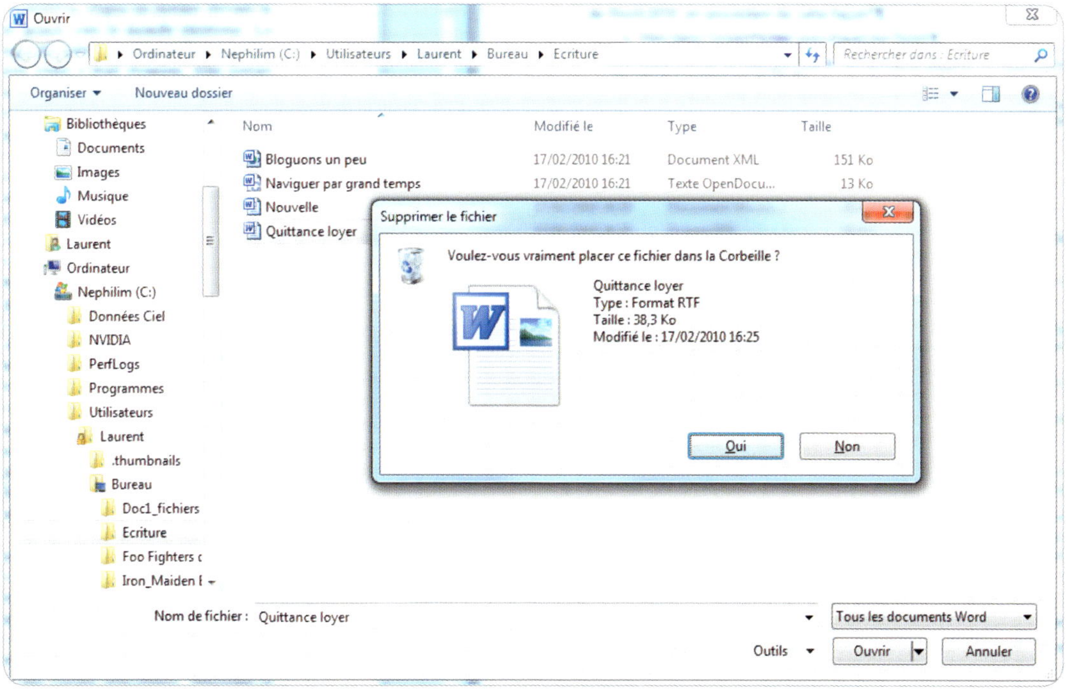

Il est possible de supprimer directement un fichier depuis la boîte de dialogue Ouvrir

4/ Appuyez sur la touche [Echap] ou cliquez sur **Annuler** pour revenir au document en cours d'utilisation et fermer la boîte de dialogue **Ouvrir**.

Astuce

Supprimer définitivement un fichier

Depuis la boîte de dialogue **Ouvrir** ou **Enregistrer sous**, vous pouvez supprimer des fichiers ou des répertoires comme si vous étiez dans l'Explorateur de Windows, en utilisant différents raccourcis clavier :

- [Suppr] supprime le fichier ou le dossier sélectionné et l'envoie à la Corbeille.
- [Maj] + [Suppr] efface définitivement le fichier ou le dossier sélectionné du disque dur sans l'envoyer à la Corbeille.

Dans ce dernier cas, vous ne pouvez restaurer les données supprimées qu'en utilisant un logiciel spécial de restauration tels que Recuva. Ce logiciel gratuit est téléchargeable à l'adresse www.piriform.com/recuva.

Word permet d'ouvrir les fichiers récemment utilisés. Vous pouvez même faire en sorte que certains documents ouverts dernièrement restent accessibles depuis Word, en les plaçant dans la liste *Documents récents*.

1/ Cliquez sur l'onglet **Fichier**.

2/ Sélectionnez la rubrique *Récent*. La liste des derniers documents utilisés s'affiche alors.

3/ Cliquez sur l'épingle située à côté de l'un des documents de la liste *Documents récents* afin de le conserver dans cette liste.

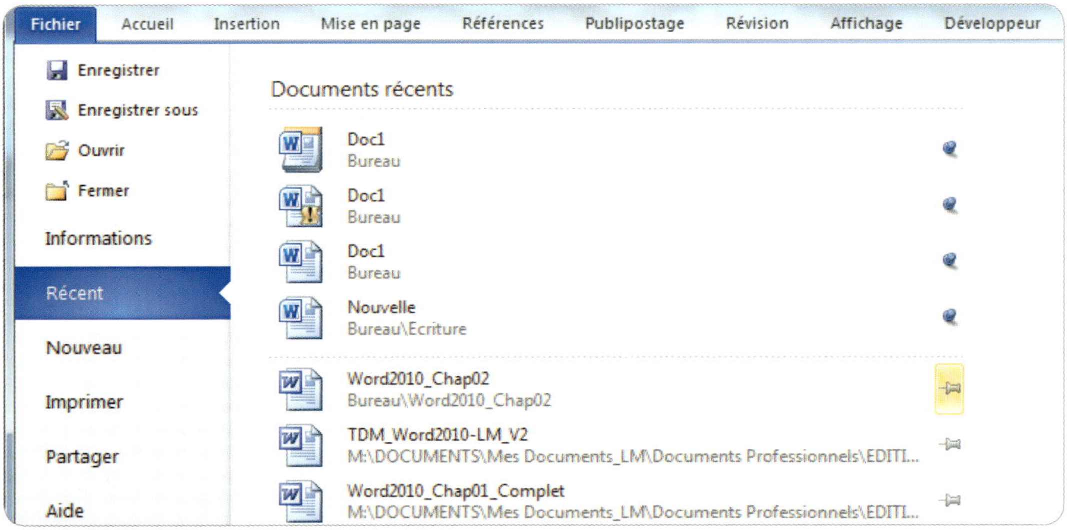

En cliquant sur l'épingle située à côté d'un document récemment utilisé, vous conservez le fichier dans cette liste

4/ Cliquez sur le fichier désiré pour l'ouvrir.

PROFITER DE L'AIDE SOUS WORD

C'est une fonctionnalité que la plupart des utilisateurs tendent à négliger. Or elle recèle de nombreuses informations qui peuvent vous sortir de bien des situations délicates.

L'outil d'aide incorporé à Word 2010 se veut encore plus performant que celui des versions précédentes. D'autant plus qu'il est régulièrement mis à jour pour peu que vous possédiez une connexion Internet.

● Utiliser l'aide

Le module d'aide sous Word est accessible depuis le Ruban d'un clic sur cette icône située dans le coin supérieur droit de la fenêtre ou par le biais de la touche F1.

Lorsque vous ouvrez l'aide de Word en cliquant sur cette icône, la fenêtre **Word –Aide** s'affiche. Cette fenêtre s'ouvre systématiquement à la page d'accueil de l'aide. En cliquant sur l'une des rubriques qu'elle contient, vous accédez aux différentes informations concernées.

La fenêtre d'aide se décompose de la manière suivante :

- En haut, une barre d'outils sert principalement à naviguer dans l'aide et à effectuer quelques opérations, comme imprimer une rubrique d'aide ou encore modifier la taille des polices, voire afficher la table des matières.
- La fenêtre principale affiche les informations concernées.
- La barre d'état située en bas de la fenêtre présente quelques options intéressantes. C'est ici que vous pouvez définir la provenance du contenu de l'aide : vous avez le choix entre les fichiers d'aide de votre logiciel Word, et l'aide du site web Office.com régulièrement mise à jour.

La fenêtre d'aide de Word

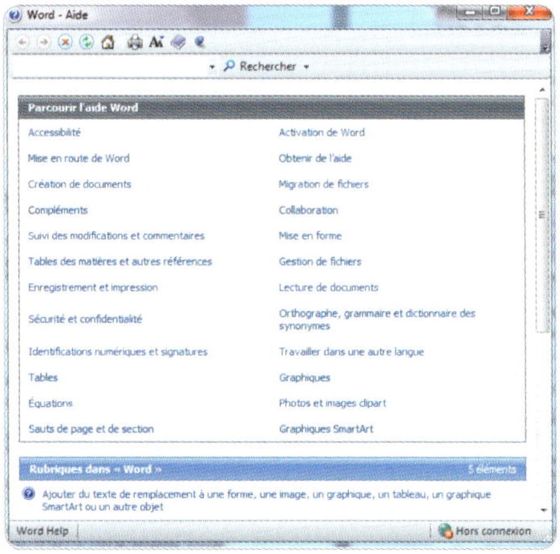

Pour rechercher une information à partir de l'aide, vous avez plusieurs possibilités. En voici une :

1/ Ouvrez l'aide en appuyant sur la touche F1.

2/ Cliquez sur la rubrique concernée et naviguez dedans en cliquant sur les liens qui vous intéressent, par exemple *Mise en forme*.

3/ Naviguez ensuite dans les différentes sous-rubriques en cliquant sur les liens correspondants, jusqu'à trouver la bonne information. Utilisez les boutons **Suivant** et **Précédent** représentés par des flèches droite et gauche situées dans la barre d'outils.

4/ Vous pouvez également utiliser le champ de recherche situé en haut de la fenêtre. Saisissez la phrase ou le mot-clé que vous recherchez et cliquez sur **Rechercher** ou appuyez sur la touche Entrée pour lancer la recherche.

5/ Vous avez la possibilité de définir plus précisément l'endroit dans lequel vous souhaitez faire votre recherche. Saisissez le terme recherché dans la zone de recherche. Ensuite, cliquez sur la flèche située à côté du bouton **Rechercher**.

Le bouton Rechercher permet d'effectuer une recherche ciblée

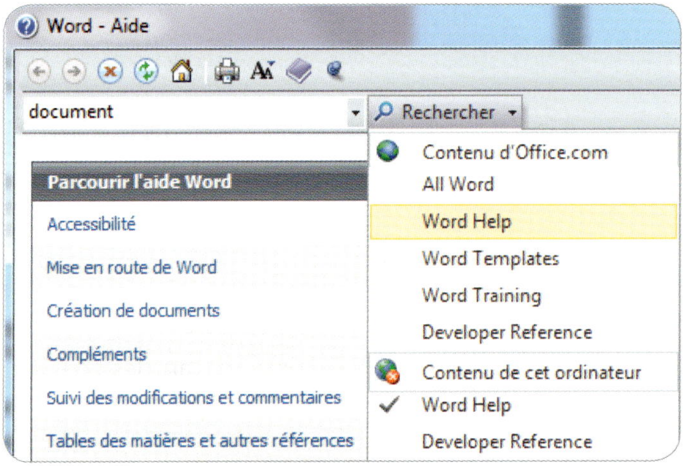

6/ Dans le menu contextuel qui s'affiche, sélectionnez le type de contenu dans lequel vous voulez effectuer votre recherche puis appuyez sur la touche Entrée.

Pour revenir à la page d'accueil de l'aide de Word, cliquez sur cette icône.

Vous pouvez afficher la table des matières de l'aide en ouvrant l'aide de Word via la touche F1 puis en cliquant sur cette icône.

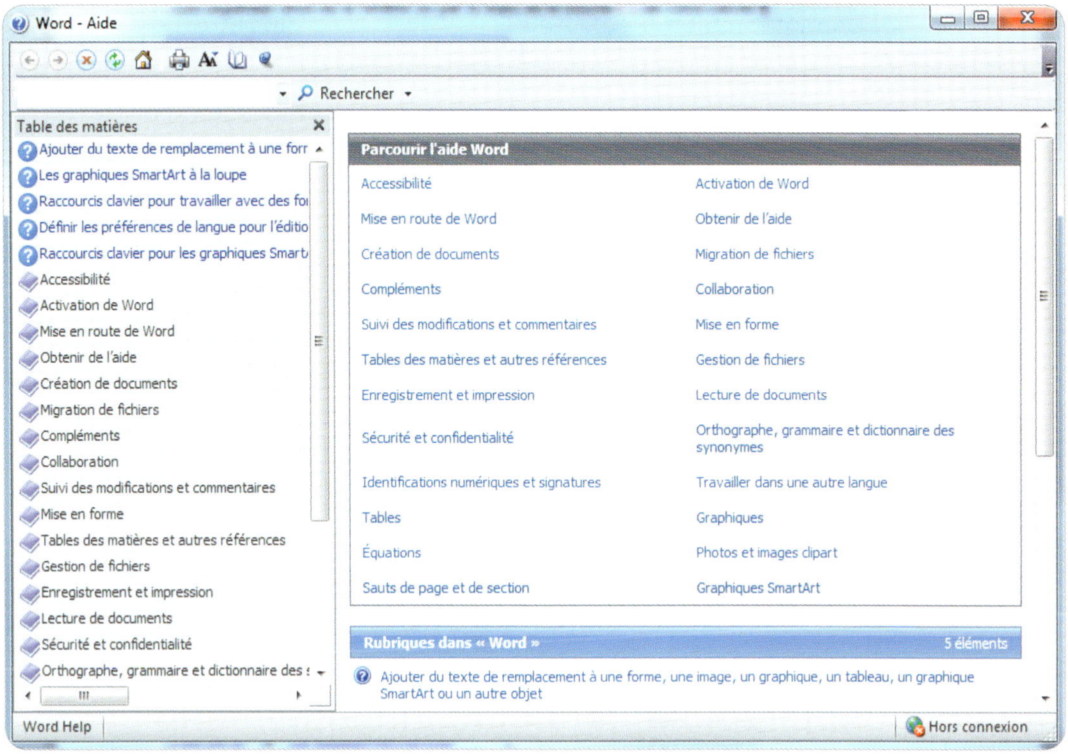

La table des matières de l'aide permet d'avoir une vue globale des différentes rubriques d'aide de Word

Personnaliser l'aide

L'aide de Word peut être personnalisée, comme la plupart des commandes de Word situées dans le Ruban. Ainsi, vous pouvez ajouter ou supprimer des commandes de la barre d'outils de cette manière :

1/ Ouvrez l'aide de Word en appuyant sur la touche F1.

2/  Dans la barre d'outils de l'aide, cliquez sur cette icône.

3/ Sélectionnez **Ajouter/Supprimer des boutons** dans le menu contextuel qui s'affiche.

4/ Cliquez sur l'une des commandes dans le menu contextuel pour l'afficher ou la masquer dans la barre d'outils. Notez que les commandes visibles dans la barre d'outils de l'aide présentent une coche orangée.

La commande Ajouter/Supprimer des boutons permet de personnaliser certains aspects de l'aide

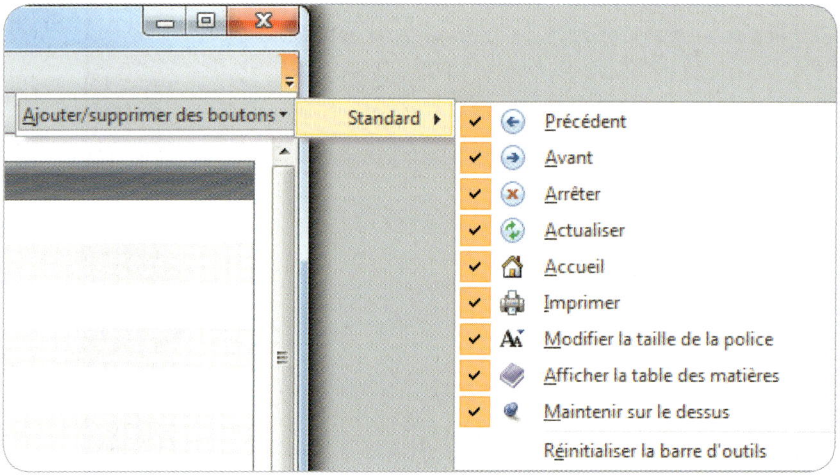

Vous pouvez également modifier l'affichage du contenu de l'aide en augmentant ou en diminuant la taille de la police de caractères.

1/ Ouvrez l'aide de Word via la touche F1.

2/  Dans la barre d'outils de l'aide, cliquez sur cette icône.

3/ Dans le menu contextuel qui s'ouvre, sélectionnez une taille de police parmi les cinq choix proposés.

Les différentes tailles de police de l'aide

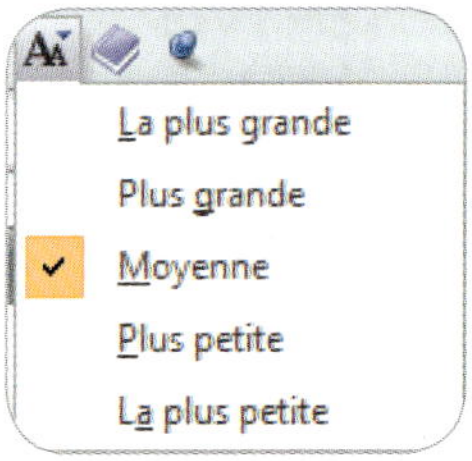

Enfin, il est possible d'afficher, au choix, l'aide du site Office.com, régulièrement mise à jour, ou l'aide installée par défaut avec Word.

1/ Rendez-vous dans l'aide en appuyant sur F1.

2/ Dans la barre d'état de l'aide, cliquez sur le bouton situé dans le coin inférieur droit de la fenêtre.

3/ Indiquez si vous souhaitez afficher l'aide à partir d'Internet, en cliquant sur *Afficher un contenu à partir d'Office.com*.

Word permet d'afficher le contenu de l'aide disponible sur Internet ou sur votre ordinateur

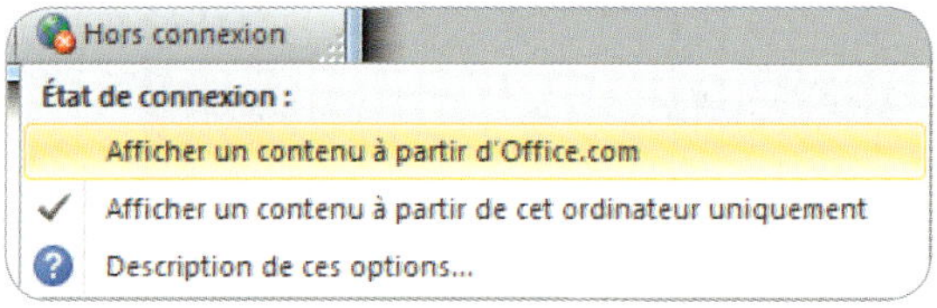

4/ Dans le cas contraire, sélectionnez *Afficher un contenu à partir de cet ordinateur uniquement*.

Dans le prochain chapitre, nous verrons comment saisir un texte sous Word.

3

Saisir le texte

Lorsque vous lancez Word, l'application génère automatiquement un nouveau document. Vous êtes confronté à une page blanche, prêt à saisir le texte de votre choix et à le mettre en forme. Comme la plupart des logiciels de traitement évolués, Word 2010 dispose de nombreuses fonctionnalités permettant d'écrire et d'insérer des caractères spéciaux. Une fois la saisie effectuée, vous pouvez utiliser différents outils de mise en forme.

JOUER AVEC LES CARACTÈRES

La saisie des caractères sous Word s'effectue naturellement. Inutile de se préoccuper du retour à la ligne, qui se réalise automatiquement. L'application dispose de plusieurs commandes de mise en forme du texte. Vous pouvez entre autres modifier la taille de la police ou encore passer un texte en gras ou en italique.

● Modifier la police

Chaque police présente un style différent de caractère. Certaines sont plus adaptées à tel ou tel usage que d'autres. L'imprimeur parisien François Thibaudeau les classe en quatre catégories suivant leur forme et selon qu'elles disposent d'un empattement ou non (l'empattement est la partie basse sur laquelle s'appuie le caractère).

- **Elzévir** : par exemple la police Times. Cette famille se caractérise par un empattement triangulaire.
- **Didot** : ce type de caractère, illustré par la police Bodoni par exemple, se reconnaît à son empattement filiforme.
- **Égyptienne** : cette catégorie se distingue par son empattement quadrangulaire (exemple, la police Courrier).
- **Antique** : cette famille de polices ne présente aucun empattement. On parle de police Bâton. Elle est couramment utilisée dans les journaux et sur le Web (par exemple, les polices Arial et Verdana).

Les quatre grandes familles de polices

Elzevir
Didot
Egyptienne
Antique

Par défaut, Word utilise la police Calibri, qui convient pour la majorité des usages et s'avère très lisible et bien plus moderne qu'une police de type Times New Roman. Vous pouvez changer la police de cette manière :

1/ Sélectionnez le texte à modifier en le surlignant à l'aide de la souris.

2/ Rendez-vous sous l'onglet **Accueil**. Dans le groupe *Police*, cliquez sur la flèche en regard du nom de la police en cours d'utilisation (par défaut Calibri).

Chaque police installée sur votre système est clairement identifiable puisque Word génère un aperçu

3/ La liste des polices installées sur votre ordinateur s'affiche alors. Sélectionnez celle de votre choix.

Une fois la police sélectionnée, vous pouvez modifier la taille des caractères à volonté. Celle-ci se mesure en point (1 point = 0,35 mm environ).

1/ Surlignez votre texte.

2/ Sous l'onglet **Accueil**, dans le groupe *Police*, cliquez sur la zone *Taille de police*. Saisissez une valeur directement dans le champ.

La zone Taille de police permet de changer le corps d'un caractère

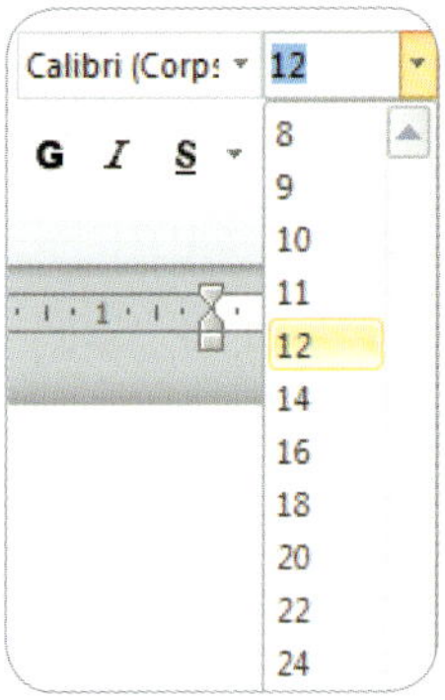

3/ Vous pouvez également cliquer sur la flèche en regard de la zone *Taille de la police* et sélectionnez une taille de police.

Rien ne vous empêche de saisir une taille de police (dénommée aussi « corps de police ») plus particulière, comme 10,5. Sachez toutefois que la taille des polices dans un texte dépend souvent du type de caractère choisi. Ainsi, un texte dans la police Arial de corps 10 apparaîtra plus gros qu'un texte de taille similaire en police Times New Roman.

Raccourci

Agrandir/diminuer la police

Vous pouvez agrandir ou diminuer la taille d'un texte en un rien de temps en utilisant certains raccourcis clavier. Sélectionnez votre texte et utilisez l'un des raccourcis clavier suivants :

- Ctrl + < réduit la taille du texte sélectionné.
- Ctrl + Maj + < augmente la taille du texte sélectionné.

Le choix des polices dépend de l'usage que l'on souhaite en faire. Il est par exemple déconseillé d'utiliser les polices Palatino, Monaco, Verdana, Georgia, qui sont dédiées à l'affichage écran ou à la mise en forme de pages web, pour des documents qui vont être imprimés.

Gardez ceci en mémoire afin de mieux adapter les polices suivant ce que vous voulez en faire :

- Elzévir : cette famille est chaleureuse, assez romantique, élégante et classique.
- Didot : cette catégorie de caractères est sophistiquée mais assez froide.
- Égyptienne : ces polices sont très lisibles mais assez communes.
- Polices sans sérif : cette famille de polices est plus adaptée pour les titres.
- Bâton ou Antique : ces polices sont modernes mais assez monotones à lire.

Il existe d'autres catégories de polices, par exemple script, anglaise, gothique, ou des polices plus fantaisistes.

Enrichir les polices

Word fut le premier traitement de texte au monde à proposer l'affichage des polices de caractères en gras et en italique. Au fil des versions, ses fonctionnalités se sont considérablement enrichies de sorte qu'aujourd'hui, Word est capable d'effectuer différentes mises en forme sur les polices elles-mêmes.

Ainsi, lorsque vous saisissez un texte, vous avez la possibilité de mettre en forme certaines parties de vos propos afin de faire, par exemple, ressortir une idée précise.

1/ À l'aide de la souris, surlignez le texte à mettre en forme.

2/ Allez sous l'onglet **Accueil**. Dans le groupe *Police*, cliquez sur l'une des commandes suivantes : **Gras** pour mettre le texte en gras, **Italique** pour passer le texte sélectionné en italique.

3/ Le bouton **Surligné** présente différentes options de surlignage accessibles via la flèche en regard de la commande. Sélectionnez dans le menu contextuel le style de trait souhaité.

Les outils de mise en forme du texte de Word

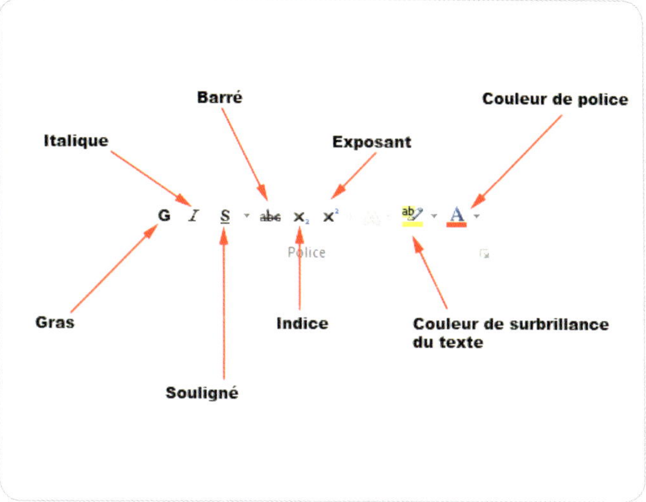

4/ Word permet de barrer un texte en cliquant sur le bouton éponyme situé sous l'onglet **Accueil** dans le groupe *Police*. Une commande utile lorsque vous corrigez un texte.

5/ L'application corrige elle-même certains mots et met automatiquement quelques termes clairement identifiés en exposant. Mais vous pouvez mettre des mots oubliés soit en exposant soit en indice suivant le cas en cliquant sur les boutons éponymes situés sous l'onglet **Accueil** dans le groupe *Police*.

Office World

Word et le concept du WYSIWYG

Word fut le premier traitement de texte au monde à exploiter le concept du WYSIWYG. En d'autres termes, ce que vous voyez est ce que vous obtenez. En somme, la mise en page que vous réalisez sur votre écran est reproduite à l'identique lors d'une impression. Word fut la première application à être capable d'afficher les caractères en gras et en italique. En outre, c'est avec Word que Microsoft a intégré l'usage de la souris dans les logiciels, les commandes étant auparavant saisies textuellement.

Afin de mettre en évidence certaines parties de votre texte, vous pouvez les surligner ou de leur affecter une autre couleur que celle par défaut.

1/ Surlignez votre texte à l'aide de la souris.

2/ Rendez-vous sous l'onglet **Accueil** puis, dans le groupe *Police*, cliquez sur la flèche en regard du bouton **Couleur de surbrillance du texte**. Dans le menu contextuel qui s'affiche, sélectionnez une couleur de surbrillance.

3/ Pour mettre un texte dans une autre couleur que celle par défaut, cliquez sur la flèche noire située en regard du bouton **Couleur de police**. Dans le menu contextuel qui s'affiche, sélectionnez une couleur.

Les options de surlignage de Word

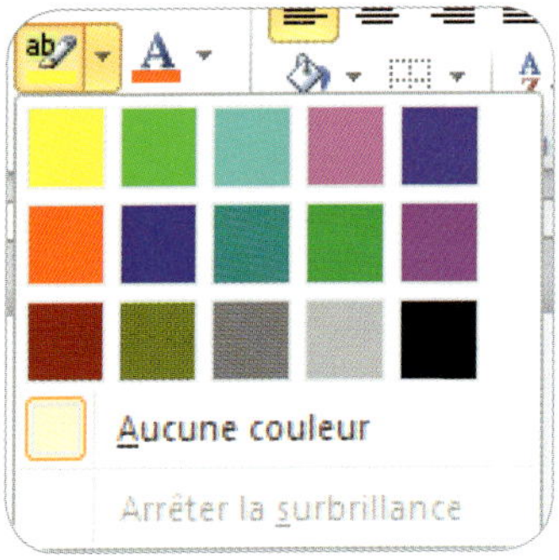

4/ Si aucune des couleurs ne vous convient, cliquez sur **Autres couleurs**. La boîte de dialogue **Couleurs** s'affiche alors. Dans celle-ci, cliquez sur l'onglet **Standard** puis sélectionnez dans l'hexagone la teinte de votre choix.

5/ Si les teintes proposées ne vous conviennent toujours pas, cliquez sur l'onglet **Personnalisées**. Tout en maintenant le bouton gauche de la souris enfoncé, déplacez le curseur sur la palette de couleurs jusqu'à trouver la bonne teinte. Cliquez sur le bouton OK.

Si vous avez appliqué par erreur une mise en forme particulière à votre texte, vous pouvez l'effacer en quelques clics.

1/ Surlignez le texte dont la mise en forme est à supprimer.

2/ Rendez-vous sous l'onglet **Accueil** puis, dans le groupe *Police*, cliquez sur le bouton **Effacer la mise en forme**.

Vous pouvez appliquer d'autres effets à votre texte, outre mettre en gras, en italique ou surligner, en accédant à la boîte de dialogue **Police**.

1/ Sélectionnez le texte à mettre en forme.

2/ Sous l'onglet **Accueil**, cliquez sur l'icône située à côté du nom du groupe *Police*. La boîte de dialogue **Police** s'ouvre alors.

3/ Sous l'onglet **Police, style et attributs**, à la rubrique *Effets*, cochez les effets que vous souhaitez appliquer à votre texte.

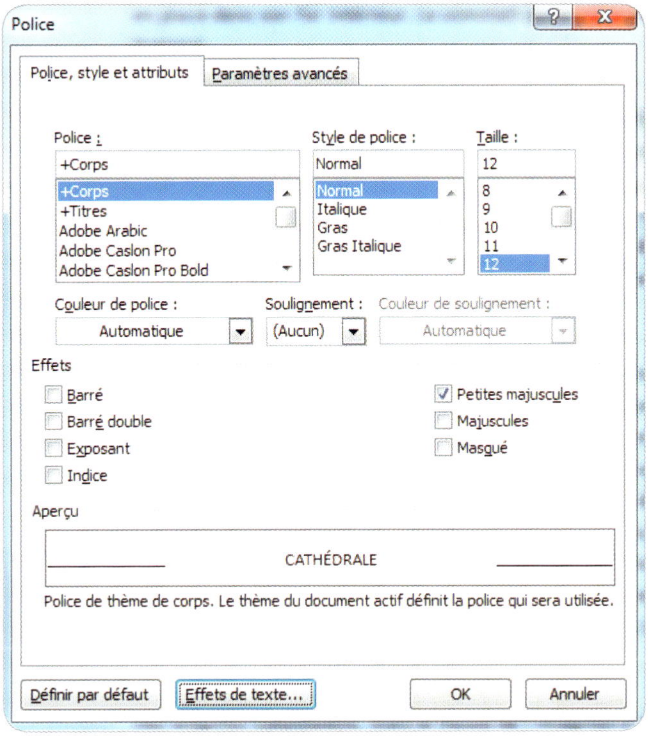

La boîte de dialogue Police permet d'appliquer d'autres effets au texte

4/ Si vous avez déjà souligné votre texte, vous pouvez définir une couleur de soulignement en cliquant sur la liste déroulante éponyme et en sélectionnant la couleur de votre choix.

5/ Cliquez sur OK pour fermer la boîte de dialogue **Police**.

Raccourci

Mettre le texte en forme rapidement

La plupart des options courantes de mise en forme d'un texte sont accessibles par l'intermédiaire de raccourcis clavier. Il suffit de sélectionner le texte désiré avec la souris et d'utiliser l'un de ces raccourcis :

- Ctrl + G met le texte en gras.
- Ctrl + I passe le texte en italique.
- Ctrl + U souligne les mots et les espaces.
- Ctrl + Maj + + met le texte en exposant.
- Ctrl + = passe le texte en indice.
- Ctrl + Maj + A met le texte en majuscules.
- Ctrl + Maj + K passe le texte en petites majuscules.
- Ctrl + D ouvre la boîte de dialogue **Police**.

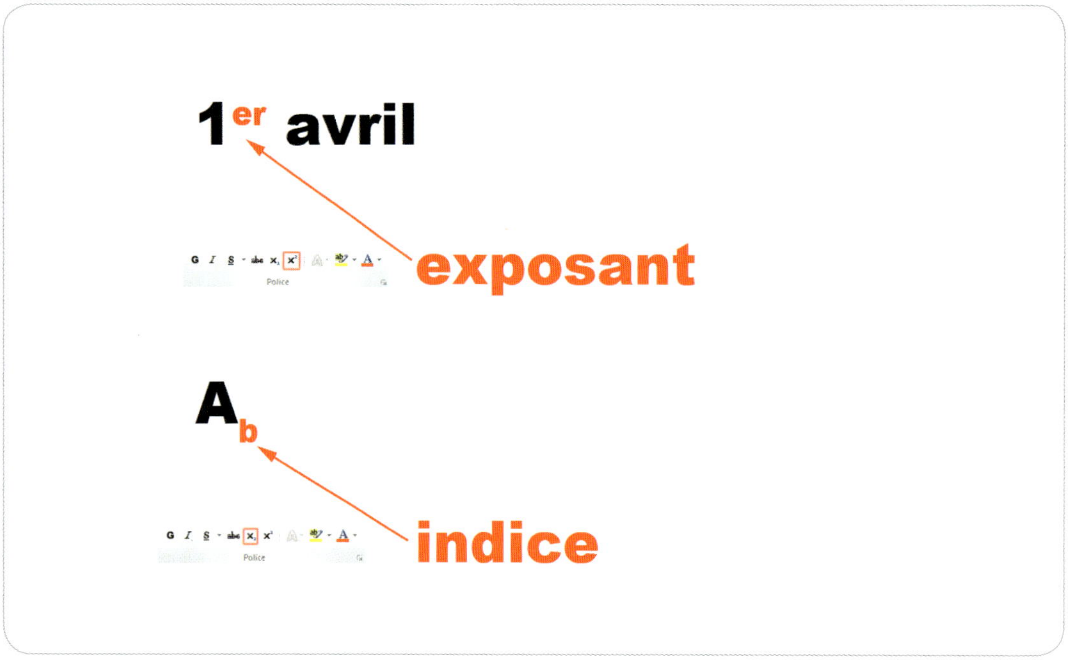

Pour passer le texte en exposant, utilisez le raccourci Ctrl + Maj + +, et Ctrl + = pour le passer en indice

Utiliser les échelles et les espacements

Modifier les espacements permet d'aérer un texte ou bien de le restreindre pour qu'il corresponde au mieux aux dimensions et à l'aspect souhaité. Word offre donc la possibilité d'étendre ou de condenser l'espace entre les caractères d'un paragraphe. Pour cela, il dispose de plusieurs outils :

- L'échelle : elle permet d'agrandir ou de réduire les caractères et les espaces d'un texte proportionnellement. En général, Word ne permet que de modifier l'échelle horizontale, contrairement aux logiciels de mise en page tels qu'InDesign ou QuarkXpress, qui offrent la possibilité de changer l'échelle horizontale mais aussi verticale d'un caractère. L'utilisation de cette fonctionnalité se cantonne en général à la création d'effets particuliers sur un mot, notamment dans la réalisation d'un titre d'un magazine.
- L'espacement : c'est l'espace entre les caractères d'un texte. Word peut soit le condenser soit l'augmenter dans un paragraphe. Pratique pour faire tenir un texte sur une même ligne !
- La position : elle permet de décaler les caractères vers le haut ou vers le bas par rapport à une ligne, un peu comme si vous mettiez un texte en exposant ou en indice.
- Le crénage : cette fonction rapproche deux caractères afin d'en améliorer l'esthétique.

Les options d'échelle et d'espacement sont accessibles à partir de la boîte de dialogue Police

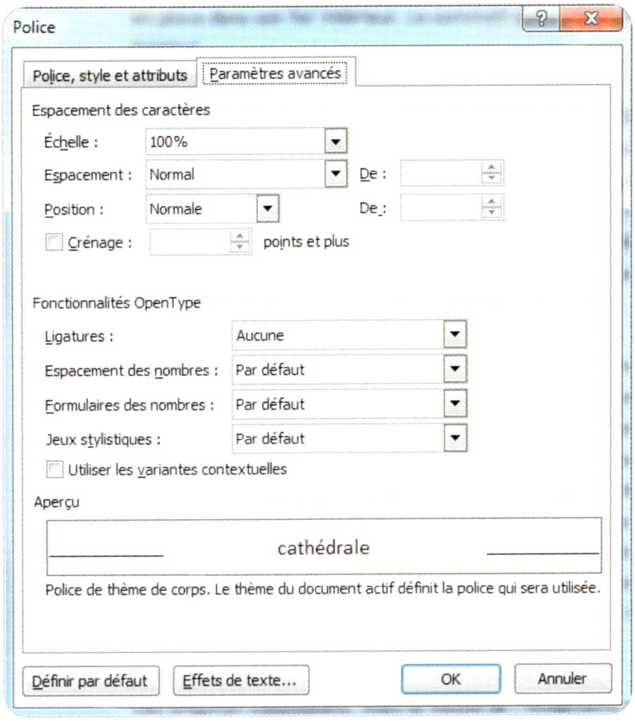

Ces fonctionnalités sont accessibles depuis la boîte de dialogue **Police**, que vous pouvez ouvrir en utilisant le raccourci clavier Ctrl + D.

Pour changer l'espacement d'un texte, procédez comme suit :

1/ Sélectionnez le texte à modifier puis utilisez le raccourci clavier Ctrl + D pour ouvrir la boîte de dialogue **Police**.

2/ Dans celle-ci, cliquez sur l'onglet **Paramètres avancés**. Sous la rubrique *Espacement des caractères*, cliquez sur la liste déroulante *Espacement*. Choisissez *Condensé* pour réduire l'espace entre les caractères ou *Étendu* pour l'augmenter.

La zone Aperçu de la boîte de dialogue Police permet de visualiser les modifications sur le texte avant même qu'elles soient effectives (ici un texte avec un espacement étendu de 10 points)

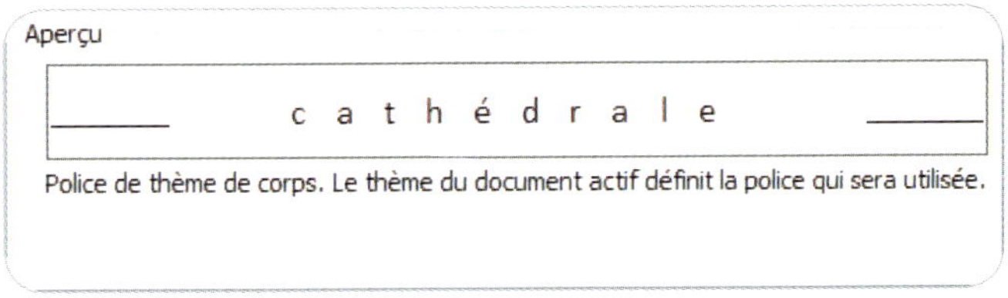

3/ Dans le champ *De* situé en regard de la liste déroulante *Espacement*, indiquez une valeur, `5` points par exemple.

4/ La zone *Aperçu* de la boîte de dialogue **Police** permet de visualiser instantanément les modifications. Cliquez sur OK pour valider l'opération et fermer la boîte de dialogue.

> Astuce
>
> **Le bon espacement**
>
> En règle générale, il est préférable de ne pas saisir des valeurs d'espacement trop importantes, au risque de détruire l'homogénéité du document. N'allez pas au-delà de 5 points dans le corps d'un texte. Quant au titre, vous pouvez jouer avec l'espacement comme bon vous semble en essayant de garder une certaine cohérence.

Le crénage permet de mieux harmoniser les caractères entre eux. Pour modifier celui-ci, effectuez les opérations suivantes :

1/ Sélectionnez le paragraphe sur lequel vous voulez appliquer le crénage.

2/ Utilisez le raccourci [Ctrl] + [D] pour ouvrir la boîte de dialogue **Police**. Dans celle-ci, rendez-vous sous l'onglet **Paramètres avancés**.

3/ Sous la rubrique *Espacement des caractères*, cochez la case *Crénage*.

4/ Dans le champ en regard de l'option *Crénage*, indiquez une valeur en points, comprise entre `1` et `1638`. Cliquez sur le bouton OK.

Word permet de modifier la position d'un texte dans un paragraphe. Cette option peut être utile lorsqu'il s'agit de mettre certaines indications au-dessus d'un texte telles que des didascalies.

1/ À l'aide de la souris, sélectionnez le texte à modifier.

2/ Ouvrez la boîte de dialogue **Police** en utilisant le raccourci clavier [Ctrl] + [D] puis rendez-vous sous l'onglet **Paramètres avancés**.

3/ Sous la rubrique *Espacements des caractères*, cliquez sur la liste déroulante *Position* puis sélectionnez *Décalage haut* ou *Décalage bas* selon que vous souhaitez déplacer votre texte vers le haut ou vers le bas.

En modifiant la position d'un texte, vous pouvez le placer au-dessus ou en dessous de la ligne

(se ravisant)
Valmont — après un décalage vers le haut

Valmont — après un décalage vers le bas
(se ravisant)

4/ Dans la zone située en regard de la liste déroulante *Position*, saisissez une valeur en nombre de points.

5/ Cliquez sur OK pour fermer la boîte de dialogue **Police**.

La mise à l'échelle d'une police consiste à élargir ou à réduire sa taille proportionnellement. En général, cette fonctionnalité est assez peu utilisée au quotidien, sauf si vous souhaitez appliquer certains effets sur vos polices.

1/ Sélectionnez le texte à étirer ou à compresser.

2/ Sous l'onglet **Accueil**, cliquez sur l'icône ouvrant la boîte de dialogue **Police** ou utilisez le raccourci clavier Ctrl + D.

3/ Allez sous l'onglet **Paramètres avancés**. Sous la rubrique *Espacement des caractères*, cliquez sur la zone *Échelle* puis saisissez le pourcentage souhaité. Le texte est étiré si le niveau de pourcentage dépasse les 100 %. A contrario, s'il est inférieur à 100 %, le texte est compressé.

Un exemple de texte compressé et étiré grâce à l'outil Échelle

4/ Cliquez sur OK pour fermer la boîte de dialogue **Police**.

> **Astuce**
>
> **Insérer un espace insécable**
>
> Un espace insécable permet de faire tenir deux mots ou deux caractères séparés sur une même ligne.
>
> 1/ Positionnez le curseur à l'endroit où vous souhaitez insérer l'espace insécable.
>
> 2/ Utilisez le raccourci clavier Ctrl + Maj + Barre d'espace pour insérer l'espace insécable.

Insérer des lettrines

Les lettrines permettent d'enjoliver la première lettre d'un paragraphe. Particulièrement prisées dans le monde de l'édition et la presse, elles donnent un impact au document en attirant l'œil du lecteur. Elles peuvent se placer de différentes manières :

- La lettrine « classique » s'inscrit au sein même du paragraphe.
- La lettrine sans marge apparaît en retrait du paragraphe.

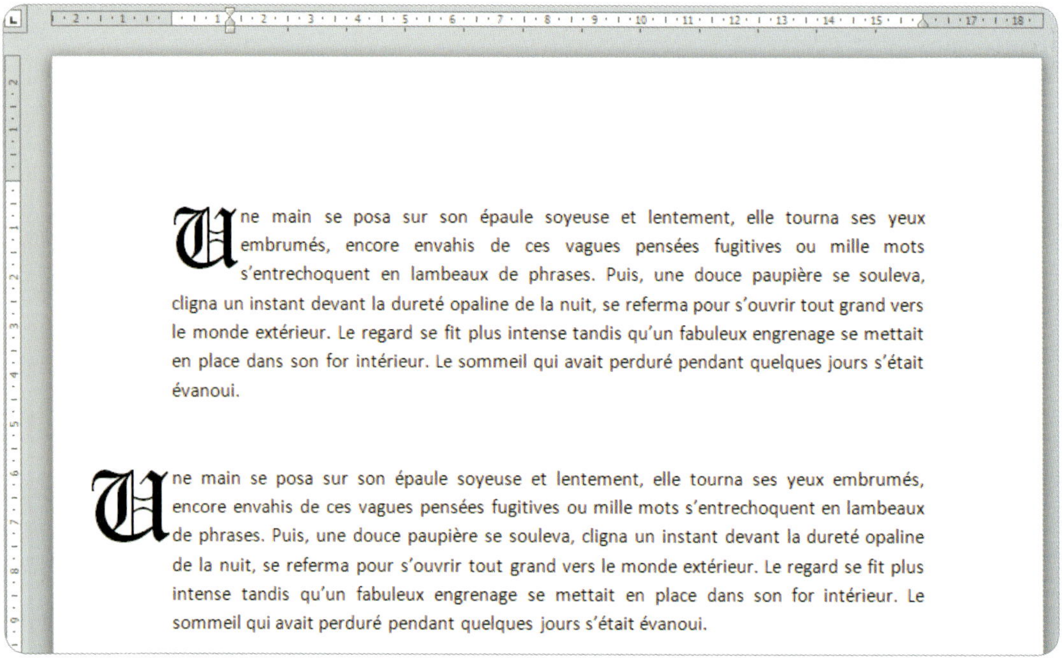

Une main se posa sur son épaule soyeuse et lentement, elle tourna ses yeux embrumés, encore envahis de ces vagues pensées fugitives ou mille mots s'entrechoquent en lambeaux de phrases. Puis, une douce paupière se souleva, cligna un instant devant la dureté opaline de la nuit, se referma pour s'ouvrir tout grand vers le monde extérieur. Le regard se fit plus intense tandis qu'un fabuleux engrenage se mettait en place dans son for intérieur. Le sommeil qui avait perduré pendant quelques jours s'était évanoui.

Une main se posa sur son épaule soyeuse et lentement, elle tourna ses yeux embrumés, encore envahis de ces vagues pensées fugitives ou mille mots s'entrechoquent en lambeaux de phrases. Puis, une douce paupière se souleva, cligna un instant devant la dureté opaline de la nuit, se referma pour s'ouvrir tout grand vers le monde extérieur. Le regard se fit plus intense tandis qu'un fabuleux engrenage se mettait en place dans son for intérieur. Le sommeil qui avait perduré pendant quelques jours s'était évanoui.

En haut, une lettrine classique, en bas, une lettrine sans marge

Il n'existe pas vraiment de règle en ce qui concerne le placement de la lettrine dans les paragraphes. Sa position dépend de l'agencement du document, qui se doit d'être harmonieux et lisible.

Pour créer une lettrine, suivez le guide :

1/ Placez le curseur sur le paragraphe dans lequel vous allez insérer la lettrine.

2/ Rendez-vous sous l'onglet **Insertion** puis, dans le groupe *Texte*, cliquez sur le bouton **Lettrine**.

3/ Dans le menu contextuel qui s'ouvre, sélectionnez le type de lettrine voulue, *Dans le texte* ou *Dans la marge*.

Vous pouvez configurer précisément une lettrine en indiquant par exemple le type de police, le nombre de lignes qu'elle va occuper ou encore la distance par rapport au paragraphe.

1/ Cliquez sur une zone du paragraphe dans lequel vous voulez insérer une lettrine.

2/ Allez sous l'onglet **Insertion**. Dans le groupe *Texte*, cliquez sur la flèche en regard du bouton **Lettrine**. Dans le menu contextuel, sélectionnez **Options de lettrine**.

3/ Dans la boîte de dialogue **Lettrine**, sous la rubrique *Position*, sélectionnez *Dans le texte* ou *Dans la marge*.

La boîte de dialogue Lettrine

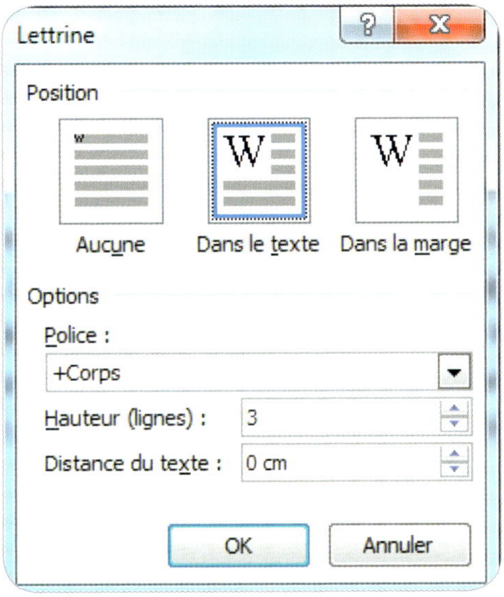

4/ Cliquez sur la liste déroulante *Police* et choisissez dans la liste une police de caractères parmi celles installées sur votre ordinateur.

5/ Dans le champ *Hauteur (lignes)*, indiquez le nombre de lignes qui vont inclure la lettrine.

6/ Vous pouvez également spécifier un retrait entre la lettrine et le texte. Indiquez une valeur (en cm) dans la zone *Distance du texte*.

7/ Fermez la boîte de dialogue en cliquant sur OK.

Lorsque vous insérez une lettrine, elle prend par défaut la mise en forme du paragraphe (police de caractères, gras, italique, couleur du texte). Rien ne vous empêche de mettre en forme la lettrine en cliquant sur son cadre et en lui attribuant une police, une taille et une couleur, comme un texte normal, depuis les différentes commandes situées sous l'onglet **Accueil** dans le groupe *Police*.

Donner de l'effet aux caractères

Word dispose de plusieurs fonctionnalités permettant de donner de l'effet aux textes. Si les effets prédéfinis sont moins adaptés à la réalisation de documents professionnels, l'application possède de puissants outils permettant de personnaliser comme bon vous semble votre texte.

Des effets de reflet en passant par les ombres portées et autres jeux de lumière, donnez libre cours à votre esprit créatif !

1/ Sélectionnez le texte à mettre en exergue à l'aide de la souris.

2/ Sous l'onglet **Accueil**, dans le groupe *Police*, cliquez sur le bouton **Effets de texte**.

3/ Dans le menu contextuel qui s'affiche, vous disposez de vingt styles d'effet prédéfinis. Sélectionnez celui qui vous convient.

Le bouton Effets permet de personnaliser les termes sélectionnés

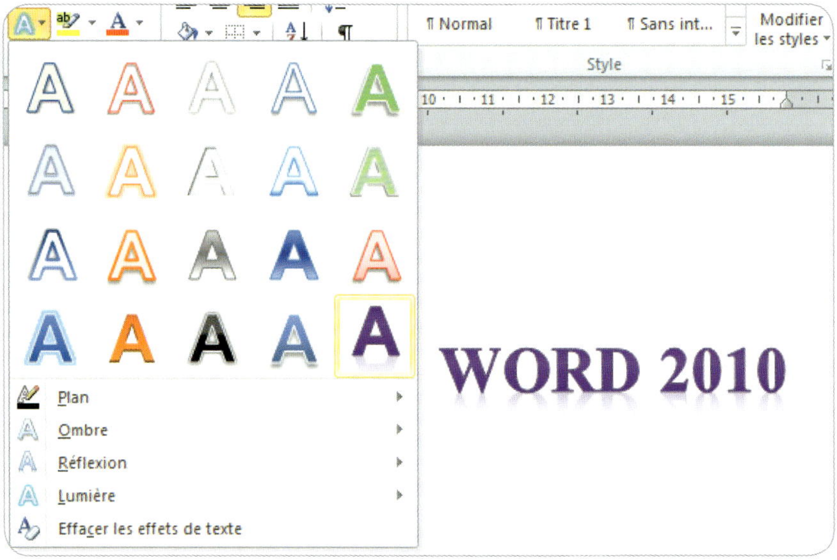

Si aucun des effets proposés ne vous convient, vous pouvez en attribuer d'autres de cette manière :

1/ Surlignez le texte sur lequel vous souhaitez appliquer des effets.

2/ Rendez-vous sous l'onglet **Accueil**. Dans le groupe *Police*, cliquez sur le bouton **Effets de texte**.

3/ Dans le menu qui s'affiche, survolez la rubrique *Plan* puis *Épaisseur*. Sélectionnez une épaisseur de contour du texte.

4/ Toujours dans la rubrique *Plan*, survolez *Tirets* et sélectionnez un type de trait pour le contour de votre texte.

5/ Sélectionnez ensuite une couleur pour le contour du texte en survolant la rubrique *Plan* et en choisissant une teinte parmi celles proposées.

6/ Cliquez de nouveau sur le bouton **Effets de texte** et placez le curseur sur la rubrique *Ombre*. Sélectionnez l'ombre portée de votre choix.

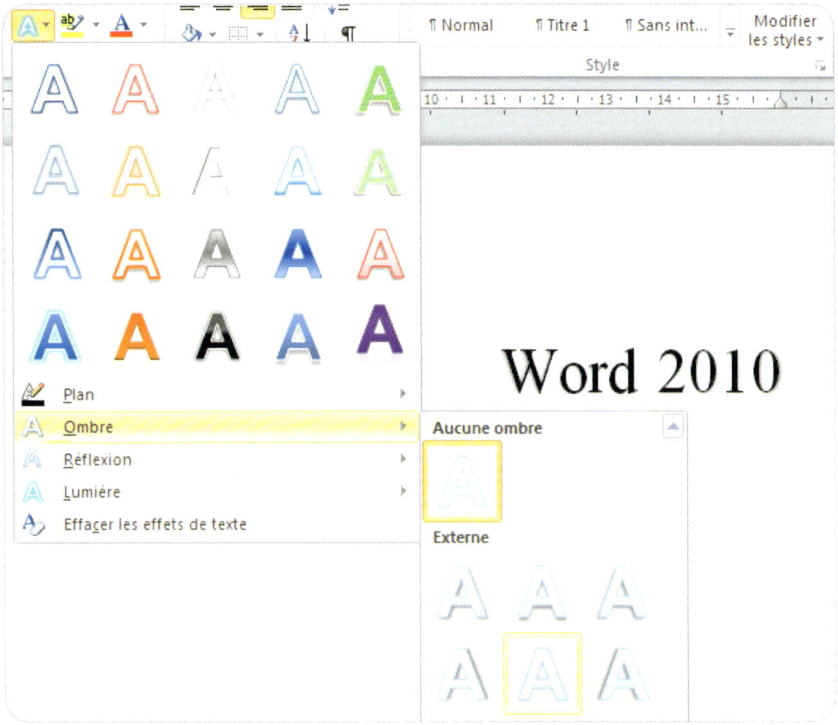

Le bouton Effets propose plusieurs types d'ombres portées

7/ Recommencez l'opération précédente en survolant cette fois les rubriques *Réflexion* et *Lumière* pour attribuer des reflets ou une lumière interne au texte sélectionné.

Les effets de texte sont comparables à la fonction WordArt.

UTILISER LES OPTIONS DE COLLAGE

Lorsque vous copiez un élément d'un document ou provenant d'une autre application, comme un tableau Excel, la mise en forme dont il est doté a tendance à ne pas être prise en compte par Word.

Word applique, par défaut, ses propres paramètres. Si bien que la copie n'a plus grand-chose à voir avec l'élément dans mise en forme initiale !

Word intègre différentes options de collage, toutes accessibles depuis le bouton **Coller** situé dans le groupe *Presse-papiers* de l'onglet **Accueil** :

- **Conserver uniquement le texte** : seul le texte brut est collé, sa mise en forme n'est pas conservée.
- **Conserver la mise en forme source** : Word colle le texte en conservant sa mise en forme d'origine ainsi que les polices utilisées. C'est l'option de collage par défaut.
- **Fusionner la mise en forme** : cette fonctionnalité permet d'adapter les éléments copiés à la mise en forme du paragraphe dans lequel ils sont collés.
- **Collage spécial** : cette fonction très complète permet d'effectuer certaines opérations de collage spécifiques, notamment pour conserver la mise en forme d'un élément copié tel un tableau ou une liste à puces.

Les différentes options de collage

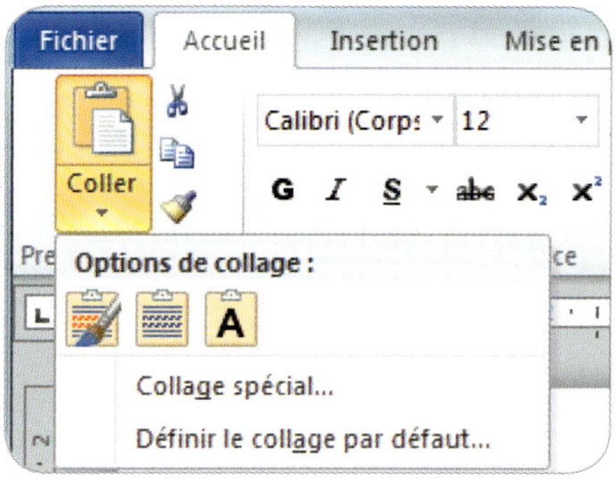

Pour effectuer un collage standard d'un élément issu d'une autre application dans Word, procédez de cette manière :

1/ Sélectionnez l'élément puis utilisez le raccourci clavier Ctrl + C pour le copier.

2/ Dans Word, positionnez le curseur à l'endroit où vous souhaitez copier l'élément.

3/ Utilisez le raccourci Ctrl + V pour coller l'élément dans votre document. Vous pouvez aussi vous rendre sous l'onglet **Accueil** puis, dans le groupe *Presse-papiers*, cliquez sur **Coller**.

Lorsque vous copiez différents éléments via le raccourci Ctrl + C, le système garde en mémoire les éléments copiés dans le Presse-papiers de Windows. Par défaut, quand vous collez un élément dans Word (ou dans une autre application), c'est le dernier élément sélectionné qui est collé. Rien ne vous empêche d'utiliser les autres éléments copiés précédemment dans votre document Word en ouvrant le volet **Presse-papiers** de Word de cette manière :

1/  Allez sous l'onglet **Accueil**. Dans le groupe *Presse-papiers*, cliquez sur cette icône en regard du nom du groupe.

2/ Le volet **Presse-papiers** s'affiche à gauche de votre document. Dans celui-ci, cliquez sur l'élément à copier situé sous la liste *Cliquez sur un élément pour le coller*.

3/ Si vous souhaitez coller tous les éléments contenus dans le Presse-papiers à la suite les uns des autres, cliquez sur le bouton **Coller tout**.

Le volet Presse-papiers garde en mémoire les éléments copiés récemment

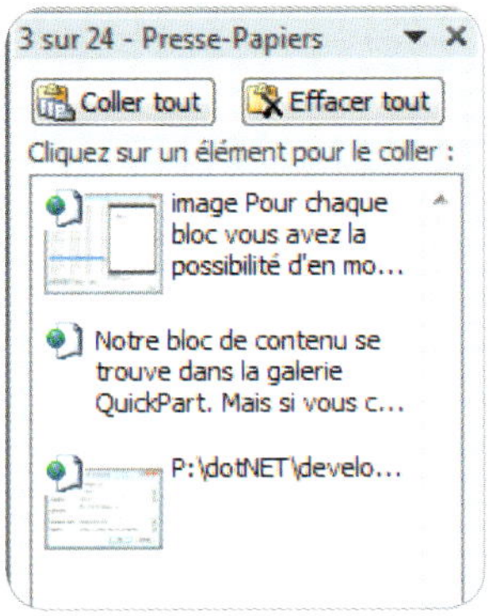

4/ Le Presse-papiers garde en mémoire une grande quantité d'éléments copiés précédemment, ce qui peut ralentir votre système. Pour purger ces éléments, cliquez sur **Effacer tout**.

Souvent, lorsque vous copiez une citation d'un autre document ou sur un site Internet, vous pouvez effacer la mise en forme d'origine de manière à adapter le texte copié à votre propre mise en page.

1/ Sélectionnez le texte puis utilisez le raccourci clavier [Ctrl] + [C] pour le copier.

2/ Placez votre curseur dans Word à l'endroit où vous souhaitez copier le texte.

3/ Rendez-vous sous l'onglet **Accueil**. Dans le groupe *Presse-papiers*, cliquez sur la flèche située en dessous du bouton **Coller**.

4/ Dans le menu contextuel qui s'affiche, cliquez sur le bouton **Conserver uniquement le texte** situé tout à droite sous la rubrique *Options de collage*.

Raccourci

Copier, coller, déplacer un texte

Word permet d'effectuer différentes opérations de copie et de collage rapidement :

- [Ctrl] + [C] copie l'élément sélectionné.
- [Ctrl] + [V] colle l'élément sélectionné à l'endroit où est placé le curseur.
- [Ctrl] + [X] déplace l'élément sélectionné à l'endroit où est positionné le curseur.

Word intègre une option de collage spécial permettant de garder l'aspect de l'élément copié d'origine. Le type de police utilisé ainsi que les différentes options de mise en forme du document source sont conservés. Idéal lorsqu'il s'agit de copier un tableau provenant d'une feuille Excel, par exemple.

1/ Sélectionnez l'élément à copier tel qu'un tableau. Utilisez le raccourci clavier [Ctrl] + [C] pour le copier.

2/ Placez le curseur à l'endroit où vous souhaitez copier l'élément dans Word.

3/ Rendez-vous sous l'onglet **Accueil**. Dans le groupe *Presse-papiers*, cliquez sur la flèche située en dessous du bouton **Coller**. Dans le menu qui s'affiche, sélectionnez **Collage spécial**.

4/ La boîte de dialogue **Collage spécial** s'affiche alors. Cochez la case *Coller* puis, dans la liste *En tant que*, sélectionnez le type de fichier de la copie d'origine. Par exemple, s'il s'agit d'un tableau Excel, sélectionnez *Feuille de calcul Microsoft Excel Objet*. S'il s'agit d'une copie d'un élément d'un site web, privilégiez *Format HTML*.

La boîte de dialogue Collage spécial permet de réaliser des collages conformes à la copie originale

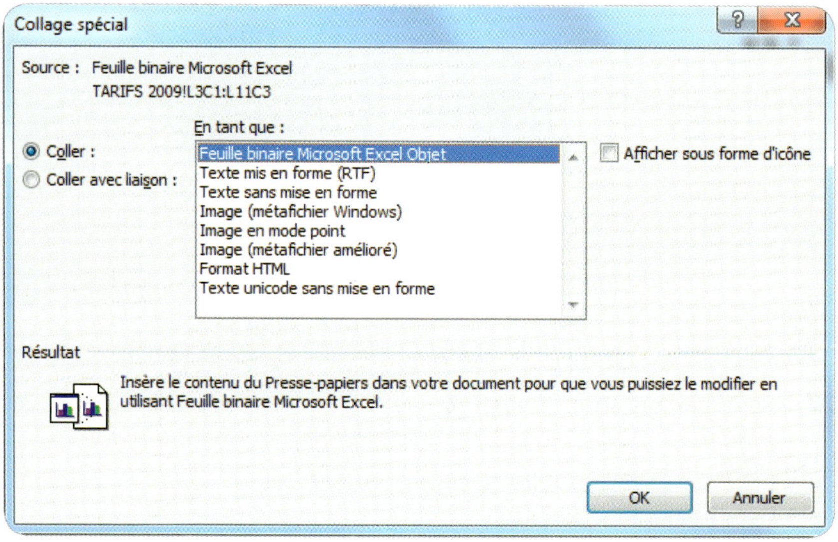

5/ Cliquez sur le bouton OK.

Astuce

Coller un élément en tant qu'image

L'informatique a ses mystères. Parfois, il faut jouer d'astuces pour arriver à ses fins. Word n'arrive pas toujours à reproduire la mise en forme d'origine d'un élément copié, en particulier quand celui-ci contient des illustrations. Pour résoudre ce problème, vous pouvez le coller dans Word en tant qu'image en procédant de cette manière :

1/ Copiez l'élément à l'aide du raccourci universel [Ctrl] + [C].

2/ Dans Word, positionnez le curseur à l'emplacement où vous souhaitez coller l'objet.

3/ Allez sous l'onglet **Accueil** puis, dans le groupe *Presse-papiers*, cliquez sur la flèche située en dessous du bouton **Coller**.

4/ Dans le menu contextuel, à la rubrique *Options de collage*, sélectionnez le bouton **Image**, reconnaissable à son icône représentant une petite illustration.

ALIGNER LE TEXTE SUR LA PAGE

Word dispose, comme tout traitement de texte, de différentes options de mise en page permettant de positionner le texte où bon vous semble sur une page.

Ces fonctions sont accessibles depuis l'onglet **Accueil** du logiciel dans le groupe *Paragraphe* :

- **Aligner le texte à gauche** (ou ferrer le texte à gauche).
- **Centrer** le texte sélectionné.
- **Aligner le texte à droite** (ou ferrer le texte à droite).
- **Justifier** le texte sélectionné. Cette dernière fonction permet d'harmoniser un paragraphe de manière à ce qu'il s'aligne à la fois par rapport à la marge de droite et à celle de gauche, en ajoutant des espaces entre les mots de la ligne.

Pour positionner votre texte sur un document, procédez comme ceci :

1/ À l'aide de la souris, sélectionnez le texte à positionner.

2/ Rendez-vous sous l'onglet **Accueil**. Dans le groupe *Paragraphe*, cliquez sur le bouton **Aligner le texte à gauche** pour l'aligner à gauche.

— Cliquez sur le bouton **Centrer** pour centrer le texte horizontalement de manière à le placer au milieu de la page.

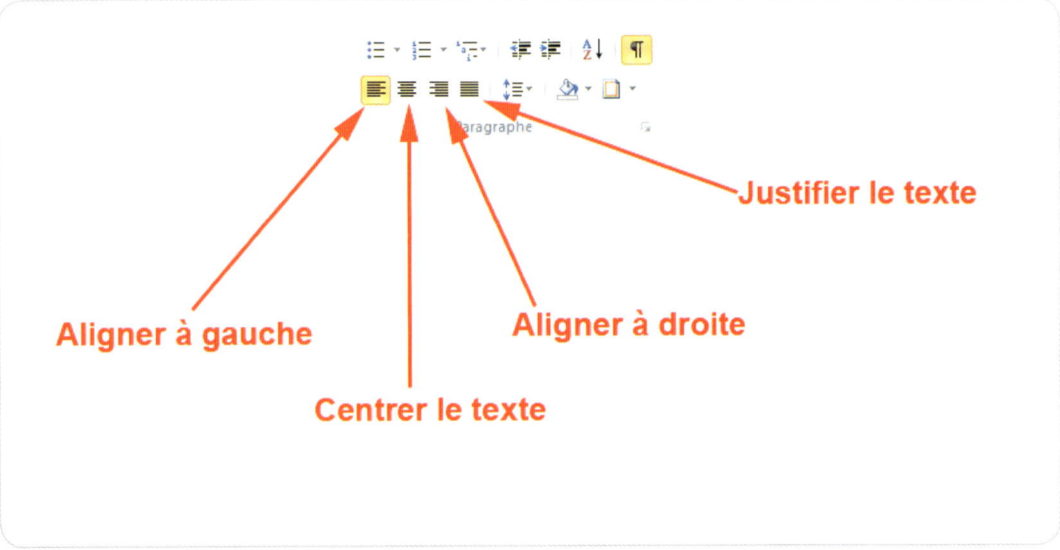

Les options d'alignement de paragraphe de Word

— Cliquez sur **Aligner le texte à droite** pour le positionner par rapport à la marge de droite.

— Cliquez sur **Justifier** pour aligner le texte à droite et à gauche de la marge grâce à l'ajout d'espaces entre les mots de la ligne.

Astuce

Améliorer le rendu de la justification

En modifiant les options de mise en page de Word, vous pouvez améliorer le rendu de votre texte lorsque celui-ci est justifié.

1/ Cliquez sur l'onglet **Fichier** puis sélectionnez **Options**.

2/ Dans la boîte de dialogue **Options Word**, cliquez sur l'onglet **Options avancées**.

3/ À l'aide de l'ascenseur ou de la molette de votre souris, descendez tout en page de la fenêtre.

4/ Sous la rubrique *Options de compatibilité*, cliquez sur *Options de mise en page*.

5/ Dans la liste qui s'affiche, cochez la case *Justification complète comme dans WordPerfect 6.x pour Windows* puis cliquez sur OK.

ESPACER LE TEXTE AVEC LES COLONNES

Word permet de répartir le texte sur plusieurs colonnes. Cette fonctionnalité est particulièrement utile lors de la conception de brochures ou encore de magazines et autres documents professionnels. Les colonnes rendent le texte plus attrayant en l'espaçant, et plus agréable à lire.

1/ Sélectionnez votre texte.

2/ Cliquez sur l'onglet **Mise en page**. Dans le groupe éponyme, sélectionnez le bouton **Colonnes**.

3/ Dans le menu qui s'affiche, sélectionnez le nombre de colonnes voulu parmi les trois choix proposés.

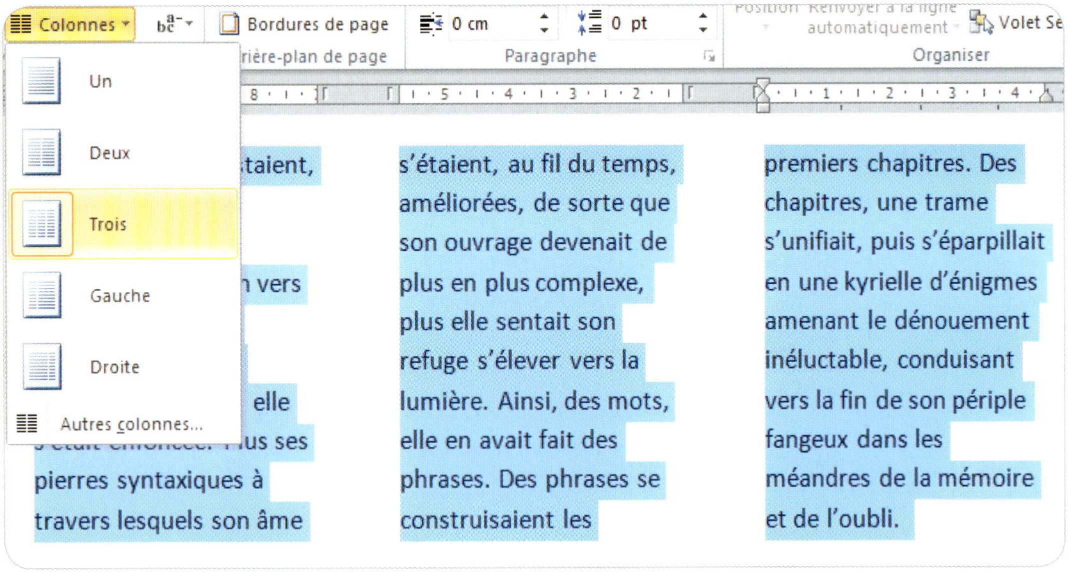

Word permet de scinder un paragraphe en plusieurs colonnes

4/ Les deux dernières options permettent de scinder le texte sélectionné en deux colonnes de taille différente. Cliquez sur *Gauche* pour que la colonne de gauche soit plus petite que celle de droite, et sur *Droite* pour obtenir le contraire.

Le paragraphe sur lequel vous avez appliqué les colonnes dispose désormais d'un saut de section.

Pour savoir à quoi correspondent les sauts de section et de page, référez-vous au chapitre ***Organiser les documents****.*

Si aucun type de colonne prédéfini ne vous convient, Word permet de scinder le texte en autant de colonnes que vous le désirez.

1/ Sélectionnez votre texte.

2/ Sous l'onglet **Mise en page**, dans le groupe éponyme, cliquez sur le bouton **Colonnes**.

3/ Dans le menu contextuel, sélectionnez **Autres colonnes**.

4/ Dans la boîte de dialogue **Colonnes**, saisissez le nombre de colonnes souhaité dans le champ *Nombre de colonnes*.

5/ Vous pouvez personnaliser la largeur de chaque colonne en décochant l'option *Largeurs de colonnes identiques*. Sous la rubrique *Largeur et espacement*, indiquez, dans les champs *Largeur* et *Espacement*, les valeurs voulues. Recommencez l'opération pour chaque colonne.

La boîte de dialogue Colonnes permet de personnaliser l'espace accordé à chaque colonne

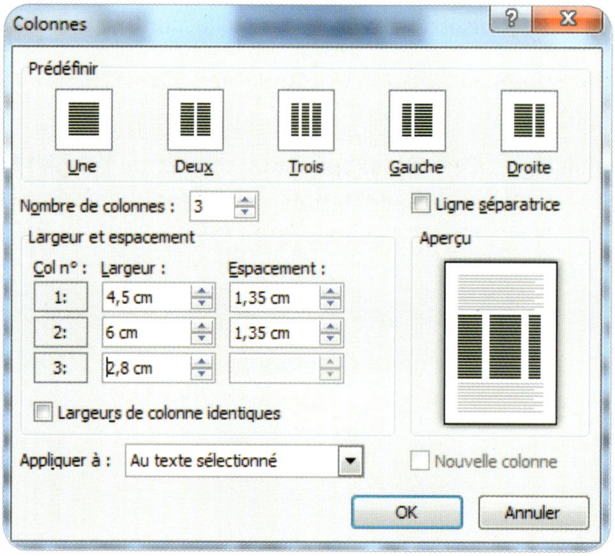

6/ Vous avez la possibilité d'ajouter une ligne séparatrice entre les colonnes. Pour cela, cochez la case *Ligne séparatrice*.

7/ En dernier lieu, vous avez le choix d'appliquer les colonnes à l'ensemble de votre document ou depuis la position actuelle du curseur. Cliquez sur la liste déroulante *Appliquer à* et sélectionnez *À tout le document* ou *À partir de ce point*.

Si vous avez sélectionné le texte à mettre en colonnes, l'option *Au texte sélectionné* est automatiquement activée par défaut.

INSÉRER DES SYMBOLES ET CARACTÈRES SPÉCIAUX

Vous aurez parfois besoin de saisir des caractères spéciaux. Les plus courants d'entre eux sont l'arobase (@) ou encore le symbole euro (€). Pour les insérer dans votre texte, appuyez sur la touche AltGr puis sur la touche correspondante.

Word distingue les symboles (comme € ou @) des caractères spéciaux (la mention de copyright : ©, l'esperluette : &, le cadratin et le demi-cadratin…) utilisés essentiellement en typographie par les professionnels de la mise en page. Les uns et les autres sont accessibles depuis le bouton **Symbole** situé sous l'onglet **Insertion**. Pour insérer un symbole ou un caractère spécial, procédez de cette façon :

1/ Positionnez le curseur à l'endroit où vous voulez insérer le symbole ou le caractère spécial.

2/ Rendez-vous sous l'onglet **Insertion**. Dans le groupe *Symboles*, cliquez sur le bouton **Symbole**.

3/ Dans le menu contextuel qui s'affiche, sélectionnez un symbole. Si aucun ne vous convient, sélectionnez **Autres symboles**.

4/ Dans la boîte de dialogue **Caractères spéciaux**, cliquez sur l'onglet **Symboles**. Par défaut, Word affiche les symboles courants. Cliquez sur la liste *Sous-ensemble* et sélectionnez une catégorie de symboles. Cliquez ensuite sur celui que vous voulez dans la table des caractères.

La boîte de dialogue Caractère spéciaux

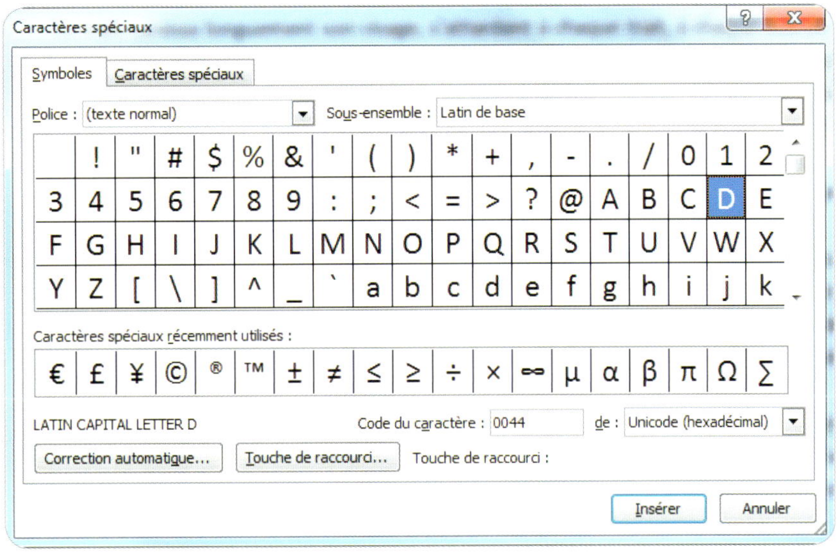

5/ Chaque police dispose de caractères spécifiques. Pour les afficher, cliquez sur la liste déroulante *Police* et sélectionnez la police désirée parmi celles installées sur votre ordinateur. Sélectionnez ensuite le caractère qui vous convient dans la table des caractères.

6/ Pour sélectionner un caractère spécial, cliquez sur l'onglet **Caractères spéciaux**. Sélectionnez-en un dans la liste puis cliquez sur le bouton **Insérer**.

Raccourci

Quelques raccourcis clavier pour les symboles courants

Il existe des milliers de symboles et caractères spéciaux. Voici quelques raccourcis clavier qui vous permettront d'insérer les plus couramment utilisés :

- « pour mille » (‰) : Alt + 0137 (utilisez le pavé numérique pour saisir les chiffres) ;
- l'arobase (@) : Alt + 0 ;
- le symbole de l'euro (€) : AltGr + E ;
- le symbole Copyright (©) : Ctrl + C ;
- le symbole TradeMark (™) : Ctrl + T.

Vous pouvez attribuer pour chaque caractère spécial ou symbole utilisé couramment une touche de raccourci spécifique de manière à ne plus passer par cette boîte de dialogue.

1/ Rendez-vous sous l'onglet **Insertion**. Dans le groupe *Symboles*, cliquez sur le bouton éponyme.

2/ Dans le menu contextuel, cliquez sur **Autres symboles**. Dans la boîte de dialogue qui s'affiche, cliquez sur l'onglet **Symboles** ou **Caractères spéciaux** suivant le cas, puis sélectionnez le symbole ou le caractère spécial auquel vous souhaitez affecter un raccourci.

3/ Si le symbole ou le caractère spécial possède déjà un raccourci, celui-ci apparaît à côté du bouton **Touche de raccourci** si vous êtes sous l'onglet **Symboles** ou dans la colonne *Touche de raccourci* si vous êtes sous l'onglet **Caractères spéciaux**.

Vous pouvez attribuer un raccourci au caractère spécial sélectionné depuis la boîte de dialogue Personnaliser le clavier

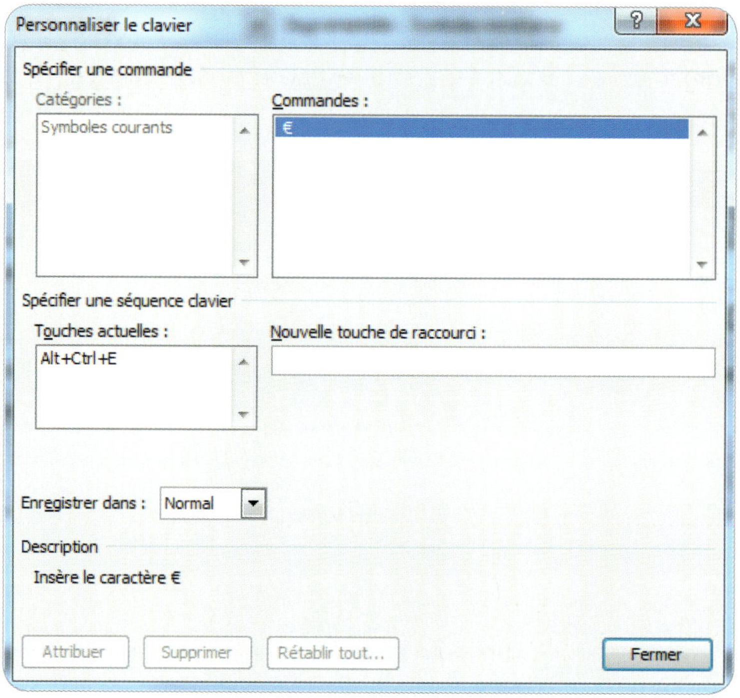

4/ Une fois le caractère sélectionné, cliquez sur le bouton **Touche de raccourci**.

5/ La boîte de dialogue **Personnaliser le clavier** s'ouvre. Dans le champ *Nouvelle touche de raccourci*, indiquez votre nouveau raccourci. Appuyez par exemple sur [Ctrl] + [Maj] + [A]. Word vous signale si cette combinaison de touches est déjà attribuée. Si ce n'est pas le cas, cliquez sur le bouton **Attribuer**.

6/ Quittez la boîte de dialogue en cliquant sur **Fermer**.

Office World

Petite histoire de l'arobase

Ce caractère s'est largement généralisé au point de figurer en standard sur une touche de votre clavier. Ce symbole ne date pourtant pas d'hier ! Il est le fruit de l'imagination de l'ingénieur Ray Tomlinson. Alors qu'il travaille pour la société américaine BBN (Bolt, Beranek and Newman), il se décide à rejoindre un petit groupe de programmeurs qui développe un système d'exploitation nommé TENEX. Ce développeur, ayant participé à la création de l'ARPANET, l'ancêtre de ce qui est aujourd'hui l'Internet, conçoit un système d'échange de messages entre ordinateurs. Il a l'idée d'utiliser un signe typographique oublié pour séparer les deux parties d'une adresse électronique : le symbole @ !

La saisie du texte ne présente plus de secrets pour vous. Au prochain chapitre, nous verrons comment organiser un texte en paragraphes et comment le corriger.

4

Mettre en forme et corriger le texte

S'il est tout à fait possible de remplir des pages de texte, il est beaucoup moins aisé au lecteur de s'y retrouver. C'est pourquoi, il convient avant tout de structurer ses idées. Et pour organiser vos propos de manière cohérente, quoi de mieux que de scinder votre texte en plusieurs paragraphes, chacun d'entre eux étant porteur, de préférence, d'une seule idée ! Word offre pléthore d'outils permettant non seulement de concevoir des paragraphes, mais aussi de les mettre en forme et de corriger le texte.

CONFIGURER LES PARAGRAPHES

Les paragraphes aèrent le texte tout en le structurant. En général, il est préférable de développer un concept par paragraphe afin de mieux organiser les propos. Word dispose de nombreuses fonctionnalités permettant de mettre en forme les paragraphes et de hiérarchiser au mieux les idées.

● Régler l'alignement et l'interlignage

Un paragraphe se reconnaît aisément dans un document puisqu'il s'agit d'une portion de texte marquée par un passage à la ligne produit via la touche [Entrée]. Word permet de mettre en forme un paragraphe de différentes manières. Pour cela, vous disposez de plusieurs outils tels que :

- l'alignement, qui consiste à positionner le texte sur le document ;
- l'interlignage, qui détermine l'espace vertical entre les lignes de texte d'un paragraphe, et par là même une plus ou moins bonne lisibilité.

Bien qu'il soit possible de mettre en forme le texte au fur et à mesure de sa saisie, il est préférable d'effectuer cette opération une fois rédigé tout le document (et donc ses paragraphes). Pour modifier la mise en forme d'un paragraphe, placez le curseur en son sein. Il n'est pas nécessaire de le sélectionner entièrement.

1/ Positionnez le curseur sur le paragraphe à traiter.

2/ Rendez-vous sous l'onglet **Accueil**. Dans le groupe *Paragraphe*, cliquez sur l'un des boutons suivants pour positionner le paragraphe : **Aligner le texte à gauche**, **Centré**, **Aligner le texte à droite** et **Justifier**.

Les options d'alignement de Word

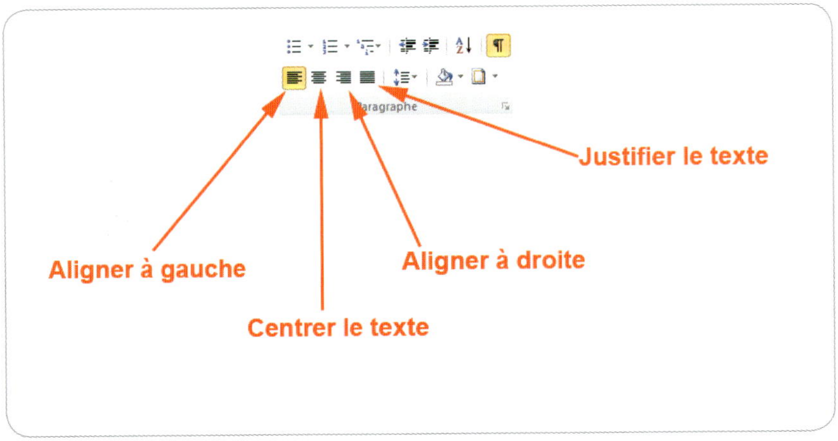

3/  Vous pouvez également utiliser la boîte de dialogue **Paragraphe** pour effectuer ces opérations. Allez sous l'onglet **Accueil** et cliquez sur cette icône, située en regard du groupe *Paragraphe*.

4/ Dans la boîte de dialogue **Paragraphe**, sélectionnez l'onglet **Retrait et espacement**. Sous la rubrique *Général*, cliquez sur la liste déroulante *Alignement*. Sélectionnez la position du paragraphe parmi les quatre choix proposés. La zone *Aperçu* en bas de la boîte de dialogue permet de visualiser l'effet produit.

5/ Cliquez sur le bouton OK pour valider.

Raccourci

Aligner un texte en un clin d'œil

Word possède de nombreux raccourcis clavier capables de vous simplifier la vie. La mise en forme d'un paragraphe peut facilement et rapidement s'effectuer grâce à eux :

- Ctrl + Maj + G aligne le texte à gauche.
- Ctrl + Maj + D aligne le texte à droite.
- Ctrl + E centre le texte horizontalement.
- Ctrl + D justifie le texte et aligne la dernière ligne du paragraphe à gauche.
- Ctrl + Maj + J justifie le texte jusqu'à la dernière ligne.
- Ctrl + Q supprime la mise en forme du paragraphe sélectionné. Celui-ci reprend la mise en forme du style du document par défaut.

Mettre en forme un paragraphe ne consiste pas seulement à le positionner dans le document. L'interlignage peut se révéler utile lorsqu'il s'agit d'espacer les lignes de texte verticalement. Word peut ajuster automatiquement l'interlignage d'un paragraphe ou d'une ligne en fonction d'un caractère d'une police plus grande. Pour modifier l'interligne, procédez de cette manière :

1/ Sélectionnez le paragraphe à l'aide de la souris.

2/ Allez sous l'onglet **Accueil**. Dans le groupe *Paragraphe*, cliquez sur le bouton **Interligne et espacement de paragraphe**.

3/ Dans le menu contextuel qui s'ouvre, sélectionnez l'interligne de votre choix. Si aucun ne vous convient, cliquez sur **Options d'interligne**.

4/ Sous la rubrique *Espacement*, cliquez sur la liste déroulante *Interligne*. Les options *Simple*, *1,5 ligne* et *Double* correspondent à un coefficient d'accroissement de l'interligne de base qui dépend de la police par défaut dans le paragraphe sélectionné. *Exactement* définit la hauteur de ligne en nombre de points sans ajustement. L'option *Au moins* définit la hauteur de ligne minimum en points, avec ajustement vers le haut.

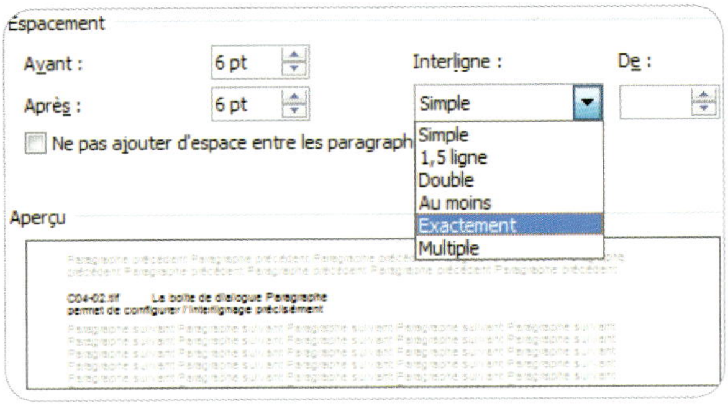

La boîte de dialogue Paragraphe permet de configurer précisément l'interlignage

5/ L'option *Multiple* permet de définir un coefficient d'interlignage différent de ceux proposés. Dans ce cas, entrez le coefficient voulu dans le champ *De* situé en regard de la liste déroulante *Interligne*.

Outre l'interlignage, vous pouvez utiliser les espacements pour ajuster précisément l'espace entre les paragraphes.

1/ Sélectionnez un ou plusieurs paragraphes à l'aide de la souris.

2/  Sous l'onglet **Accueil**, cliquez sur cette icône située en regard du groupe *Paragraphe*.

3/ Dans la boîte de dialogue **Paragraphe**, sous l'onglet **Retrait et espacement**, changez la valeur de la zone *Avant* pour augmenter l'espace entre le paragraphe sélectionné et le paragraphe précédent, ou modifiez la valeur dans le champ *Après* pour augmenter l'espace entre le paragraphe sélectionné et le suivant.

4/ Cliquez sur OK pour fermer la boîte de dialogue **Paragraphe**.

● Éviter les veuves et les orphelines

Word, comme la plupart des logiciels de traitement de texte et de mise en page, corrige par défaut les veuves et les orphelines. Ces deux termes sont issus du jargon des imprimeurs :

- La veuve est une ligne de texte qui se trouve isolée en haut d'une page ou d'une colonne. Elle termine un paragraphe commencé en bas de la page précédente.
- Une orpheline est une ligne de texte qui se trouve seule en bas d'une page ou d'une colonne. Elle appartient à un paragraphe qui se poursuit sur la page suivante.

Dans les deux cas, ces lignes isolées ne sont pas très esthétiques. Pour corriger les veuves et les orphelines, procédez comme suit :

1/ Sous l'onglet **Accueil**, cliquez sur la flèche située en regard du groupe *Paragraphe* afin d'ouvrir la boîte de dialogue éponyme.

2/ Dans la boîte de dialogue **Paragraphe**, cliquez sur l'onglet **Enchaînements**.

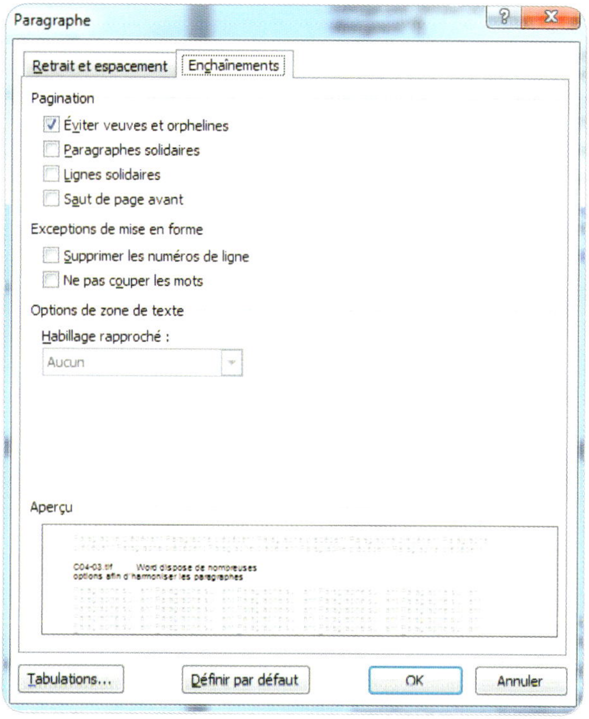

Word dispose de nombreuses options afin d'harmoniser les paragraphes

3/ Sous la rubrique *Pagination*, cochez la case *Éviter les veuves et orphelines* si elle ne l'est pas déjà.

4/ Pour rendre solidaires deux paragraphes, cochez l'option *Paragraphes solidaires*.

5/ Cochez *Lignes solidaires* si vous voulez empêcher qu'un saut de page ne sépare en deux un paragraphe.

6/ Enfin, si vous souhaitez que le paragraphe préalablement sélectionné commence avant un saut de page, cochez la case *Saut de page avant*.

Astuce

Éviter qu'un mot soit coupé

La boîte de dialogue **Paragraphe** recense également quelques options intéressantes situées sous l'onglet **Enchaînements**. Pour éviter qu'un mot soit coupé en fin de phrase, procédez de cette manière :

1/ Sous l'onglet **Accueil**, cliquez sur la flèche située en regard du groupe *Paragraphe*.

2/ Dans la boîte de dialogue **Paragraphe**, cliquez sur l'onglet **Enchaînements**.

3/ Sous la rubrique *Exceptions de mise en forme*, cochez la case *Ne pas couper les mots*.

● Utiliser les retraits

Tôt ou tard, vous serez obligé d'utiliser les fonctions de retrait ou les différentes options de tabulation. Les unes comme les autres participent à la mise en page d'un paragraphe en le rendant plus attrayant à lire.

Les retraits déterminent la distance qui sépare le paragraphe de la marge de gauche ou de droite. Il est possible d'augmenter ou de diminuer le retrait d'un paragraphe entre les marges ou encore d'effectuer un retrait négatif. Dans ce dernier cas, la première ligne d'un paragraphe ne s'affiche pas en retrait, contrairement aux autres. Il existe autant de possibilités que de mises en page possibles.

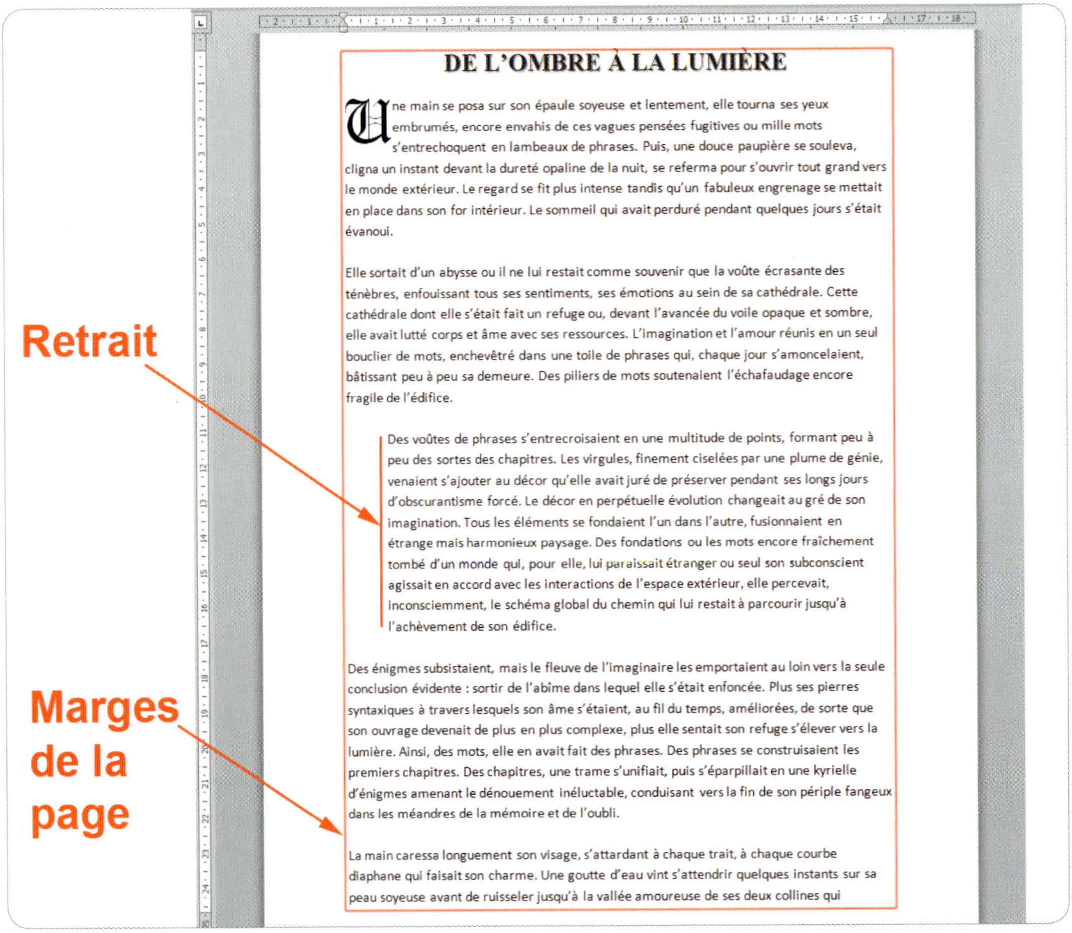

DE L'OMBRE À LA LUMIÈRE

Une main se posa sur son épaule soyeuse et lentement, elle tourna ses yeux embrumés, encore envahis de ces vagues pensées fugitives ou mille mots s'entrechoquent en lambeaux de phrases. Puis, une douce paupière se souleva, cligna un instant devant la dureté opaline de la nuit, se referma pour s'ouvrir tout grand vers le monde extérieur. Le regard se fit plus intense tandis qu'un fabuleux engrenage se mettait en place dans son for intérieur. Le sommeil qui avait perduré pendant quelques jours s'était évanoui.

Elle sortait d'un abysse ou il ne lui restait comme souvenir que la voûte écrasante des ténèbres, enfouissant tous ses sentiments, ses émotions au sein de sa cathédrale. Cette cathédrale dont elle s'était fait un refuge ou, devant l'avancée du voile opaque et sombre, elle avait lutté corps et âme avec ses ressources. L'imagination et l'amour réunis en un seul bouclier de mots, enchevêtré dans une toile de phrases qui, chaque jour s'amoncelaient, bâtissant peu à peu sa demeure. Des piliers de mots soutenaient l'échafaudage encore fragile de l'édifice.

Des voûtes de phrases s'entrecroisaient en une multitude de points, formant peu à peu des sortes des chapitres. Les virgules, finement ciselées par une plume de génie, venaient s'ajouter au décor qu'elle avait juré de préserver pendant ses longs jours d'obscurantisme forcé. Le décor en perpétuelle évolution changeait au gré de son imagination. Tous les éléments se fondaient l'un dans l'autre, fusionnaient en étrange mais harmonieux paysage. Des fondations ou les mots encore fraîchement tombé d'un monde qui, pour elle, lui paraissait étranger ou seul son subconscient agissait en accord avec les interactions de l'espace extérieur, elle percevait, inconsciemment, le schéma global du chemin qui lui restait à parcourir jusqu'à l'achèvement de son édifice.

Des énigmes subsistaient, mais le fleuve de l'imaginaire les emportaient au loin vers la seule conclusion évidente : sortir de l'abîme dans lequel elle s'était enfoncée. Plus ses pierres syntaxiques à travers lesquels son âme s'étaient, au fil du temps, améliorées, de sorte que son ouvrage devenait de plus en plus complexe, plus elle sentait son refuge s'élever vers la lumière. Ainsi, des mots, elle en avait fait des phrases. Des phrases se construisaient les premiers chapitres. Des chapitres, une trame s'unifiait, puis s'éparpillait en une kyrielle d'énigmes amenant le dénouement inéluctable, conduisant vers la fin de son périple fangeux dans les méandres de la mémoire et de l'oubli.

La main caressa longuement son visage, s'attardant à chaque trait, à chaque courbe diaphane qui faisait son charme. Une goutte d'eau vint s'attendrir quelques instants sur sa peau soyeuse avant de ruisseler jusqu'à la vallée amoureuse de ses deux collines qui

Les retraits s'effectuent par rapport à la marge droite ou gauche

La mise en retrait d'un paragraphe s'effectue depuis l'onglet **Accueil** de cette manière :

1/ Sélectionnez un ou plusieurs paragraphes à l'aide de la souris.

2/ Allez sous l'onglet **Accueil**. Dans le groupe *Paragraphe*, cliquez sur le bouton **Diminuer le retrait** ou **Augmenter le retrait** suivant l'action désirée.

Pour effectuer une mise en retrait plus précise, notamment si vous souhaitez mettre en retrait uniquement la première ligne d'un paragraphe, procédez comme ceci :

1/ Sélectionnez le paragraphe. Sous l'onglet **Accueil**, cliquez sur la flèche située en regard du groupe *Paragraphe*.

2/ Dans la boîte de dialogue **Paragraphe**, allez sous l'onglet **Retrait et espacement**. Sous la rubrique *Retrait*, cliquez sur la liste déroulante *De 1re ligne* puis sélectionnez *Première ligne*. Dans le champ *De*, indiquez la quantité d'espace souhaitée (en cm) pour la mise en retrait de la première ligne.

3/ Fermez la fenêtre en cliquant sur OK.

Vous pouvez également jouer avec les curseurs de retrait positionnés sur la règle horizontale. Celle-ci contient des marques de retrait qui permettent d'augmenter ou de diminuer le retrait d'un paragraphe mais aussi d'une ligne seule. Pour les utiliser, il suffit de sélectionner le paragraphe ou la ligne et de les déplacer en maintenant le bouton gauche de la souris enfoncé.

La règle contient deux marqueurs permettant d'effectuer un retrait de première ligne ou un retrait négatif

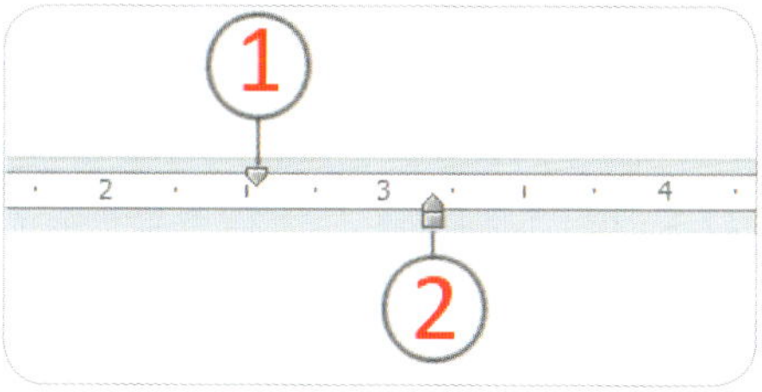

1/ Marque de retrait de première ligne.

2/ Marque de retrait négatif.

Vous avez la possibilité de mettre en retrait l'ensemble d'un paragraphe à l'exception de sa première ligne.

1/ Sélectionnez le paragraphe que vous voulez mettre en retrait.

2/ Dans la règle horizontale située au-dessus de la page, faites glisser la marque de retrait négatif de première ligne jusqu'à l'emplacement souhaité.

Astuce

Afficher les règles

Si les règles ne s'affichent pas sur le document, vous pouvez les rétablir de cette manière :

1/ Allez sous l'onglet **Affichage**.

2/ Dans le groupe *Afficher*, cochez la case *Règle*.

Pour afficher ou masquer la règle, cochez ou décochez l'option Règle

Inversement, pour créer un retrait négatif, c'est-à-dire mettre en retrait la première ligne par rapport au paragraphe, effectuez ces opérations :

1/ Sélectionnez le paragraphe concerné.

2/ À l'aide de la souris, déplacez la marque de retrait négatif située dans la règle horizontale en la faisant glisser vers la gauche.

Raccourci

Utiliser la touche Tab et Retour Arrière pour effectuer les retraits

Les touches [Tab] et [Retour Arrière] sont de précieux alliés dans la mise en page. Elles permettent d'augmenter ou de diminuer les retraits d'un paragraphe ou d'une ligne.

- [Tab] augmente le retrait du texte ou du paragraphe sélectionné.
- [Retour Arrière] diminue le retrait.

● Définir des taquets

Utiliser en général pour des mises en forme simples, les taquets définissent l'espace entre les tabulations et permettent de positionner le texte ou le paragraphe uniformément pour peu que vous utilisiez la touche [Tab]. Il existe plusieurs types de tabulations :

- Tabulation gauche : indique le début du texte. Celui-ci défilera vers la droite au moment de la frappe.
- Tabulation centrée : le texte est centré à l'endroit défini au moment de la frappe.
- Tabulation droite : indique l'extrémité droite du texte, qui défilera vers la gauche au moment de la frappe.
- Tabulation décimale : aligne les nombres autour d'une virgule décimale, qui sera toujours placée au même endroit.
- Tabulation barre : insère un repère vertical dans le texte sélectionné.

Pour placer les taquets, il faut cliquer sur la règle horizontale puis les faire glisser sur celle-ci à l'aide de la souris. Pour supprimer un taquet, il suffit de le sélectionner sur la règle et de le faire glisser jusqu'à son extrémité. Pour utiliser les taquets, procédez comme suit :

1/ Si les règles n'apparaissent pas, rendez-vous sous l'onglet **Affichage** puis, dans le groupe *Afficher*, cochez la case *Règle*.

2/  Cliquez sur cette icône située sur la règle verticale afin de faire apparaître la tabulation voulue.

3/ Cliquez sur la règle horizontale pour placer le taquet. Pour le déplacer, sélectionnez-le et, tout en maintenant le bouton gauche de la souris enfoncé, positionnez-le à l'endroit voulu.

Word permet de définir des taquets invisibles par l'intermédiaire de la boîte de dialogue **Paragraphe**.

1/ Sous l'onglet **Accueil**, cliquez sur la flèche située en regard du groupe *Paragraphe*.

2/ Dans la boîte de dialogue **Paragraphe**, cliquez sur le bouton **Tabulations**.

3/ Dans la boîte de dialogue **Tabulations**, saisissez une valeur (en cm) dans la zone *Position*.

4/ À la ligne *Taquet par défaut*, modifiez la longueur du taquet par défaut si vous le souhaitez.

La boîte de dialogue Tabulations permet de définir des taquets invisibles

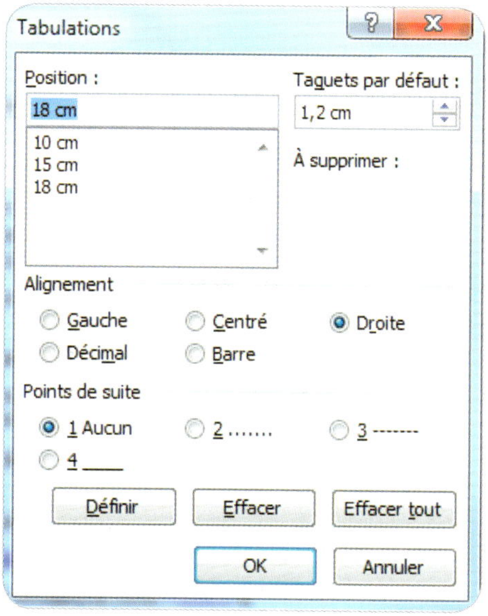

5/ Sous la rubrique *Alignement*, cochez la case correspondant au type de tabulation que vous souhaitez utiliser.

6/ Cliquez sur le bouton **Définir**. Recommencez l'opération pour ajouter de nouveaux taquets.

7/ Cliquez sur OK une fois cela fait. Notez que le bouton **Effacer tout** permet d'annuler l'ensemble des taquets que vous avez définis.

L'usage des tabulations sous Word n'est plus vraiment d'actualité vu que l'application propose de nombreuses autres fonctionnalités de remplacement. Mais elles peuvent servir dans quelques (rares) occasions.

● Créer des listes à puces

Il existe différentes manières de hiérarchiser l'information dans un texte. L'utilisation de listes à puces ou numérotées permet d'organiser vos idées au sein d'un document. Word offre la possibilité de les personnaliser de diverses manières. Pour insérer une puce ou un numéro, procédez comme suit :

1/ Sous l'onglet **Accueil**, dans le groupe *Paragraphe*, cliquez sur le bouton **Puces** ou sur le bouton **Numérotation**.

2/ Si vous cliquez sur la flèche située juste à côté de l'un de ces boutons, vous ouvrez un menu contenant différents types de puces ou numérotations.

Word propose différents types de puces par défaut

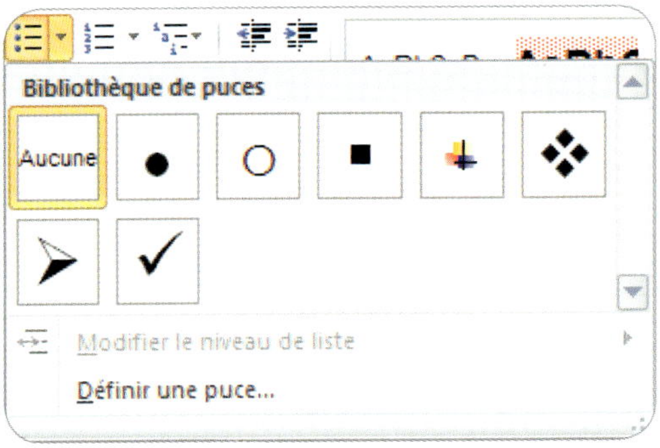

Word permet de personnaliser les puces ou les numérotations afin d'accroître l'impact visuel d'un document.

1/  Commencez par afficher les marques masquées. Allez sous l'onglet **Accueil** puis, dans le groupe *Paragraphe*, cliquez sur le bouton **Afficher tout** représenté par cette icône. Vous affichez ainsi les marques de paragraphe et autres symboles de mise en forme masqués, qui n'apparaissent pas à l'impression. Si ce bouton est activé, il apparaît en orangé.

2/ Positionnez le curseur au niveau de la tabulation située entre la puce et le texte. Utilisez la touche [Flèche gauche] de votre clavier pour sélectionner la puce. Rendez-vous sous l'onglet **Accueil** puis, dans le groupe *Police*, cliquez sur la flèche en regard du bouton **Couleurs de police**. Sélectionnez la couleur de votre choix.

3/ Pour insérer une puce graphique, cliquez sur l'onglet **Accueil**. Dans le groupe *Paragraphe*, sélectionnez la flèche en regard du bouton **Puces** puis choisissez **Définir une puce**.

Quelques puces graphiques installées par défaut

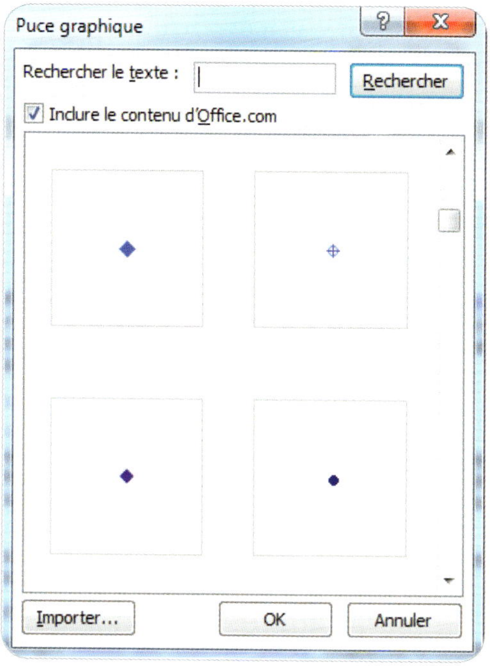

4/ Dans la boîte de dialogue **Définir une nouvelle puce**, cliquez sur le bouton **Images**. Dans la fenêtre qui s'ouvre, sélectionnez un type de puce graphique dans la bibliothèque proposée, puis cliquez sur OK.

Raccourci

Insérer une puce automatiquement

Par défaut, Word insère des listes à puces ou de numéros dans les lignes de texte s'il reconnaît l'un des raccourcis suivant en cours de frappe :

- En début de ligne, saisissez `1.` pour insérer une liste de numéros.
- En début de ligne, entrez `*` pour insérer une liste à puces.

Word permet la création de listes à plusieurs niveaux. Dans ce cas, un retrait est automatiquement ajouté et le style de la puce ou du numéro change suivant le niveau qui lui est alloué.

1/ Sélectionnez un élément de votre liste à puces que vous souhaitez déplacer vers un autre niveau.

2/ Sous l'onglet **Accueil**, dans le groupe *Paragraphe*, cliquez sur la flèche en regard du bouton **Puces** ou **Numérotation** puis, dans le menu contextuel, positionnez le curseur sur la rubrique *Modifier le niveau de la liste*.

L'usage des niveaux de listes permet de hiérarchiser les informations

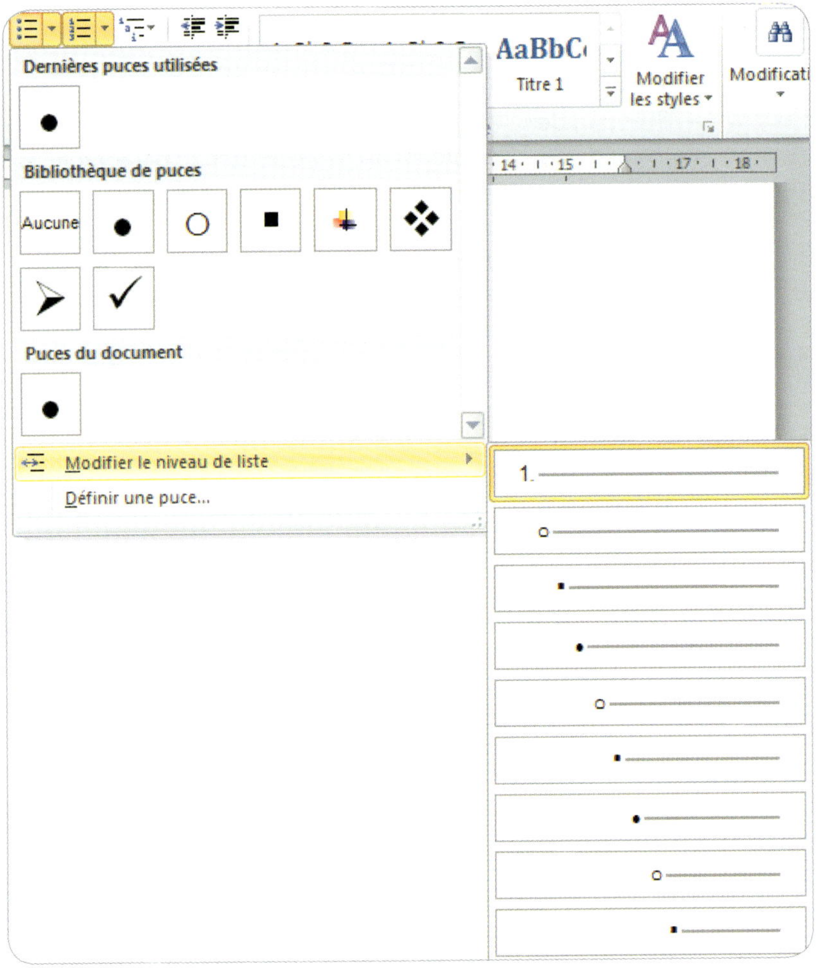

3/ Sélectionnez le niveau souhaité parmi les neuf options proposées.

Raccourci

Modifier le niveau d'une liste simplement

Word permet de modifier le niveau d'une liste en un clin d'œil.

1/ Placez le curseur sur l'élément de la liste à déplacer d'un niveau.

2/ Appuyez sur la touche Tab. L'élément est déplacé automatiquement vers un niveau inférieur.

3/ Pour remonter un élément d'une liste à un niveau supérieur, positionnez le curseur sur cet élément. Allez sous l'onglet **Accueil**. Dans le groupe *Paragraphe*, sélectionnez **Diminuer le retrait**.

Définir des trames et bordures

L'ajout de trames et de bordures valorise un élément du document. C'est utile lorsque vous créez des encadrés afin de développer une information précise et pertinente pour vos lecteurs. Mettez en valeur ces données en créant un cadre autour du paragraphe et en lui adjoignant une trame de fond.

Word permet d'ajouter des bordures à différents éléments d'un document : un paragraphe ou une portion de texte, une page ou un tableau.

*Pour tout ce qui se rapporte aux tableaux, référez-vous au chapitre **Réaliser des tableaux**.*

Pour ajouter une bordure à un texte ou à un paragraphe, procédez comme suit :

1/ Sélectionnez la partie de texte à mettre en évidence.

2/ Allez sous l'onglet **Accueil**. Dans le groupe *Paragraphe*, cliquez sur la flèche en regard du bouton **Bordure et trame**.

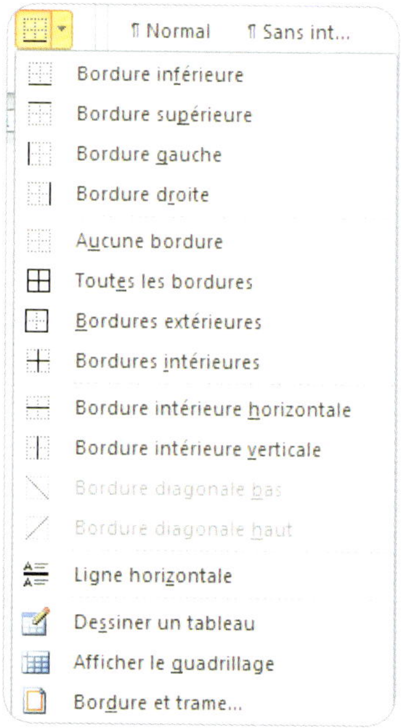

L'ajout d'une bordure se réalise par le biais du bouton Bordure et trame

3/ Dans la liste qui s'affiche, sélectionnez la bordure qui vous convient. Vous pouvez également ajouter une ligne séparatrice en cliquant sur *Ligne horizontale*.

L'ajout d'une trame de fond à une portion de texte se réalise à partir de l'onglet **Accueil** de la façon suivante :

1/ Sélectionnez le texte auquel vous souhaitez ajouter une trame colorée.

2/ Rendez-vous sous l'onglet **Accueil**. Dans le groupe *Paragraphe*, cliquez sur la flèche en regard du bouton **Trame de fond**.

3/ Dans le menu qui s'affiche, cliquez sur la couleur de votre choix.

L'application autorise la conception de bordures de page. Qu'il s'agisse de concevoir des bordures de page, de mettre en forme un tableau ou de créer des bordures personnalisées, la procédure est la même.

1/ Sous l'onglet **Accueil**, dans le groupe *Paragraphe*, cliquez sur la flèche en regard du bouton **Bordure et trame**.

2/ Dans le menu contextuel qui s'ouvre, sélectionnez **Bordure et trame**.

3/ Sélectionnez l'onglet **Bordure de page** dans la boîte de dialogue **Bordure et trame**.

4/ Dans la rubrique *Style*, choisissez votre type de trait.

5/ Cliquez ensuite sur la liste déroulante *Couleur* et attribuez une teinte à votre bordure.

La boîte de dialogue Bordure et trame permet de personnaliser les bordures

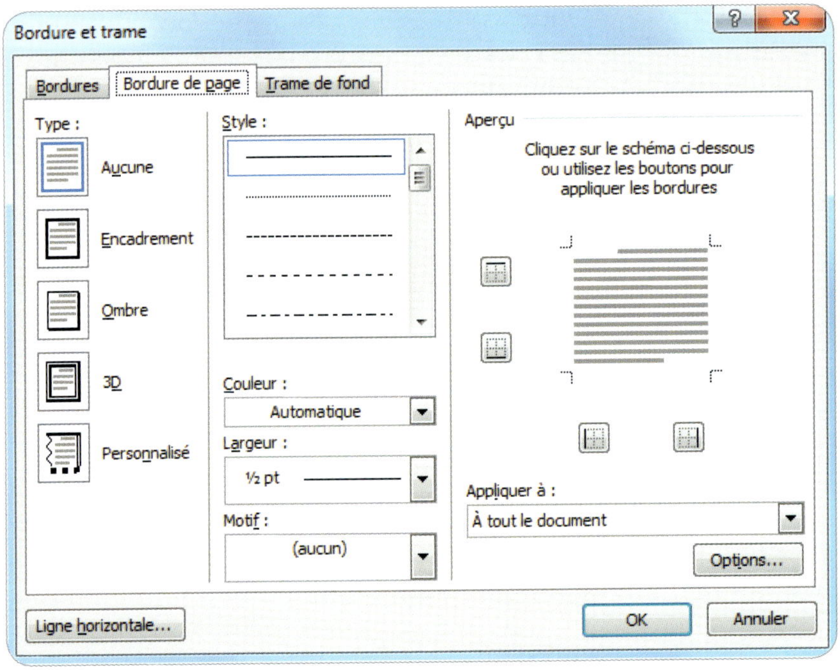

6/ Sélectionnez la liste déroulante *Largeur* pour spécifier une épaisseur de trait.

7/ Cliquez sur la liste déroulante *Motifs* si vous souhaitez appliquer un motif spécifique.

8/ Dans la rubrique *Type*, choisissez un style de bordure parmi les quatre modèles prédéfinis.

9/ Vous pouvez personnaliser chaque bordure de la page avec des types de traits différents en cliquant sur le schéma situé dans la zone *Aperçu*.

10/ Cliquez sur la liste déroulante *Appliquer à* et précisez si vous souhaitez appliquer votre bordure à l'ensemble du document, au paragraphe (si vous en avez sélectionné un au préalable) ou seulement à des sections du document. Cliquez sur OK pour fermer la boîte de dialogue.

Pour créer des sections, référez-vous au chapitre ***Organiser les documents.***

QUICKPART, OU COMMENT S'INITIER AUX BLOCS DE CONSTRUCTION ?

QuickPart. Ce nom ne vous dit probablement rien. Et pourtant, vous ne cessez d'utiliser cette fonctionnalité au quotidien. Word permet d'ajouter dans un document des blocs de contenu prédéfinis, ce qui vous évite de les réaliser vous-même.

Par exemple, lorsque vous insérez un pied de page, Word propose différents modèles. Ces modèles ne sont que des blocs de construction prédéfinis. Voyons comment utiliser cette puissante fonctionnalité à travers un exemple : l'insertion d'une zone de date modifiable et d'une liste déroulante permettant de choisir entre plusieurs rubriques.

Quelques exemples de blocs de construction

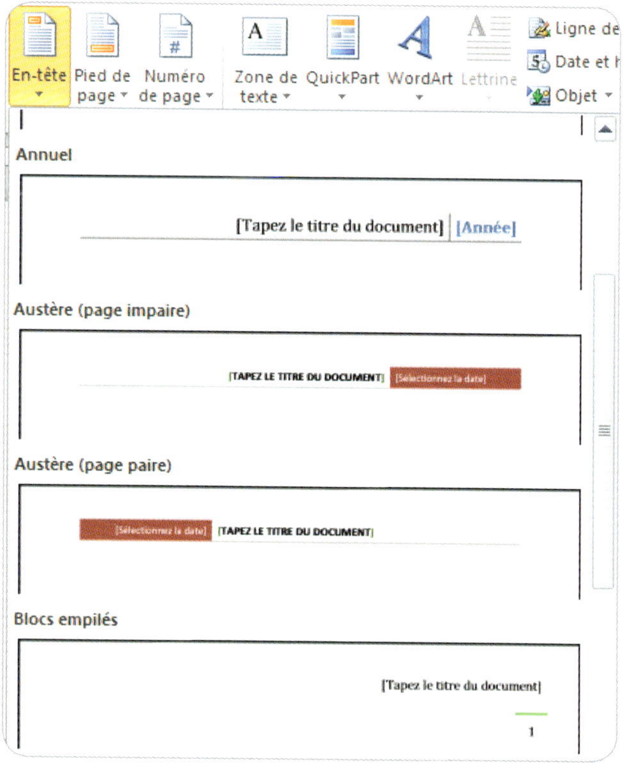

● Insérer et modifier des blocs de construction

Avant de commencer à utiliser les blocs de construction, il faut au préalable activer l'onglet **Développeur**. Grâce à cet onglet particulier, vous pouvez non seulement créer des macros pour développer vos propres commandes, mais aussi automatiser des tâches répétitives et insérer des blocs de construction.

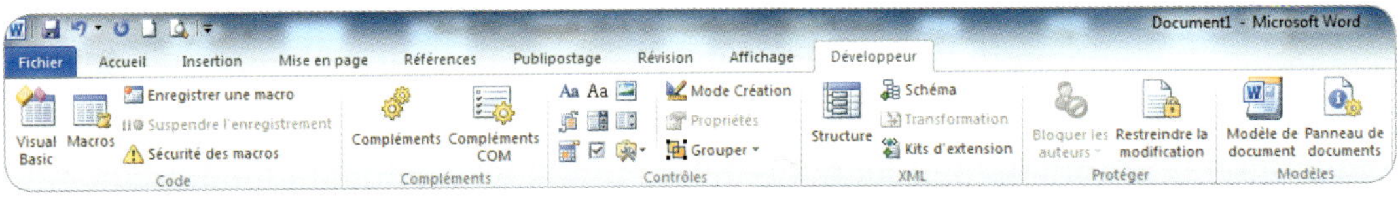

L'onglet Développeur

Pour ajouter l'onglet **Développeur** au Ruban, procédez comme suit :

1/ Cliquez sur l'onglet **Fichier** puis sélectionnez **Options**.

2/ Dans la boîte de dialogue **Options Word**, cliquez sur l'onglet **Personnaliser le Ruban**.

3/ Dans la rubrique *Onglets principaux*, cochez la case *Développeur* puis cliquez sur OK.

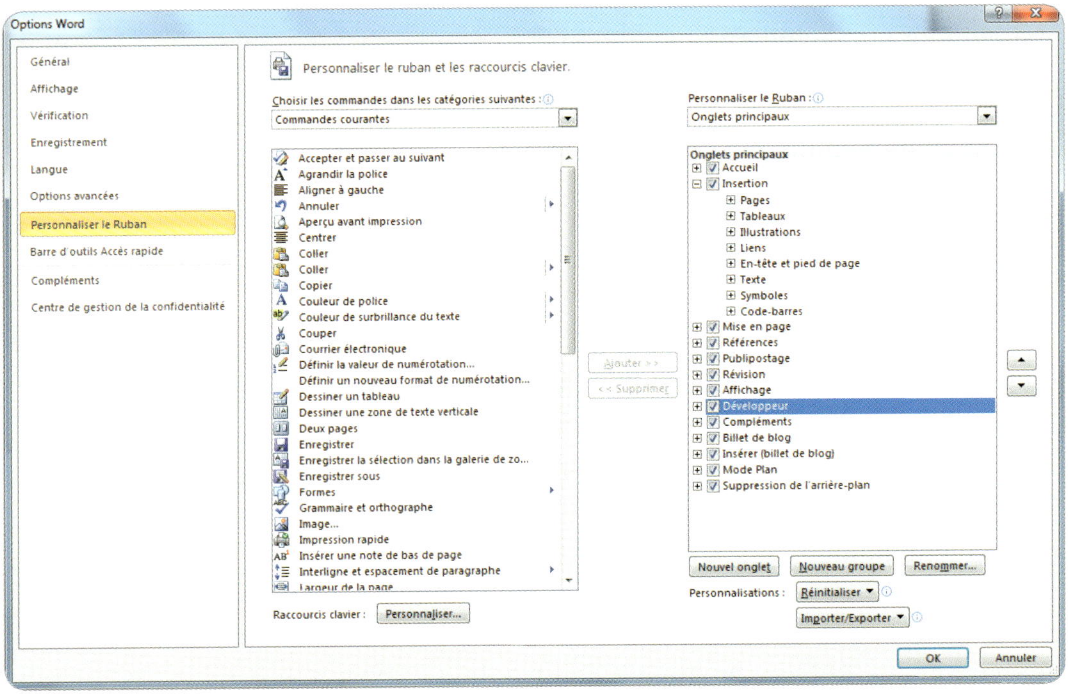

L'ajout de l'onglet Développeur se fait depuis la fenêtre Options Word

Les blocs de construction permettent donc d'insérer automatiquement dans un document des éléments que vous utilisez fréquemment, comme un champ pour la saisie d'une date, ou encore des coordonnées. Les possibilités sont multiples.

Pour cet exemple, vous allez utiliser plusieurs contrôles de contenu :

- un sélecteur de date permettant d'insérer la date de votre choix ;
- une liste déroulante.

Ces outils sont accessibles depuis l'onglet **Développeur**. Procédez comme suit pour insérer une zone de date :

1/ Rendez-vous sous l'onglet **Développeur**.

2/ Dans le groupe *Contrôles*, cliquez sur le bouton **Contrôle du contenu de sélecteur de dates**.

3/ Une liste déroulante apparaît alors sur votre document à l'endroit où vous avez placé le curseur. Cliquez dessus afin de la sélectionner.

4/ Sous l'onglet **Développeur**, dans le groupe *Contrôles*, cliquez sur le bouton **Propriétés**.

Le bouton Propriétés permet de configurer le contrôle de contenu concerné

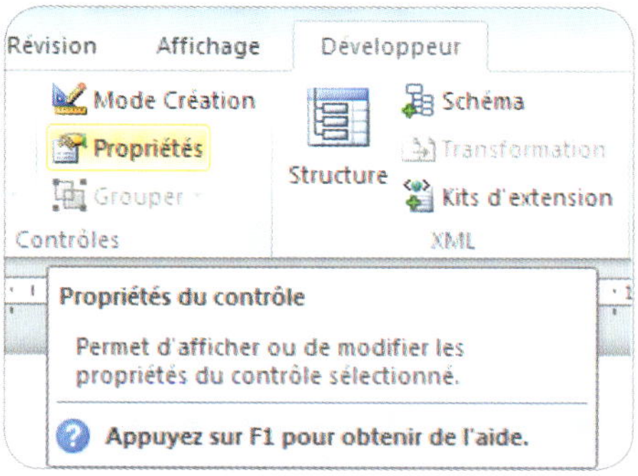

5/ Dans la boîte de dialogue **Propriétés du contrôle de contenu**, indiquez un titre (par exemple, `Date`) dans le champ éponyme.

6/ Sous la rubrique *Verrouillage*, cochez la case *Ne pas supprimer le contrôle du contenu*.

7/ Dans la liste *Afficher la date comme suit*, sélectionnez le format de date qui vous convient, puis cliquez sur OK.

Pour insérer une liste déroulante en dessous de la date, ajoutez un retour à la ligne en appuyant sur [Entrée] puis réalisez les opérations suivantes :

1/ Allez sous l'onglet **Développeur**. Dans le groupe *Contrôles*, cliquez sur l'un des deux boutons **Contrôle du contenu de liste déroulante**.

2/ Toujours sous l'onglet **Développeur**, dans le groupe *Contrôles*, cliquez sur **Propriétés**.

3/ Dans la boîte de dialogue **Propriétés du contrôle de contenu**, saisissez le titre de votre choix (exemple, `Rubrique`) dans la zone éponyme.

4/ Sous la rubrique *Verrouillage*, cochez la case *Ne pas supprimer le contrôle du contenu*.

5/ Pour spécifier le nom des items qui apparaîtront dans la liste déroulante, cliquez sur le bouton **Ajouter**. Dans la boîte de dialogue **Ajouter un choix**, saisissez un texte dans le champ *Nom complet*, puis cliquez sur OK. Renouvelez l'opération pour insérer autant de choix que nécessaire.

L'ajout d'options dans une liste déroulante se réalise via le bouton Ajouter

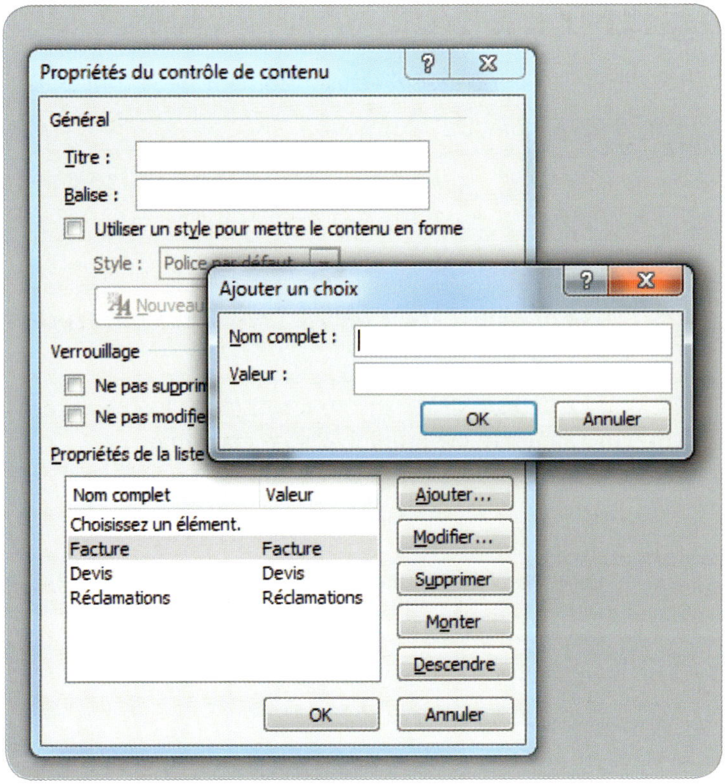

6/ Pour modifier l'ordre d'apparition des items de la liste déroulante, sélectionnez celui que vous souhaitez faire apparaître en premier dans la liste *Propriétés de la liste déroulante*, puis cliquez sur le bouton **Monter** ou **Descendre** suivant le cas.

7/ Cliquez sur OK.

Office World

Les blocs de construction

Cette fonctionnalité existait déjà dans les versions antérieures à Word 2007. Cependant, on l'utilisait plutôt pour créer des formulaires et elle était bien moins développée que maintenant. C'est lors du remaniement de l'interface d'Office 2007 qu'elle a pris toute son ampleur, avec l'apparition de la fonctionnalité QuickPart. En mettant à disposition des modèles prédéfinis pour la plupart des fonctions courantes, Microsoft a simplifié et automatisé la création de certains éléments, comme les pieds de page ou les en-têtes.

● Enregistrer un bloc

Une fois un bloc de construction créé, il serait dommage de le concevoir de nouveau pour chaque document dans lequel il a sa place. Word permet de le sauvegarder en l'espace de trois clics de souris bien avisés.

1/ À l'aide de la souris, sélectionnez le bloc de construction que vous venez de créer.

2/ Allez sous l'onglet **Insertion**. Dans le groupe *Texte*, cliquez sur le bouton **QuickPart**.

3/ Dans le menu qui s'affiche, sélectionnez **Enregistrer la sélection dans la galerie de composants QuickPart**.

4/ Dans la boîte de dialogue **Créer un nouveau bloc de construction**, donnez un nom à votre bloc de construction en le saisissant à la ligne éponyme.

L'enregistrement des blocs de construction s'effectue depuis le bouton QuickPart

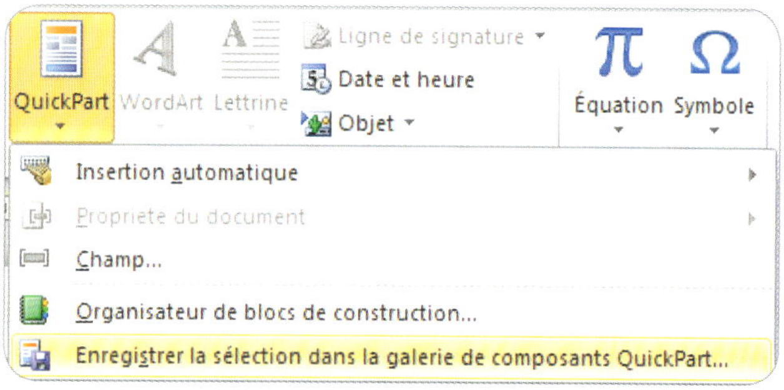

5/ Cliquez sur la liste déroulante *Galerie* et sélectionnez une galerie dans laquelle votre bloc de construction sera disponible. Si vous sélectionnez *En-tête*, votre bloc de construction apparaîtra dans cette galerie lorsque vous cliquerez sur le bouton *En-tête* situé sous l'onglet **Insertion**.

6/ Ajoutez une description dans le champ correspondant, puis cliquez sur OK.

La boîte de dialogue d'enregistrement d'un nouveau bloc de construction

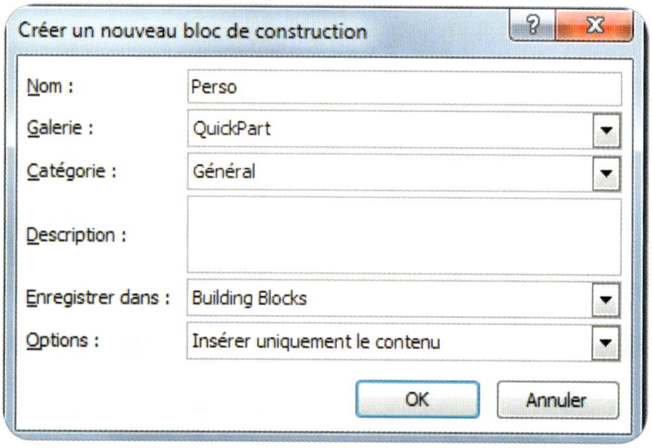

Si vous indiquez, comme galerie, *QuickPart (par défaut)*, il suffit, sous l'onglet **Insertion**, de cliquer sur le bouton **QuickPart** situé dans le groupe *Texte* pour afficher le bloc de construction dans la liste.

D'autres options d'enregistrement sont disponibles depuis la boîte de dialogue **Créer un nouveau bloc de construction**. Ainsi, en cliquant sur la liste déroulante *Options*, vous pouvez indiquer l'endroit où sera placé votre bloc de construction dans le document :

- *Insérer un contenu dans sa propre page* place le bloc de construction sur une page séparée avec des sauts de page avant et après le bloc de construction.
- *Insérer le contenu dans son paragraphe* positionne le bloc de construction dans un paragraphe séparé, même si le curseur se trouve au milieu d'un paragraphe.
- *Insérer uniquement le contenu* insère le bloc de construction à l'endroit où se trouve le curseur, sans création d'un nouveau paragraphe.

CORRIGER LE DOCUMENT

Une fois la saisie de votre texte et sa mise en page effectuées, vous pouvez vérifier s'il ne présente pas de fautes d'orthographe ou de grammaire. Word dispose d'un puissant outil de correction automatique, qui vous facilitera la tâche.

● Utiliser le correcteur orthographique

À mesure que l'échéance approche, le temps vient parfois à manquer pour corriger les fautes d'orthographe et de grammaire d'un texte. Word propose une correction à deux niveaux. En cours de frappe, il corrige certaines fautes courantes, par exemple un accent manquant sur un terme clairement identifié. En outre, il offre, à travers son correcteur orthographique, une correction plus poussée.

Word identifie certains termes mal orthographiés ou grammaticalement incorrects par différents codes couleur. Le mot ou la phrase en question est ainsi souligné d'un trait coloré :

- Si le mot est surligné en rouge, cela signifie qu'il est mal orthographié.
- S'il est surligné en vert, il s'agit d'une expression grammaticalement incorrecte.
- S'il est surligné en bleu, Word pense que le terme n'a pas été utilisé à bon escient. C'est l'une des nouvelles fonctionnalités de Word 2010.

Les différentes indications d'erreur de Word dans un texte

Pour corriger l'intégralité de votre document, procédez comme suit :

1/ Rendez-vous sous l'onglet **Révision**. Dans le groupe *Vérification*, cliquez sur **Grammaire et orthographe**. Le correcteur orthographique s'ouvre dans une boîte de dialogue et commence la correction.

2/ Le mot ou la phrase incriminé s'affiche dans la boîte de dialogue **Grammaire et orthographe** sous la rubrique *Absent du dictionnaire*. Pour remplacer le mot par le bon terme, cliquez sur l'une des propositions émises dans la rubrique *Suggestion*.

Pour la correction d'un mot, Word propose différentes suggestions

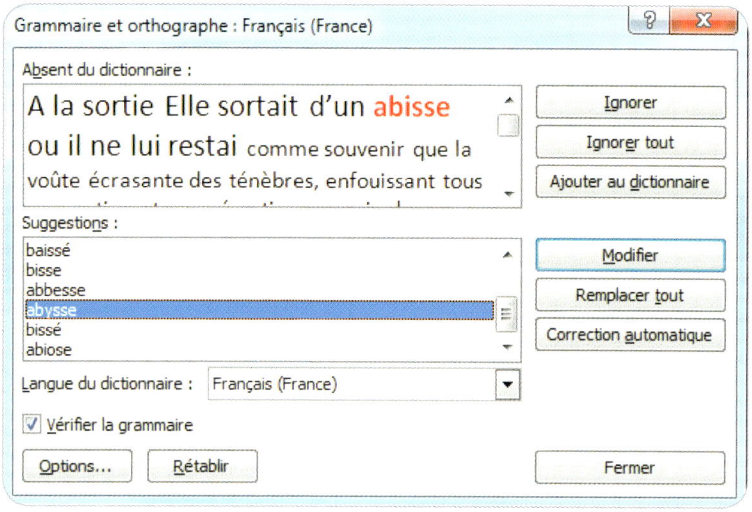

3/ Cliquez sur **Modifier** pour corriger uniquement le mot sélectionné ou sur **Remplacer tout** pour corriger l'ensemble des termes présentant la même erreur dans tout le document.

4/ Cliquez sur **Ignorer** ou **Ignorer tout** pour ignorer la correction.

Si le mot sélectionné est correctement orthographié mais non reconnu par Word, vous avez la possibilité de l'ajouter au dictionnaire en cliquant sur **Ajouter au dictionnaire**.

Astuce

Corriger un mot rapidement

Pour effectuer une correction rapide d'un mot sans ouvrir le correcteur orthographique, procédez comme suit :

1/ Cliquez du bouton droit sur le mot erroné.

2/ Sélectionnez le terme qui convient parmi ceux proposés par Word dans le menu contextuel.

Rechercher et remplacer un terme

Word intègre un puissant outil de recherche, qui a été nettement amélioré depuis sa dernière version. Utile lorsqu'il s'agit de rechercher un mot dans un long document ! De plus, cette fonction permet également de remplacer le terme sélectionné par un autre.

L'outil de recherche de Word se situe sous l'onglet **Accueil**. Pour débuter la recherche, procédez de cette manière :

1/ Cliquez sur l'onglet **Accueil**. Dans le groupe *Modification*, cliquez sur **Rechercher**.

2/ Le volet **Navigation** s'affiche alors à gauche du document. Dans la zone *Rechercher un document*, saisissez le terme recherché.

3/ Word surligne en jaune tous les termes correspondant à votre recherche dans le document. Vous pouvez naviguer facilement de l'un à l'autre en cliquant sur l'une des vignettes du volet **Navigation**.

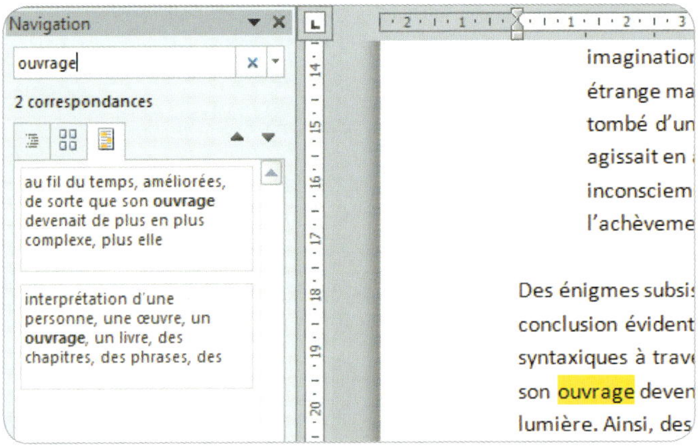

Le volet Navigation permet d'effectuer une recherche rapide dans le document

Raccourci

Effectuer une recherche en un clic

Pour réaliser une recherche rapidement, suivez le guide !

1/ Utilisez le raccourci clavier Ctrl + F pour ouvrir le volet **Navigation**.

2/ Saisissez l'objet de votre recherche dans le champ *Rechercher un document*.

L'opération s'effectue différemment si vous souhaitez remplacer un mot. Le volet de navigation ne permettant pas directement de le faire, procédez de la manière suivante :

1/ Rendez-vous sous l'onglet **Accueil**. Dans le groupe *Modification*, cliquez sur **Remplacer**.

2/ Dans la boîte de dialogue **Rechercher et remplacer**, cliquez sur l'onglet **Remplacer**.

L'outil de remplacement en pleine action

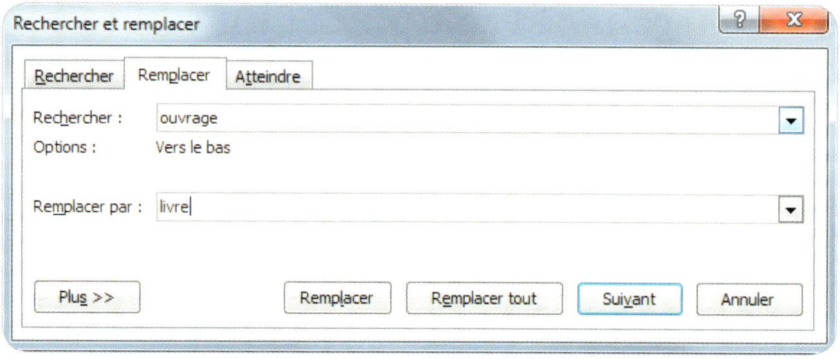

3/ À la ligne *Rechercher*, saisissez le mot ou la phrase à remplacer.

4/ Dans le champ *Remplacer par*, indiquez ce par quoi vous souhaitez remplacer le mot ou la phrase d'origine.

5/ Cliquez sur **Remplacer** ou sur **Remplacer tout** selon que vous voulez remplacer uniquement un terme ou l'ensemble des occurrences.

Astuce

Afficher les statistiques

Word est capable d'afficher le nombre de caractères et de mots d'un document ou d'une portion de texte sélectionnée. Pour accéder à cette commande, cliquez sur **Statistiques** sous l'onglet **Révision** du groupe *Vérification*.

La boîte de dialogue Statistiques affiche le nombre de caractères d'un document ou d'un texte sélectionné

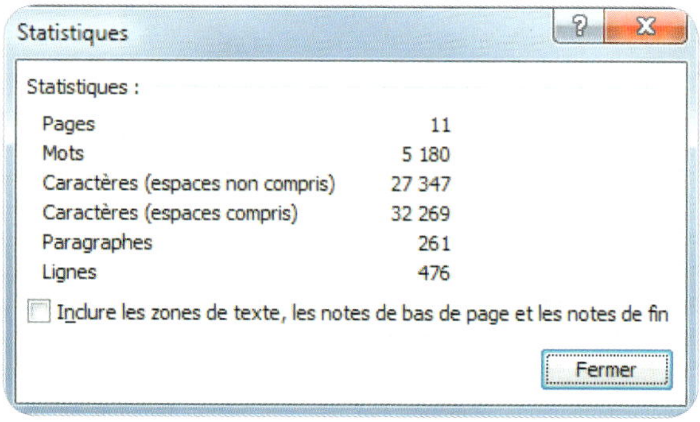

Vous maîtrisez la saisie d'un texte et savez le mettre en page. Au chapitre suivant, vous irez encore plus loin en agrémentant vos documents de différents effets typographiques. Vous apprendrez également à vous servir des styles de Word et à créer des modèles.

5

Embellir les documents

Un document, ça se travaille ! De la mise en page jusqu'à la plus petite virgule, il se doit d'être à la fois attrayant et lisible. Personne ne lira jusqu'au bout un document trop dense et dont la mise en forme laisse à désirer. Des outils de ligature permettant de réaliser des effets typographiques surprenants en passant par les nombreux styles et modèles prédéfinis, le traitement de texte phare de Microsoft donnera un aspect professionnel à votre prose.

AMÉLIORER LE TEXTE AVEC LES LIGATURES

C'est l'une des grandes nouveautés de Word 2010. Au fil du temps, le traitement de texte de Microsoft est devenu un outil quasiment universel. De la création de simples notes en mode Brouillon à la production de documentation technique, il s'est considérablement enrichi afin de relever de plus en plus de défis.

La frontière entre les logiciels de mise en page professionnels et les applications bureautiques comme Word ne cesse de se réduire. La preuve : Word 2010 est désormais capable d'utiliser les fonctions de ligature avancées, alors réservées aux logiciels de PAO (Publication Assistée par Ordinateur).

Derrière le terme barbare de ligature se cache en fait une chose courante que vous utilisez inconsciemment et que Word reconnaît parfaitement lors de la saisie de texte. Techniquement, la ligature n'est autre que la combinaison de deux graphèmes. En clair, c'est le rapprochement de deux lettres pouvant représenter un phonème (c'est-à-dire un élément sonore distinctif du langage parlé.) Exemple : cœur, mœurs, rancœurs. Notez le rapprochement du O et du E, c'est ce en quoi consiste la ligature. Il existe deux types principaux de ligatures :

- Les ligatures linguistiques : elles sont obligatoires (par exemple, cœur, mœurs…).
- Les ligatures esthétiques : elles s'utilisent principalement pour accroître la lisibilité d'un document.

Quelques exemples de ligatures

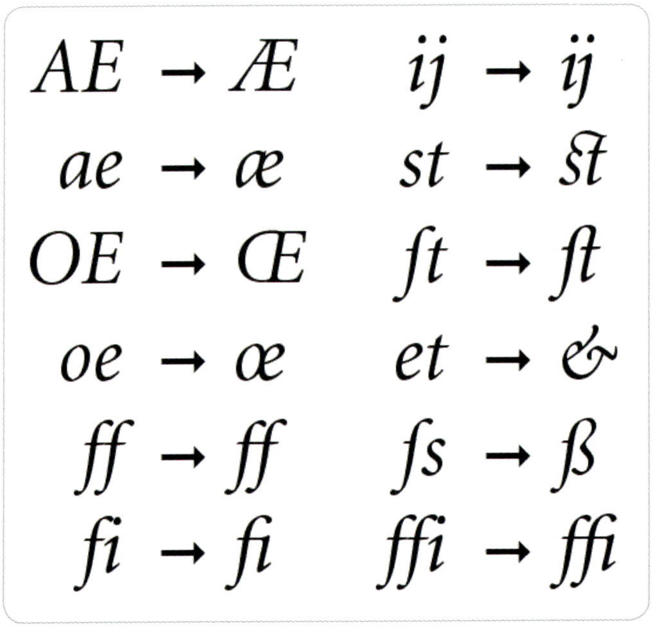

Word reconnaît parfaitement les premières au point de les corriger automatiquement lors de la saisie du texte. En revanche, les ligatures esthétiques font leur entrée dans Word 2010 et vont vous permettre de jouer avec les polices encore plus efficacement.

1/ Allez sous l'onglet **Accueil**. Dans le groupe **Police**, sélectionnez une police de votre choix en cliquant dans le champ *Police*. Par exemple, choisissez *Gabriola*. Cette police se prête bien à cet exercice de style !

2/ Saisissez une petite phrase dans votre document et sélectionnez-la.

3/ Utilisez le raccourci clavier Ctrl + D pour ouvrir la boîte de dialogue **Police** puis cliquez sur l'onglet **Paramètres avancés**.

4/ Cliquez sur la liste déroulante *Ligatures* puis sélectionnez *Standard uniquement*.

Les ligatures permettent, en jouant sur les styles, d'accroître la lisibilité du texte et de créer des effets esthétiques surprenants

5/ Cliquez dans la liste déroulante *Jeux stylistiques* et choisissez un style de ligature.

6/ Cliquez sur OK pour quitter la boîte de dialogue **Police** et appliquer la ligature au texte sélectionné.

Suivant le type de police de caractère sélectionné, l'effet peut être plus ou moins important.

Office World

L'OpenType, Microsoft et Word

L'OpenType est un format de police numérique pour les ordinateurs, développé conjointement par Adobe et Microsoft. Annoncé en 1996, il commence à être utilisé plus largement fin 2001. Il succède au format TrueType, conçu par Apple et Microsoft, et s'avère nettement plus souple que son prédécesseur. Il incorpore des jeux de polices plus élaborés, comprenant plusieurs jeux de styles incorporés. Ce format a été normalisé ISO en mars 2007. Microsoft intègre en standard les polices OpenType depuis la sortie de Windows Vista.

INSÉRER DES ZONES DE TEXTE

Lors de la saisie d'un texte dans Word, vous devez vous conformer à certaines règles inhérentes à l'application.

Les outils de mise en page des paragraphes peuvent paraître très rigides et n'offrent pas la souplesse d'une zone de texte, qui peut se déplacer librement dans la page sans les contraintes induites par les marges du document.

Vous pouvez ainsi placer le texte où bon vous semble sans (trop) chambouler la mise en page. Une zone de texte est donc un objet pouvant mettre en valeur un texte. Pour insérer une zone de texte, procédez de cette manière :

1/ Sous l'onglet **Insertion**, dans le groupe *Texte*, cliquez sur **Zone de texte**.

2/ Dans la galerie qui s'affiche, sélectionnez un modèle de zone de texte.

Lorsque vous cliquez sur Zone de texte, plusieurs modèles prédéfinis vous sont proposés

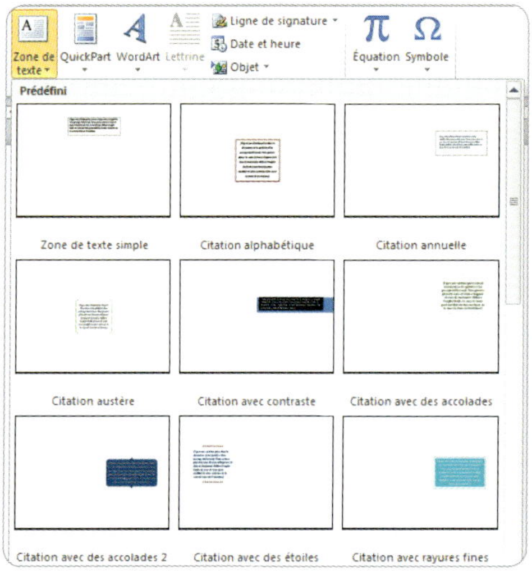

3/ Vous pouvez également créer votre propre zone de texte en sélectionnant *Dessiner une zone de texte*. Dans ce cas, faites glisser le curseur sur votre document pour dessiner une zone de texte de la taille désirée.

4/ Une fois l'opération effectuée, cliquez dans la zone de texte et saisissez votre texte.

Utilisez les outils de mise en forme de texte et de paragraphe comme indiqué dans les chapitres précédents pour mettre en page votre texte.

Pour rendre votre zone de texte plus attrayante, vous pouvez la personnaliser par l'intermédiaire de l'onglet **Format** de cette manière :

1/ Sélectionnez votre zone de texte en cliquant sur son cadre.

2/  Rendez-vous sous l'onglet **Format** qui apparaît puis, dans le groupe *Styles de formes*, cliquez sur cette icône.

3/ La galerie de styles de formes s'affiche. Sélectionnez-en un dans la liste afin de l'appliquer à votre zone de texte. Notez qu'en pointant seulement le curseur sur l'un d'entre eux, vous pouvez visualiser l'effet produit.

Si aucun des styles ne vous convient, vous pouvez personnaliser votre zone de texte de cette façon:

1/ Cliquez sur le cadre de la zone de texte.

2/ Sous l'onglet **Format**, dans le groupe *Styles de formes*, cliquez sur **Remplissage de forme** puis sélectionnez une couleur de votre choix. Vous pouvez également ajouter un dégradé ainsi qu'une image en guise d'arrière-plan.

3/ Toujours dans le groupe *Styles de formes*, cliquez sur **Contour de forme**. Sélectionnez une couleur. Pour définir un type et une épaisseur de trait spécifiques, pointez le curseur sur les rubriques *Épaisseur* et *Tirets* et sélectionnez le style et l'épaisseur voulus.

4/ Enfin, il est possible d'appliquer certains effets à votre zone de texte. Dans le groupe *Styles de formes*, cliquez sur **Effets de forme**. Dans la galerie qui s'affiche, pointez le curseur sur l'une des catégories d'effets et sélectionnez-en un.

Le bouton Effets de forme permet d'appliquer plusieurs effets saisissant à votre zone de texte

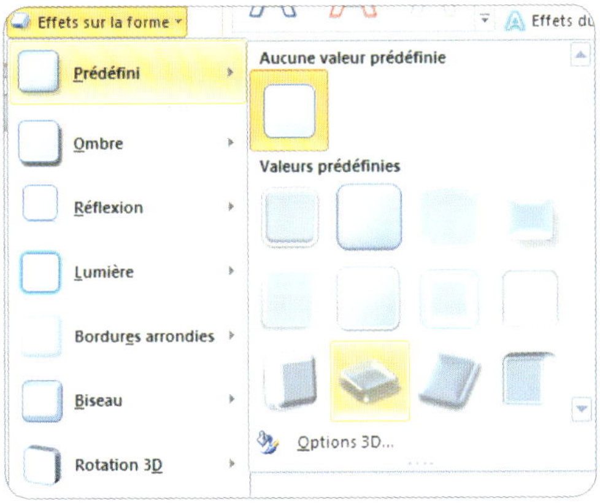

Word permet de cumuler certains effets, comme une ombre portée associée à un reflet. Explorez les différentes possibilités et trouvez le style qui vous convient !

CHANGER DE STYLE !

Comme la plupart des applications de la suite bureautique Microsoft Office (PowerPoint et Excel notamment), Word intègre plusieurs styles prédéfinis par défaut. Ils se composent de jeux de couleurs et de polices ainsi que d'une mise en page spécifiques. Leur objectif : la création de documents harmonieux et professionnels.

● Utiliser les styles prédéfinis

Les styles permettent d'appliquer une mise en page uniforme à l'ensemble du document. Chacun d'entre eux contient :

- Un jeu de couleurs : établi par des professionnels, il permet de garder une cohérence au sein d'un même document. Les jeux de couleurs apparaissent sous la rubrique *Couleurs du thème* lorsque vous voulez appliquer une couleur de texte ou de remplissage.
- Un jeu de polices : chaque style utilise des polices spécifiques, que ce soit pour les titres ou le corps du texte. Dans les logiciels de mise en page professionnels, on retrouve ce concept sous la dénomination « feuille de caractère et de paragraphe ».
- Un espacement de paragraphe : les paragraphes s'affichent de manière différente suivant le style sélectionné, avec plus ou moins d'espace entre eux.

Word propose différents jeux de styles

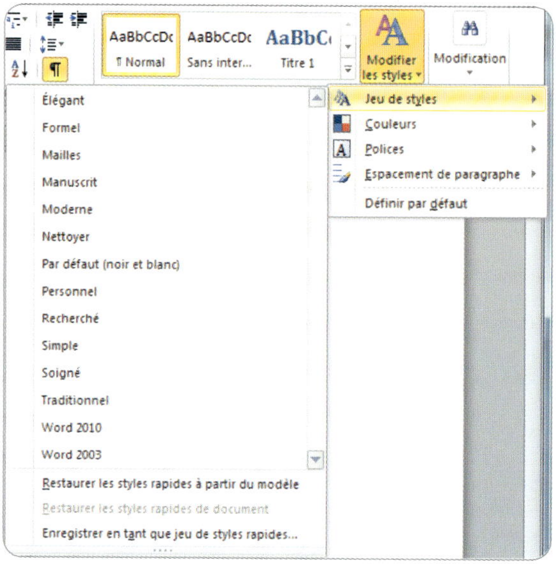

Par défaut, c'est le jeu de styles Word 2010 qui s'applique à chaque création de nouveau document. Pour utiliser un style, procédez comme suit :

1/ Sous l'onglet **Accueil**, dans le groupe *Style*, cliquez sur **Modifier les styles**.

2/ Dans le menu qui s'affiche, pointez le curseur sur la rubrique *Jeu de styles* puis sélectionnez le type de style voulu. Celui-ci changera automatiquement la police et l'espacement des paragraphes par défaut. La palette de couleurs du thème changera également.

Chaque style dispose de feuille de styles prédéfinie adaptée à un usage spécifique du texte. Une feuille de styles se compose :

- de police de caractères déjà mise en forme (taille de caractères, couleur de police, gras, italique…) ;
- d'un format de paragraphe spécifique, dont la mise en page est déjà faite (alignement, espacement…).

Les feuilles de styles offrent donc la possibilité de reproduire facilement une même mise en forme sur plusieurs éléments du texte. En outre, elles permettent de le hiérarchiser sur plusieurs niveaux. Vous serez obligé de les utiliser si vous souhaitez par la suite créer une table des matières via l'outil intégré de Word.

Word 2010 applique la feuille de styles par défaut *Normal*. Pour appliquer une autre feuille de styles à un élément de votre texte, procédez de cette manière :

1/ Sélectionnez le texte sur lequel vous souhaitez appliquer la feuille de styles.

2/ Sous l'onglet **Accueil**, dans le groupe *Style*, cliquez sur la feuille de styles souhaitée dans la liste.

3/  Pour visualiser l'ensemble des feuilles de styles, cliquez sur cette icône.

Afin de faciliter la mise en forme de votre texte, vous pouvez utiliser le volet **Styles**. Il permet d'appliquer et d'avoir une vue globale des options de mise en forme du texte sans passer par l'onglet **Accueil**.

1/  Allez sous l'onglet **Accueil**. Dans le groupe *Style*, cliquez sur cette icône. La fenêtre **Styles** s'affiche.

2/ Sélectionnez le texte à mettre en forme.

3/ Dans la fenêtre **Styles**, cliquez sur le nom de la feuille de styles pour appliquer la mise en forme voulue.

La fenêtre Styles facilite l'application des feuilles de styles

Office World

Word et les styles

Word ne distingue pas les styles de caractères (c'est-à-dire la mise en forme de la police) de ceux des paragraphes. Il confond les deux. Les feuilles de styles existent depuis les premières versions de Word sous Windows. Bien que présentes, elles étaient assez peu mises en valeur. Depuis le changement d'interface avec la sortie de Word 2007, elles ont pris une importance considérable et sont nettement plus accessibles qu'auparavant. Les feuilles de styles tendent à devenir une fonctionnalité-clé permettant d'harmoniser plusieurs paragraphes et de distinguer certains éléments du texte.

● Définir le style par défaut

Word intègre plusieurs jeux de styles. Par défaut, c'est le jeu de styles Word 2010 qu'il applique par défaut à tout nouveau document créé. Une option qui peut être aisément modifiée de cette manière :

1/ Créez un nouveau document en allant sous l'onglet **Fichier** puis en cliquant sur **Nouveau**. Sélectionnez *Document vierge* dans le volet central, puis cliquez sur le bouton **Créer** dans la colonne de droite.

2/ Sous l'onglet **Accueil**, rendez-vous dans le groupe *Style* et cliquez sur **Modifier les styles**.

3/ Dans le menu qui s'affiche, pointez le curseur sur la rubrique *Jeu de styles* puis sélectionnez dans la liste le style souhaité, par exemple *Moderne*.

4/ Cliquez de nouveau sur **Modifier les styles** et sélectionnez *Définir par défaut* dans le menu contextuel.

Word permet de définir un jeu de styles par défaut qui s'appliquera à tout nouveau document créé

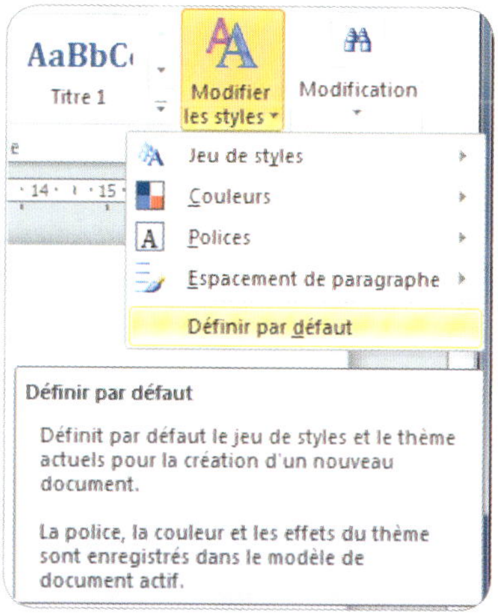

Désormais, lors de la création de nouveaux documents, c'est le jeu de styles *Moderne* qui s'appliquera par défaut.

Astuce

Restaurer le jeu de styles d'origine

Vous pouvez revenir au jeu de styles d'origine de Word très simplement :

1/ Allez sous l'onglet **Accueil**. Dans le groupe *Style*, cliquez sur **Modifier les styles**.

2/ Dans le menu qui s'ouvre, pointez le curseur sur la rubrique *Jeu de styles* puis sélectionnez *Restaurer les styles rapides de document*.

● Modifier un style

Chaque jeu de styles comprend des éléments distincts, tels qu'un jeu de couleurs, un jeu de polices ainsi qu'une mise en forme de paragraphes spécifiques. Word permet de modifier ces trois types d'éléments afin de créer un jeu de styles composites.

Le bouton Modifier les styles de l'onglet Accueil permet de personnaliser les jeux de styles via les rubriques Couleurs, Polices et Espacement de paragraphe

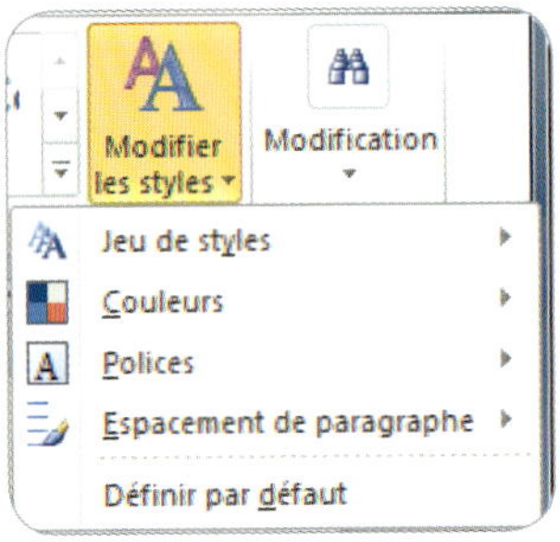

La personnalisation du jeu de styles s'effectue par l'intermédiaire du bouton **Modifier les styles** situé dans le groupe *Style* de l'onglet **Accueil**. Pour modifier un jeu de styles, procédez comme suit :

1/ Sous l'onglet **Accueil**, dans le groupe *Style*, cliquez sur **Modifier les styles**.

2/ Dans le menu qui s'affiche, pointez le curseur sur *Jeu de styles* et sélectionnez un jeu de styles.

3/ Cliquez de nouveau sur **Modifier les styles**. Placez le curseur sur la rubrique *Couleurs*. Naviguez dans la liste des thèmes de couleurs proposés à l'aide de l'ascenseur ou de la molette de votre souris. Sélectionnez le jeu de couleurs désiré.

Word propose différents thèmes de couleurs

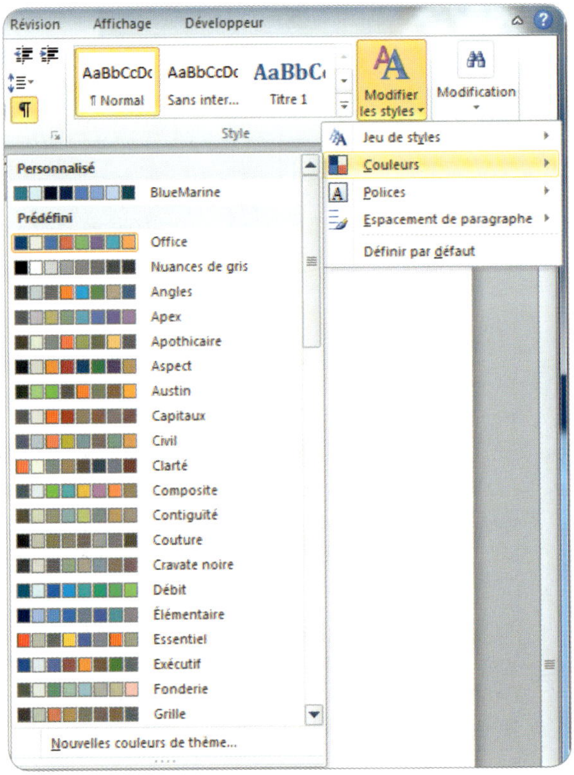

4/ Toujours dans le menu du bouton **Modifier les styles**, pointez le curseur sur la rubrique *Polices* et choisissez dans la liste celle qui vous convient le mieux.

5/ Cliquez une nouvelle fois sur **Modifier les styles**. Positionnez le curseur sur la rubrique *Espacement de paragraphe*. Sous la rubrique *Prédéfinis*, sélectionnez l'espacement de votre choix.

Afin de retrouver par la suite votre jeu de styles composites nouvellement créé et de l'appliquer à d'autres documents, enregistrez-le en tant que jeu de styles rapides.

1/ Rendez-vous sous l'onglet **Accueil**. Dans le groupe *Style*, sélectionnez **Modifier les styles**.

2/ Positionnez le curseur sur la rubrique *Jeu de styles* et sélectionnez **Enregistrer en tant que jeu de styles rapides**.

3/ Dans la boîte de dialogue **Enregistrer le jeu de styles rapides**, donnez un nom à votre jeu de styles en le saisissant à la ligne éponyme, puis cliquez sur **Enregistrer**.

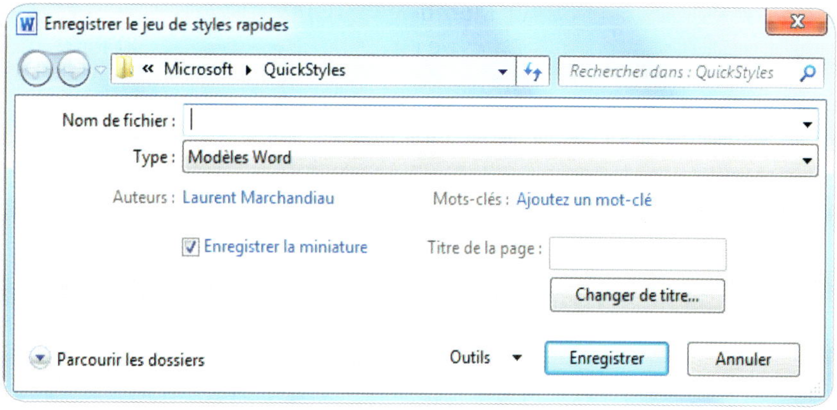

L'enregistrement d'un jeu de styles rapides s'effectue depuis la boîte de dialogue éponyme

Astuce

Appliquer le jeu de styles composites

Votre nouveau jeu de styles dûment enregistré s'affiche dans la rubrique *Jeu de styles* du bouton **Modifier les styles**. Pour l'appliquer à un nouveau document, procédez comme suit :

1/ Sous l'onglet **Accueil**, dans le groupe *Style*, cliquez sur **Modifier les styles**.

2/ Dans le menu qui s'ouvre, pointez le curseur sur *Jeu de styles* puis sélectionnez votre nouveau jeu de styles en cliquant sur son nom dans la liste.

CRÉER SON PROPRE JEU DE STYLES

Word permet de créer non seulement des thèmes composites, mais également des jeux de styles personnels. Dans ce cas, vous devrez définir une à une les couleurs du thème ainsi que les polices, et choisir un espacement de paragraphe personnalisé. Ces options sont accessibles depuis le bouton Modifier les styles **situé sous l'onglet** Accueil.

● Harmoniser les jeux de couleurs et de polices

Un jeu de styles se compose pour l'essentiel d'une palette de couleurs prédéfinies et de deux types de polices principales, la première pour le titre, l'autre pour le corps du texte par défaut. Autant dire que la conception d'un jeu de styles doit être particulièrement soignée.

Chaque jeu de styles dispose d'un jeu de couleurs spécifique. Celui-ci participe activement à l'harmonie de votre document. Il faut donc veiller à bien sélectionner ses couleurs afin qu'elles se mêlent les unes aux autres sans nuire à la lisibilité du texte. Un véritable défi qu'il vous faudra relever ! Pour concevoir la palette de couleurs, procédez comme suit :

1/ Sous l'onglet **Accueil**, dans le groupe *Style*, cliquez sur **Modifier les styles**.

2/ Pointez le curseur sur la rubrique *Couleurs* et sélectionnez **Nouvelles couleurs de thème**.

3/ Dans la boîte de dialogue **Créer de nouvelles couleurs de thème**, sous la rubrique *Couleurs du thème*, cliquez sur le bouton situé en regard du nom des éléments de thème que vous souhaitez modifier.

La boîte de dialogue Créer de nouvelles couleurs de thème permet d'affecter une couleur à chaque élément de thème

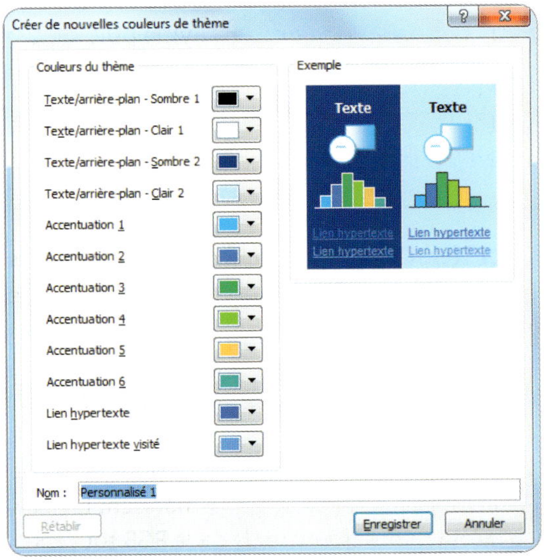

4/ Sélectionnez une couleur. Si aucune ne vous convient, sélectionnez **Autres couleurs**.

5/ Dans la boîte de dialogue **Couleurs**, cliquez sur l'onglet **Personnalisé.** Il offre plus de choix de couleurs. Cliquez sur la zone *Couleurs* et déplacez votre curseur afin de choisir celle qui vous convient le mieux. Pour éclaircir ou obscurcir le nuancier, cliquez sur la barre verticale colorée située à droite de la zone *Couleurs* et déplacez la flèche noire.

Le nuancier de Word permet de définir des couleurs personnalisées

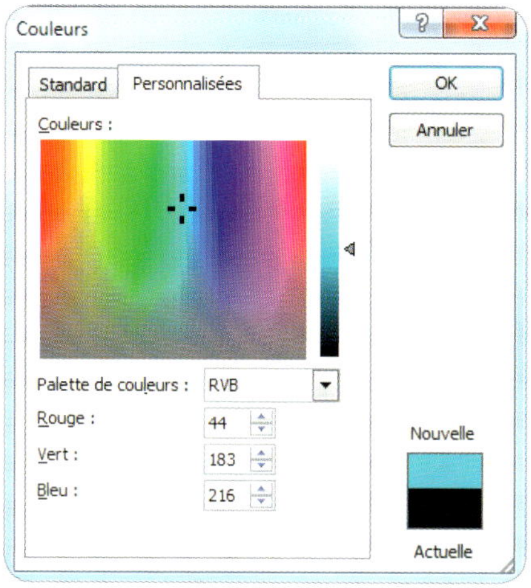

6/ Si vous connaissez le code RGB (pour Rouge, Vert, Bleu) de la couleur, vous pouvez directement saisir les valeurs dans les champs *Rouge*, *Vert*, *Bleu*. Attention, saisissez uniquement des valeurs comprises entre 0 et 255.

7/ La couleur choisie apparaît dans le cadre *Nouvelle* situé dans le coin droit de la fenêtre. Cliquez sur OK.

8/ Recommencez les étapes 3 à 7 pour chaque élément de thème. Une fois l'opération terminée, indiquez un nom pour votre nuancier à la ligne éponyme puis cliquez sur **Enregistrer**.

Pour appliquer votre nouveau thème de couleurs, cliquez sur le bouton **Modifier les styles** situé sous l'onglet **Accueil** puis pointez le curseur sur la rubrique *Couleurs*. Sélectionnez le nom de votre thème de couleurs qui apparaît sous la rubrique *Personnalisé*.

Office Community

ColorBlender.com, ou comment harmoniser les couleurs ?
Tout l'art d'un jeu de styles réussi réside en grande partie dans l'harmonie des couleurs du thème. Et choisir des couleurs qui vont bien ensemble n'est parfois pas chose aisée. Le site www.colorblender.com propose un petit logiciel gratuit en ligne capable de créer des nuanciers. Il suffit de déplacer les languettes des lignes *R*, *G* et *B* situées sous *Edit Active Color* pour choisir la couleur dominante, le logiciel se chargera ensuite de trouver les couleurs qui s'harmonisent bien avec celle sélectionnée. Par ailleurs, vous trouverez le code RGB sous les couleurs suggérées, ce qui vous permettra de les retrouver facilement sous Word.

Les jeux de polices ne contiennent pas plus de deux polices de caractères spécifiques : une pour la titraille (titre, sous-titre…) et une autre pour le corps du texte en général (police par défaut lors de la saisie du texte, mais aussi pour les citations, références…). Pour définir vos propres polices dans un jeu de styles, procédez comme suit :

1/ Sous l'onglet **Accueil**, dans le groupe *Style*, cliquez sur **Modifier les styles**.

2/ Dans le menu qui s'ouvre, pointez le curseur sur la rubrique *Polices* puis sélectionnez **Nouvelles polices de thème**.

3/ Dans la boîte de dialogue **Créer de nouvelles polices de thème**, cliquez sur la liste déroulante *Police du titre*. Sélectionnez une police.

L'attribution d'une nouvelle police de thème se réalise depuis la boîte de dialogue éponyme

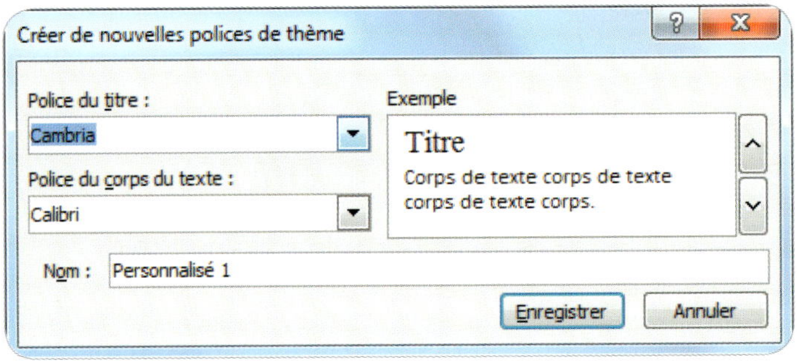

4/ Cliquez sur la liste déroulante *Police du corps du texte* et sélectionnez la police de votre choix.

5/ À la ligne *Nom*, donnez un nom à la nouvelle police de thème puis cliquez sur **Enregistrer**.

Les nouvelles polices de thème que vous venez de définir sont automatiquement attribuées au document en cours d'utilisation. Dans le cas contraire, vous pouvez les sélectionner par l'intermédiaire du bouton **Modifier les styles**, comme n'importe quelle autre police de thème prédéfini.

● Modifier les styles de paragraphe

C'est le dernier élément d'un jeu de styles. Il s'agit maintenant de configurer la mise en forme des paragraphes en créant un nouveau type d'espacement de paragraphe. Une fonction qui se trouve naturellement dans le bouton **Modifier les styles** de l'onglet **Accueil**.

Pour définir un nouveau style d'espacement de paragraphe, procédez de cette manière :

1/ Sous l'onglet **Accueil**, dans le groupe *Style*, cliquez sur **Modifier les styles**.

2/ Dans le menu qui s'affiche, pointez le curseur sur la rubrique *Espacement de paragraphe* et sélectionnez **Espacement de paragraphe personnalisé**.

3/ Dans la boîte de dialogue **Gérer les styles**, sous la rubrique *Position du paragraphe*, cliquez sur la zone *Gauche* pour indiquer un retrait à gauche et saisissez une valeur (en cm).

4/ Cliquez dans la zone *Droite* et indiquez une valeur (en cm) pour définir un retrait vers la droite. Via la liste déroulante *Spécial*, vous pouvez définir un retrait de première ligne ou un retrait négatif en sélectionnant *Première ligne* ou *Suspendu*. Indiquez la valeur de ce retrait atypique dans le champ *De*.

La boîte de dialogue Gérer les styles

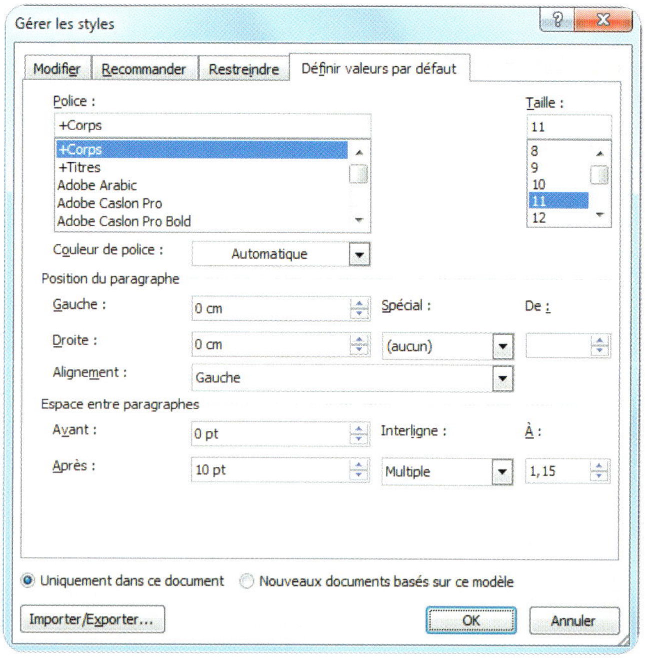

5/ Cliquez sur la liste déroulante *Alignement* pour indiquer le positionnement par défaut des paragraphes dans la page.

6/ Sous la rubrique *Espace entre paragraphes*, indiquez la distance avant ou après le paragraphe dans les zones éponymes. Les espaces avant et après ne se cumulent pas entre deux paragraphes, c'est la valeur la plus grande des deux qui s'applique.

Modification de l'espacement entre les paragraphes depuis la boîte de dialogue Gérer les styles

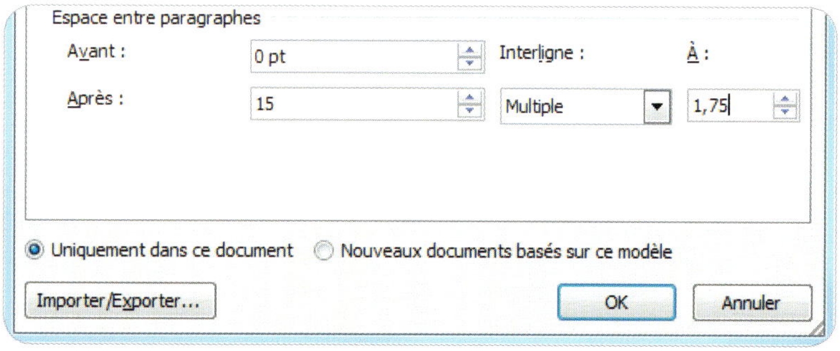

7/ Cliquez sur la liste déroulante *Interligne* et choisissez un interligne. Précisez si nécessaire l'interlignage dans la zone *A*.

8/ Cliquez sur OK.

L'espacement de paragraphe que vous venez de définir n'est pas enregistré dans la liste des espacements de paragraphe prédéfinis. Vous pouvez toutefois sauvegarder votre mise en page des paragraphes en cochant la case *Nouveaux documents basés sur ce modèle* dans la boîte de dialogue **Gérer les styles**. Seul problème : si vous définissez un autre type d'espacement de paragraphe, il effacera le précédent. Pour le conserver, il suffit d'enregistrer vos modifications en tant que jeu de styles rapides ou d'enregistrer votre document en tant modèle Word.

UTILISER DES MODÈLES

L'utilisation des modèles permet de créer des documents types. Ainsi, lorsque vous ouvrez un modèle, il génère par défaut un nouveau document basé sur le modèle ouvert. Vous pouvez ainsi l'adapter sans effectuer de nouveau la mise en page faite préalablement. Pratique pour créer des lettres types !

● Réaliser ses propres modèles de document

Les modèles de Word portent tous l'extension *.dot* s'ils proviennent d'une version antérieure à Word 2007, et *.dotx* s'ils sont issus de Word 2007 ou de versions ultérieures. Les modèles de document prenant en charge les macros portent l'extension *.dotm*. Par défaut, c'est le modèle *Normal.dotm* qui est appliqué lors de la conception de nouveaux documents.

La création de modèle s'effectue une fois le document type correctement mis en forme ou depuis un ancien document que vous souhaitez convertir en tant que modèle. Pour créer un modèle, procédez comme suit :

1/ Ouvrez le document que vous souhaitez enregistrer en tant que modèle en double-cliquant sur celui-ci ou via la commande **Ouvrir** de l'onglet **Fichier**.

2/ Rendez-vous sous l'onglet **Fichier** puis cliquez sur **Enregistrer sous**.

3/ Dans la boîte de dialogue **Enregistrer sous**, accédez à l'emplacement où vous souhaitez enregistrer votre modèle.

4/ Cliquez sur la liste déroulante *Type* et choisissez l'un des formats suivants : *Modèle Word*, pour enregistrer un modèle de document simple, ou *Modèle Word 97-2003*, si vous souhaitez que votre modèle soit compatible avec les versions antérieures à Word 2007. Enfin, si votre document contient des macros, sélectionnez *Modèle Word prenant en charge les macros*.

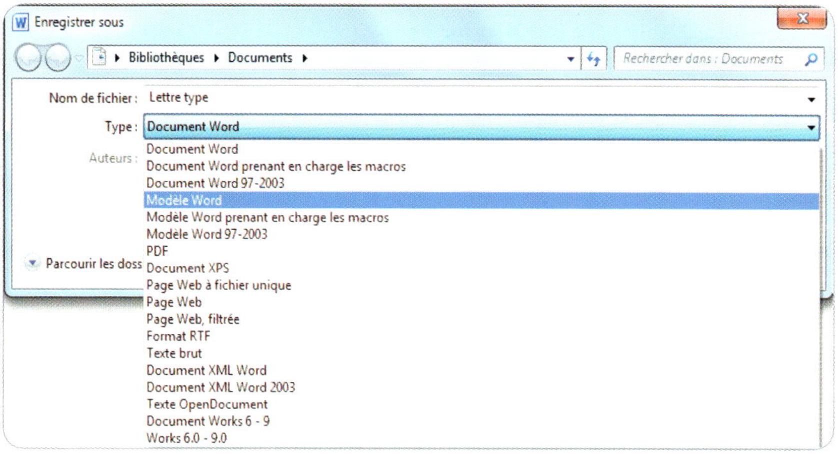

Enregistrement d'un document en tant que modèle Word

5/ Cliquez sur le bouton **Enregistrer**.

Désormais, lorsque vous ouvrirez ce modèle, un nouveau document basé sur celui-ci s'affichera et vous pourrez le modifier sans crainte.

> **Astuce**
>
> **Accéder aux modèles depuis Word**
>
> Si vous souhaitez que vos modèles soient accessibles directement depuis Word, procédez de cette manière :
>
> **1/** Ouvrez votre modèle, allez sous l'onglet **Fichier** et cliquez sur **Enregistrer sous**.
>
> **2/** Dans la barre d'adresse de la boîte de dialogue **Enregistrer sous**, indiquez le chemin d'accès `C:\Users\Nom d'utilisateur\AppData\Roaming\Microsoft\Templates` (si vous êtes sous Vista ou Windows 7). Remplacez `Nom d'utilisateur` par votre propre nom d'utilisateur (en clair, le nom de la session que vous avez lancée). Appuyez sur [Entrée].
>
> **3/** Si vous êtes sous Windows XP, saisissez `C:\Documents and Settings\Votre_Nom\Application Data\Microsoft\Modèles\` dans la barre d'adresse de la boîte de dialogue **Enregistrer sous**. Remplacez `Votre_Nom` par votre nom d'utilisateur, puis appuyez sur [Entrée].
>
> **4/** Sélectionnez *Modèle Word* dans la liste déroulante *Type* puis cliquez sur **Enregistrer**.
>
> Désormais, votre modèle s'affichera dans Word sous la catégorie *Mes modèles* accessible après un clic sur **Nouveau** sous l'onglet **Fichier**.

● Intégrer un style dans un modèle

Lorsque vous travaillez sur un modèle de document, vous pouvez lui adjoindre un jeu de styles particulier de cette manière :

1/ Double-cliquez sur le modèle de document.

2/ Sous l'onglet **Accueil**, dans le groupe *Style*, cliquez sur **Modifier les styles**.

3/ Définissez le style que vous voulez lui associer, comme vu précédemment.

4/ Cliquez de nouveau sur **Modifier les styles** puis sélectionnez *Définir par défaut pour le modèle Nom du modèle*.

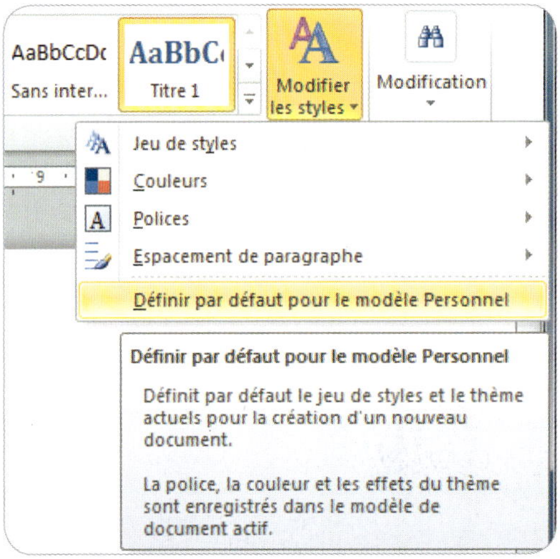

Attribution d'un jeu de styles à un modèle depuis le bouton Modifier les styles

Tous les documents créés à partir de ce modèle appliqueront le même jeu de styles.

Attention : si vous travaillez sur des modèles de document de type Word 97-2003, certaines fonctionnalités de Word 2010 ne seront pas accessibles.

Dans le prochain chapitre, nous verrons comment insérer et mettre en forme des tableaux.

6

Réaliser des tableaux

Rien ne vaut les tableaux pour organiser des données complexes, comparer différentes informations chiffrées ou non, etc. Leur conception a nettement progressé depuis la version 2007 de Word, avec l'apparition de styles prédéfinis et de fonctions telles que l'outil Dessiner un tableau. La mise en forme a également fait l'objet de quelques progrès significatifs, en particulier esthétiques.

AJOUTER UN TABLEAU

De la réalisation à l'insertion de tableaux à partir d'une feuille Excel en passant par les styles et modèles préformatés, Word 2010 s'inscrit clairement dans la continuité de son prédécesseur. Tout a été fait pour vous simplifier la tâche. Les tableaux permettent d'aérer le texte et de présenter des données plus clairement.

Pour cela, Word met à votre disposition plusieurs outils accessibles depuis le bouton **Tableau** situé sous l'onglet **Insertion** :

- **Insérer un tableau** : permet d'insérer un tableau en spécifiant le nombre de lignes et de colonnes voulu.
- **Dessiner un tableau** : permet de tracer à main levée un tableau complexe directement sur le document.
- **Convertir le texte en tableau** : convertit le texte sélectionné en tableau.
- **Feuille de calcul Excel** : insère une feuille de calcul Excel dans le document en tant qu'élément.
- **Tableaux rapides** : choisissez dans cette rubrique le tableau préformaté que vous souhaitez insérer dans le document.

Les différentes options d'ajout et de conversion d'un tableau

Insérer un tableau prédéfini

Word 2010 présente un certain nombre de tableaux préformatés contenant des exemples types que vous pouvez par la suite modifier librement. L'avantage de ces tableaux réside dans le fait qu'ils disposent d'une mise en page déjà élaborée tout en répondant à quelques besoins courants.

Pour insérer un tableau à partir d'un modèle prédéfini, procédez comme suit :

1/ Placez le curseur à l'endroit où vous souhaitez insérer le tableau.

2/ Sous l'onglet **Insertion**, dans le groupe *Tableaux*, cliquez sur le bouton **Tableau**.

3/ Positionnez le curseur sur la rubrique *Tableaux rapides* puis sélectionnez le modèle souhaité.

Quelques exemples de modèles prédéfinis de tableau

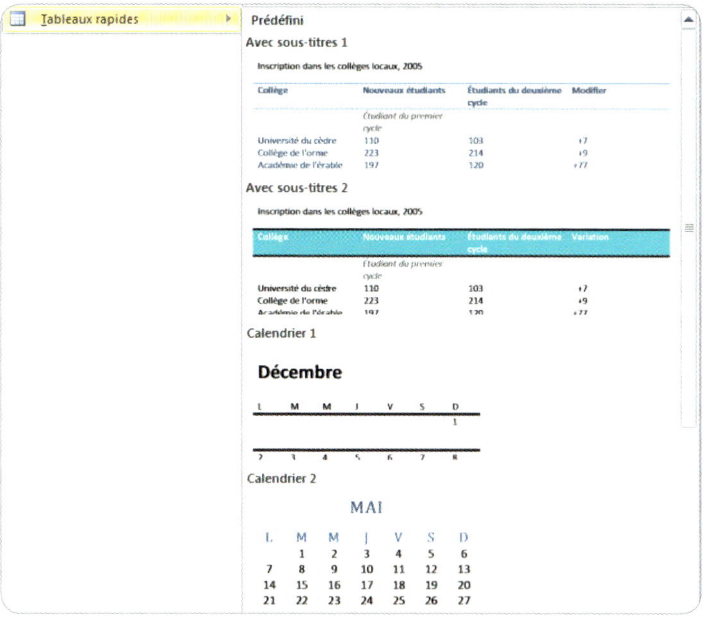

Lorsque vous naviguez dans la rubrique *Tableaux rapides*, chaque tableau préformaté présente un petit titre explicatif décrivant l'usage le plus adapté.

Astuce

Faire apparaître les informations annexes d'un tableau prédéfini

Quand vous recherchez un tableau parmi les modèles proposés dans la rubrique *Tableaux rapides*, vous pouvez afficher quelques informations relatives à la mise en forme de l'élément sélectionné.

1/ Sous l'onglet **Insertion**, dans le groupe *Tableaux*, cliquez sur **Tableau** puis pointez le curseur sur la rubrique *Tableaux rapides*.

2/ Placez le curseur sur l'un des items de la liste pendant quelques instants. Une info-bulle apparaît donnant quelques indications sur la mise en forme du tableau en question.

● Créer rapidement un tableau

Les tableaux prédéfinis ne sont pas adaptés à vos besoins ? Créez-en un de toutes pièces en quelques clics. Vous pourrez ainsi non seulement définir le nombre de lignes et de colonnes qu'il contient, mais aussi lui ajouter un style particulier par l'intermédiaire des nombreux styles prédéfinis de Word.

Commencez par ajouter un tableau à votre document. Deux solutions s'offrent à vous. Soit vous passez par la boîte de dialogue **Insérer un tableau** (pour un paramétrage précis), soit vous utilisez les cases de la rubrique *Insérer un tableau* (solution adaptée à un tableau standard de petite taille).

1/ Positionnez le curseur à l'endroit où vous voulez insérer le tableau.

2/ Sous l'onglet **Insertion**, dans le groupe *Tableaux*, cliquez sur le bouton **Tableau**.

3/ Si votre tableau est de petite taille, sous la rubrique *Insérer un tableau*, survolez les différentes cases et cliquez dessus pour valider votre choix. Votre sélection apparaît en orangé et l'aperçu du tableau s'affiche dans le document.

En faisant glisser la souris sur les cases, vous pouvez créer un tableau en un rien de temps

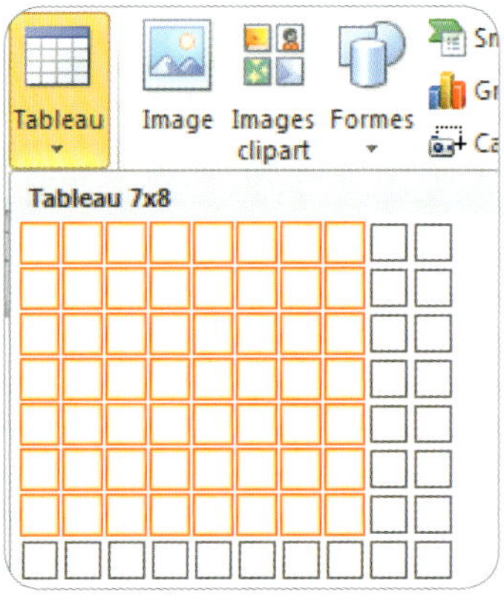

4/ Si vous souhaitez paramétrer plus finement votre tableau, sélectionnez la fonction **Insérer un tableau**.

5/ Dans la boîte de dialogue **Insérer un tableau**, indiquez le nombre de lignes et de colonnes souhaité dans les champs correspondants.

La boîte de dialogue Insérer un tableau permet de paramétrer certains éléments avant d'ajouter un tableau dans un document

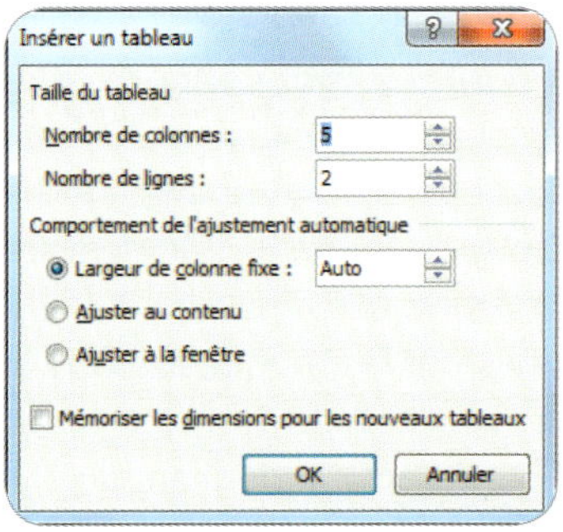

6/ Par défaut, les colonnes ont des largeurs identiques. Sous *Comportement de l'ajustement automatique*, choisissez les options voulues pour ajuster la taille du tableau.

7/ Cliquez sur OK.

Le tableau ainsi créé apparaît sous sa forme la plus abrupte. Vous pourrez par la suite le modifier.

Astuce

Déplacer le tableau

Vous pouvez positionner le tableau librement sur le document.

1/  Sélectionnez le tableau. Cette icône apparaît dans l'angle supérieur gauche.

2/ Cliquez sur la flèche à quatre pointes et, tout en maintenant le bouton gauche de la souris enfoncé, faites glisser le curseur à l'endroit où vous voulez placer le tableau.

● Ajouter un tableau à partir d'Excel

Les applications de la suite bureautique Microsoft Office interagissent entre elles de manière transparente. Il n'est pas rare de voir une ou plusieurs fonctionnalités d'un logiciel exploitées par l'autre. C'est le cas avec les tableaux Excel. Si vous désirez effectuer des opérations sur des données chiffrées ou encore insérer des graphiques, Word appelle Excel pour réaliser ces tâches.

Pour ajouter une feuille de calcul Excel dans Word, procédez de cette manière :

1/ Positionnez le curseur à l'endroit où vous souhaitez insérer le tableau.

2/ Sous l'onglet **Insertion**, dans le groupe *Tableaux*, cliquez sur le bouton **Tableau**.

3/ Sélectionnez **Feuille de calcul Excel**. Une fois la feuille insérée, le Ruban de Word change pour celui d'Excel.

4/ Saisissez vos données dans la feuille de calcul Excel puis appuyez sur Echap une fois cela fait.

Word permet d'insérer une feuille de calcul Excel dans un document

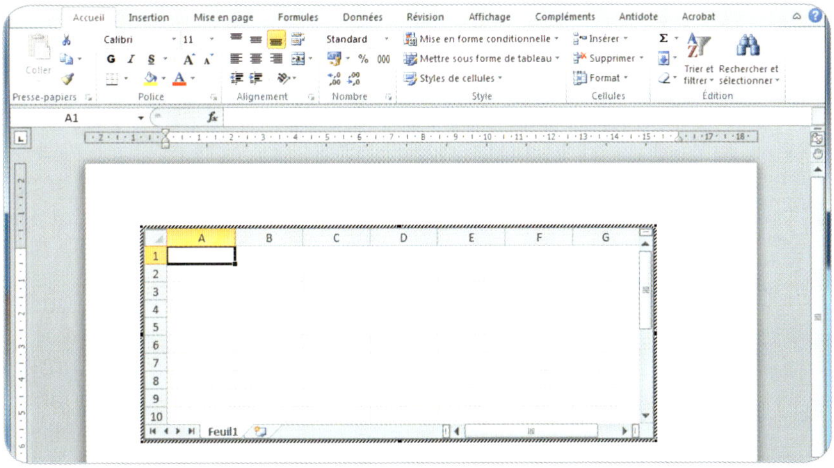

Pour modifier la feuille de calcul Excel, double-cliquez sur le tableau.

Office World

Excel
Développé à l'origine pour les ordinateurs Mac d'Apple, Excel est un puissant tableur permettant d'effectuer des calculs complexes, de trier des données et de concevoir des graphiques. Sa première version sort en 1985 sous Mac. Sa version Windows sortira deux ans plus tard. Excel s'impose en détrônant rapidement Lotus 1-2-3, son principal concurrent. Le tableur de Microsoft est intégré en standard dans Microsoft Office depuis la version 4.x de cette suite bureautique.

● Réaliser un tableau personnalisé

L'outil **Dessiner un tableau** permet de concevoir des tableaux complexes (contenant des cellules de hauteurs différentes ou un nombre de colonnes variable) en traçant d'abord le contour du tableau puis en délimitant les lignes et colonnes simplement à main levée sur le document.

1/ Cliquez à l'endroit où vous souhaitez dessiner le tableau.

2/ Sous l'onglet **Insertion**, dans le groupe *Tableaux*, cliquez sur **Tableau**.

3/ Cliquez sur **Dessiner un tableau**. Le pointeur se transforme en crayon.

4/ Pour définir les limites extérieures du tableau, tracez un rectangle.

5/ Dessinez ensuite les lignes et les colonnes à l'intérieur du rectangle.

Les différentes opérations de traçage d'un tableau avec l'outil Dessiner un tableau

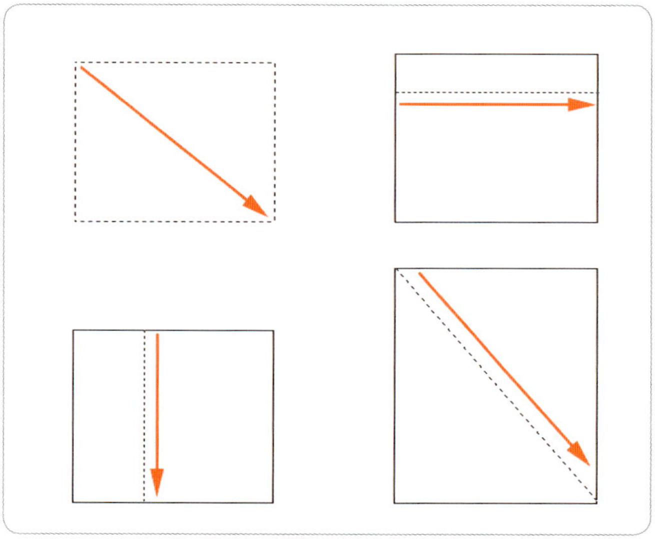

6/ Une fois le tableau tracé, cliquez dans une cellule et saisissez du texte ou insérez un graphique.

Astuce

Effacer un tracé dans un tableau

Pour effacer une ligne ou un bloc de lignes tracé par erreur, effectuez les opérations suivantes :

1/ Sélectionnez votre tableau. Sous l'onglet **Création**, dans le groupe *Traçage des bordures*, cliquez sur **Gomme** pour effacer les lignes d'un tableau.

2/ Sélectionnez la ligne que vous souhaitez effacer. Lorsque vous avez terminé, cliquez sur **Dessiner un tableau** pour continuer à tracer le tableau.

SAISIR DES DONNÉES

La saisie des données dans un tableau s'effectue de la même manière que lorsque vous écrivez du texte sous Word. À la différence notable que vous pouvez effectuer des calculs par l'intermédiaire d'une feuille de calcul Excel insérée dans Word.

● Ajouter du texte dans un tableau

La saisie de texte dans un tableau ne diffère pas foncièrement de la saisie traditionnelle dans un document. Les options de mise en forme du texte restent les mêmes. Pour saisir des données dans un tableau, procédez comme suit :

1/ Cliquez dans une cellule de votre tableau.

2/ Saisissez votre texte et mettez-le en forme.

*Pour cela, référez-vous au chapitre **Saisir le texte**.*

3/ Sous l'onglet **Disposition**, dans le groupe *Alignement*, cliquez sur le bouton **Orientation du texte** pour modifier l'orientation du texte de la cellule sélectionnée.

4/ De la même manière, vous pouvez aligner le texte différemment dans une cellule en sélectionnant l'une des options d'alignement situées dans le groupe *Alignement* de l'onglet **Disposition**.

Les options d'alignement permettent de placer le texte différemment dans une cellule (centré horizontalement et verticalement, aligné à droite et en bas…)

Astuce

Passer d'une cellule à l'autre

Pour passer d'une cellule à l'autre, appuyez sur la touche Tab.

Faire des calculs

Bien qu'il soit préférable d'utiliser une feuille de calcul Excel pour travailler sur des données chiffrées, Word intègre un outil de calcul plus ou moins performant, mais qui peut vous rendre quelques services pour peu que vous sachiez vous en servir.

Pour additionner des nombres contenus dans une ligne ou une colonne, procédez comme suit :

1/ Dans le tableau, cliquez sur la cellule où doit apparaître la somme.

2/ Sous l'onglet **Disposition**, dans le groupe *Données*, sélectionnez **Formules**.

3/ Si la cellule sélectionnée se trouve en bas d'une colonne de nombres, Word propose la formule `=SUM(ABOVE)`.

La boîte de dialogue Formule permet de réaliser des calculs simples dans un tableau

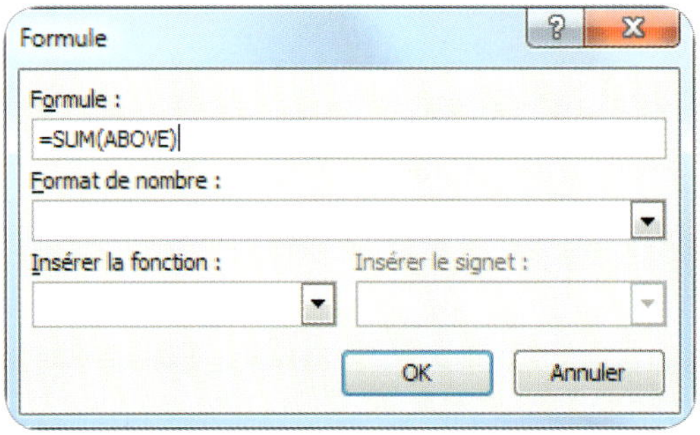

4/ Si la cellule sélectionnée se trouve à l'extrémité droite d'une ligne de nombres, Word propose la formule **`=SUM(LEFT)`**. Cliquez sur OK si cela vous convient.

La boîte de dialogue **Formule** permet également d'effectuer d'autres opérations. Pour insérer une autre formule, cliquez sur la liste déroulante *Insérer une fonction* et sélectionnez la formule qui vous convient. Par ailleurs, Word ne met pas à jour automatiquement les calculs. À chaque changement de données, vous devrez effectuer de nouveau les calculs. C'est pourquoi il est conseillé d'insérer une feuille de calcul Excel si vous souhaitez réaliser des opérations complexes.

● Trier les informations

Word propose une fonction de tri des données, qui peut s'avérer utile lorsque vous souhaitez organiser différemment les informations contenues dans les cellules d'un tableau. Vous pouvez également spécifier différents critères de tri.

Pour trier le contenu d'un tableau, procédez de cette manière :

1/  Cliquez sur le tableau puis sur cette icône représentant une flèche à quatre pointes située dans le coin supérieur gauche du tableau.

2/ Sous l'onglet **Disposition**, dans le groupe *Données*, cliquez sur **Trier**.

3/ Dans la boîte de dialogue **Trier**, cliquez sur la liste déroulante *1re clé* et sélectionnez le critère de tri.

4/ Sélectionnez le type dans la liste déroulante éponyme, puis cochez la case *Croissant* ou *Décroissant* selon ce que vous souhaitez.

L'outil Trier permet de d'organiser les données de votre tableau suivant plusieurs critères

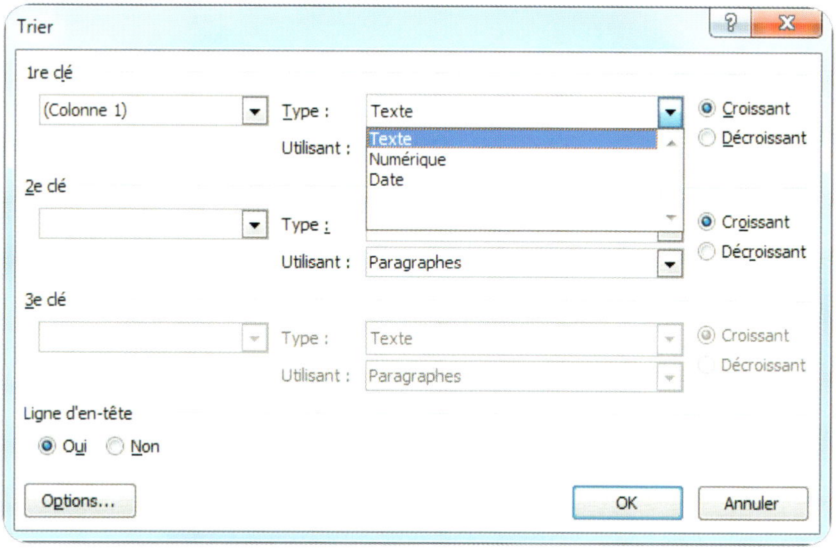

5/ Recommencez les étapes 3 et 4 pour indiquer d'autres critères de tri puis cliquez sur OK.

Word permet de réaliser un tri en fonction d'une colonne, et non du texte qu'il contient dans ses cellules, de cette manière :

1/ À l'aide de la souris, sélectionnez la colonne que vous souhaitez trier ou l'ensemble du tableau.

2/ Sous l'onglet **Disposition**, dans le groupe *Données*, cliquez sur **Trier**.

3/ Sous *Ligne d'en-tête*, cochez la case *Non*.

4/ Dans la liste déroulante *1re clé*, indiquez la colonne concernée.

5/ Cliquez sur la liste déroulante *Type* et indiquez le type de contenu que vous souhaitez trier parmi les trois choix proposés.

6/ Cochez la case *Croissant* ou *Décroissant* pour indiquer l'ordre de tri.

7/ Cliquez sur OK.

CONVERTIR UN TEXTE EN TABLEAU, ET VICE-VERSA

Word offre la possibilité de convertir un texte en tableau et un tableau en texte. Une fonctionnalité utile lorsque vous vous apercevez que vos données auraient un impact bien plus grand dans un tableau, ou inversement au sein d'un paragraphe.

Pour convertir un texte en tableau, procédez comme suit :

1/ Commencez par séparer votre texte par des tabulations via la touche [Tab] afin d'indiquer ou de scinder le texte en colonnes. Les retours à la ligne via la touche [Entrée] marquent l'endroit où il faut commencer une nouvelle ligne.

2/ Sélectionnez le texte à convertir.

3/ Sous l'onglet **Insertion**, dans le groupe *Tableaux*, cliquez sur **Tableau**, puis sur **Convertir le texte en tableau**.

4/ Dans la boîte de dialogue **Convertir le texte en tableau**, sous *Séparer le texte au niveau des*, sélectionnez l'option correspondant au caractère de séparation qui figure dans votre texte.

La boîte de dialogue Convertir le texte en tableau

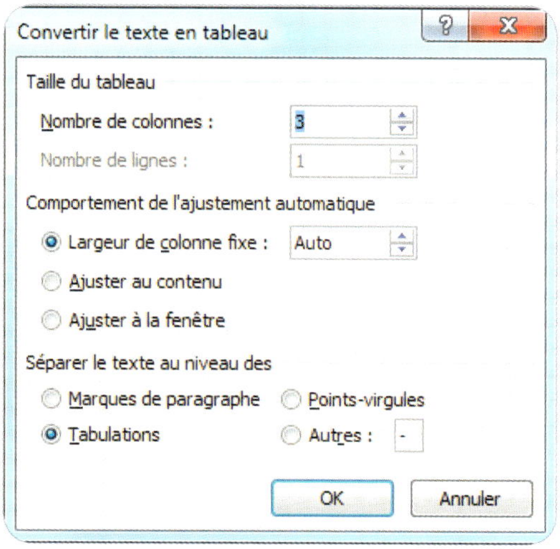

5/ Dans la zone *Nombre de colonnes*, vérifiez le nombre de colonnes puis cliquez sur OK.

La procédure inverse s'effectue par le biais de l'option **Convertir en texte** située sous l'onglet **Disposition**. Cet onglet n'est disponible que si vous sélectionnez au préalable un tableau.

1/ À l'aide de la souris, sélectionnez les lignes ou le tableau à convertir en texte.

2/ Sous l'onglet **Disposition**, dans le groupe *Données*, cliquez sur **Convertir en texte**.

La conversion d'un tableau en texte s'effectue depuis la boîte de dialogue Convertir le tableau en texte

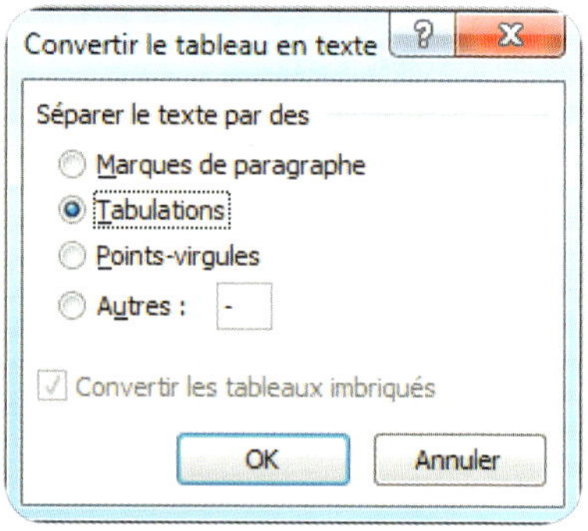

3/ Dans la boîte de dialogue **Convertir le tableau en texte**, sous la rubrique *Séparer le texte par des*, cliquez sur l'option correspondant au caractère de séparation que vous souhaitez utiliser à la place des limites des colonnes. Cliquez sur OK.

Il est plus facile d'utiliser les tabulations que les autres marques de séparation, telles que les points-virgules ou encore les tirets. En outre, les tabulations permettent de mieux saisir le texte par la suite.

Raccourci

De l'utilité des tabulations

Lors de la conversion d'un texte en tableau, il est vivement conseillé de séparer les données par des caractères spéciaux tels que :

- Tab : permet d'indiquer ou de diviser le texte en colonnes.
- Entrée : indique où commencer une nouvelle ligne.

METTRE EN FORME UN TABLEAU

Un tableau permet d'accroître l'impact visuel des informations contenues dans un document. Encore faut-il qu'il soit attrayant ! Word dispose de plusieurs outils permettant d'ajouter des lignes et des colonnes, d'insérer des bordures ou encore d'affecter une couleur de remplissage aux cellules.

Insérer des lignes, des colonnes

Votre tableau manque de lignes ou de colonnes ? Word intègre des fonctions qui vont régler le problème. Elles sont accessibles sous l'onglet **Disposition** ou depuis le menu contextuel du tableau (que vous ouvrez en cliquant sur ce dernier du bouton droit).

Word dispose de quatre fonctions permettant d'ajouter des lignes et des colonnes. Elles se situent sous l'onglet **Disposition** dans le groupe *Lignes et colonnes* :

- **Insérer au-dessus** insère une ligne au-dessus de la cellule sur laquelle vous avez cliqué.
- **Insérer en dessous** ajoute une ligne en dessous de celle sélectionnée.
- **Insérer à gauche** insère une colonne à gauche de celle sélectionnée.
- **Insérer à droite** ajoute une colonne à droite de celle sur laquelle vous avez cliqué.

Les quatre modes d'insertion de lignes et de colonnes

Pour ajouter une ligne ou une colonne, réaliser les opérations suivantes :

1/ Cliquez sur une cellule du tableau, à l'endroit où vous souhaitez ajouter une ligne ou une colonne.

2/ Sous l'onglet **Disposition**, allez dans le groupe *Lignes et colonnes* et cliquez sur l'un de ces boutons : **Insérer au-dessus**, **Insérer en dessous**, **Insérer à gauche** ou **Insérer à droite**.

En sélectionnant plusieurs lignes ou colonnes d'un tableau puis en effectuant les mêmes opérations que pour insérer une ligne ou une colonne dans un tableau, vous ajouterez autant de lignes ou de colonnes que vous en avez sélectionnées au départ.

Astuce

Supprimer une ligne ou une colonne facilement

Pour supprimer une ligne ou une colonne rapidement, procédez comme suit :

1/ Sélectionnez la ligne ou la colonne à effacer.

2/ Cliquez du bouton droit sur votre sélection et cliquez sur **Supprimer la ligne** ou **Supprimer la colonne** dans le menu contextuel qui s'affiche.

Word permet d'ajouter une cellule.

1/ Dans le tableau, cliquez sur la cellule à côté de laquelle vous souhaitez ajouter une autre cellule.

2/ Sous l'onglet **Disposition**, cliquez sur la flèche en regard du groupe *Lignes et colonnes*.

3/ Dans la boîte de dialogue **Insérer des cellules**, cochez l'option de votre choix et cliquez sur OK.

La boîte de dialogue Insérer des cellules

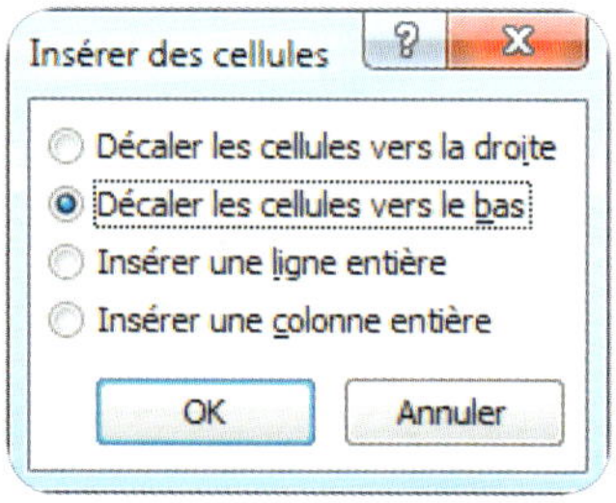

Word permet également de supprimer une cellule.

1/ Cliquez du bouton droit sur la cellule à supprimer.

2/ Dans le menu contextuel, cliquez sur **Supprimer les cellules**. Dans la boîte de dialogue **Supprimer les cellules**, cochez l'option qui vous convient. Les cellules seront alors déplacées vers le haut, le bas, la droite ou la gauche de votre tableau.

Astuce

Modifier la largeur et la hauteur d'une cellule

Pour changer la hauteur ou la largeur d'une cellule, procédez comme suit :

1/ Cliquez sur la cellule concernée.

2/ Sous l'onglet **Disposition**, dans le groupe *Taille de la cellule*, indiquez une valeur (en cm) dans les zones *Largeur* et *Hauteur*. Appuyez sur [Entrée] pour appliquer la modification.

Il est possible d'ajuster la taille au contenu de la cellule. Pour ce faire, allez dans l'onglet **Disposition**. Sous le groupe *Taille de la cellule*, cliquez sur **Ajustement automatique** puis sélectionnez *Ajustement automatique du contenu*.

● Fractionner, fusionner le tableau

Tout comme Excel, Word offre la possibilité de scinder une cellule en deux et de fractionner un tableau en plusieurs parties indépendantes. De même, il est possible de fusionner ces éléments afin d'améliorer l'aspect global d'un tableau et de lui donner un certain cachet.

Pour fractionner une ou plusieurs cellules, procédez de cette manière :

1/ Sélectionnez la ou les cellules à diviser en deux parties égales.

2/ Sous l'onglet **Disposition**, dans le groupe *Fusionner*, cliquez sur **Fractionner les cellules**.

Pour fractionner un tableau, suivez ces étapes :

1/ Cliquez sur la cellule à partir de laquelle vous voulez séparer le tableau.

2/ Sous l'onglet **Disposition**, dans le groupe *Fusionner*, cliquez sur **Fractionner le tableau**. La séparation s'effectue vers le haut de la cellule sélectionnée.

Les outils de fusion et de fractionnement de Word

Pour fusionner des cellules, rien de plus simple :

1/ Sélectionnez les cellules à regrouper.

2/ Sous l'onglet **Disposition**, dans le groupe *Fusionner*, cliquez sur **Fusionner les cellules**.

Si vous souhaitez regrouper un tableau fractionné en une seule et même entité, il suffit de supprimer le retour à la ligne séparant le premier tableau du second via la touche [Retour Arrière] ou [Suppr].

Définir des bordures et trames

L'utilisation de bordures et de trames de fond améliore l'aspect visuel des tableaux. À l'heure actuelle, les bordures commencent à être délaissées au profit des trames de fond. Celles-ci permettent de mieux distinguer les différentes données d'un tableau sans perturber la lecture, à l'instar des bordures aux traits plus ou moins fins.

L'ajout de bordures à un tableau peut s'effectuer de deux manières :

- soit par le biais du bouton **Bordures**, qui génère des bordures uniformes ;
- soit par l'intermédiaire de l'outil **Dessiner un tableau**, qui offre plus de souplesse.

Pour ajouter des bordures à un tableau, procédez de cette façon :

1/ Sélectionnez la totalité ou seulement la partie du tableau à laquelle vous allez ajouter les bordures.

2/ Sous l'onglet **Création**, dans le groupe *Traçage des bordures*, cliquez sur la liste déroulante *Style du stylo* puis sélectionnez le type de trait désiré.

3/ Toujours au même endroit, cliquez sur la liste déroulante *Couleur du stylet* et sélectionnez la teinte de votre choix.

4/ Sous l'onglet **Création**, dans le groupe *Styles de tableau*, cliquez sur la flèche en regard du bouton **Bordures**. Sélectionnez un type de bordure, par exemple *Toutes les bordures*. Cet outil va vous permettre de dégrossir un peu votre tableau.

Les types de bordures applicables depuis le bouton Bordures

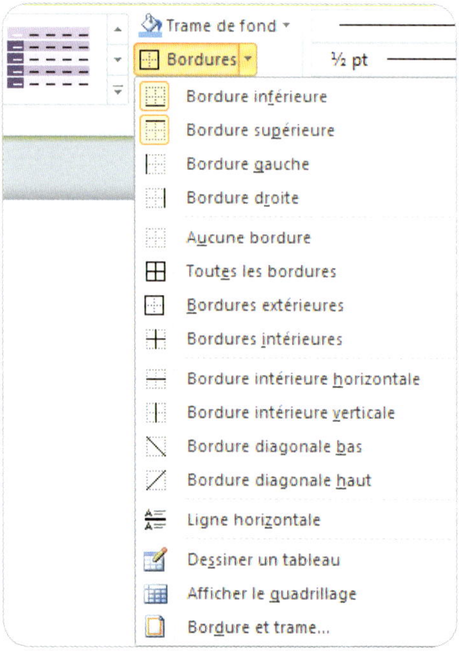

5/ Pour la finition, allez sous l'onglet **Création**. Dans le groupe *Traçages des bordures*, cliquez sur **Dessiner un tableau**.

6/ Sélectionnez la couleur et le type de trait à affecter à certaines parties de votre tableau via les listes déroulante *Style du stylo* et *Couleur du stylet*. Sélectionnez également une épaisseur de trait via la liste déroulante *Épaisseur du stylo*.

Les outils du groupe Traçage des bordures

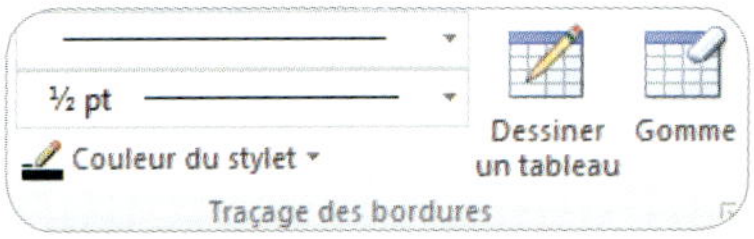

7/ Une fois cela fait, cliquez avec le stylo sur les parties du tableau auxquelles vous souhaitez ajouter une bordure.

8/ Recommencez les opérations 6 et 7 pour agrémenter votre tableau d'autres types de bordures.

Astuce

Accéder aux options avancées de bordure et de trame

Word dispose de nombreuses fonctionnalités permettant de créer des effets élaborés tant au niveau des bordures que des trames. Pour accéder à ces outils, procédez de cette manière :

1/ Sous l'onglet **Création**, cliquez sur l'icône en regard du groupe *Traçages des bordures*.

2/ La boîte de dialogue **Bordure et trame** s'affiche alors. Modifiez les différents paramètres de bordure et de trame en naviguant dans les différentes options proposées. Cliquez sur OK pour appliquer les modifications.

L'ajout de trame de fond à un tableau se réalise plus traditionnellement. Veillez à ce que les couleurs sélectionnées s'harmonisent bien entre elles tout en ne nuisant pas à la lisibilité du texte. Pour ajouter une trame de fond, procédez comme suit :

1/ Sélectionnez la portion de votre tableau à laquelle vous voulez ajouter une trame de fond.

2/ Sous l'onglet **Création**, dans le groupe *Styles de tableau*, cliquez sur **Trame de fond**.

3/ Sélectionnez la teinte désirée pour l'appliquer à votre sélection.

Les couleurs présentes par défaut dans la trame de fond dépendent du jeu de couleurs sélectionné.

● Utiliser, modifier et créer des styles de tableau

Word dispose de styles permettant de changer en un rien de temps l'aspect d'un tableau. À l'instar des autres fonctionnalités de l'application, il est possible de les personnaliser et de créer son propre style.

Pour appliquer un style de mise en forme à un tableau, effectuez les opérations suivantes :

1/ Cliquez sur le tableau nouvellement créé.

2/ Allez sous l'onglet **Création**. Dans le groupe *Styles de tableau*, sélectionnez un style parmi ceux proposés.

Les styles de tableaux prédéfinis

3/  Pour visualiser l'ensemble des styles prédéfinis, cliquez sur cette icône.

Chaque style prédéfini dispose d'options permettant quelques ajustements de mise en page. Pour cela, il suffit de cocher ou de décocher les cases situées sous l'onglet **Création** dans le groupe *Options de style de tableau*. Pour accéder à cet onglet, sélectionnez au préalable le tableau en cliquant dessus.

Les options de style de tableau permettent d'adapter certains aspects de la mise en forme du style appliqué

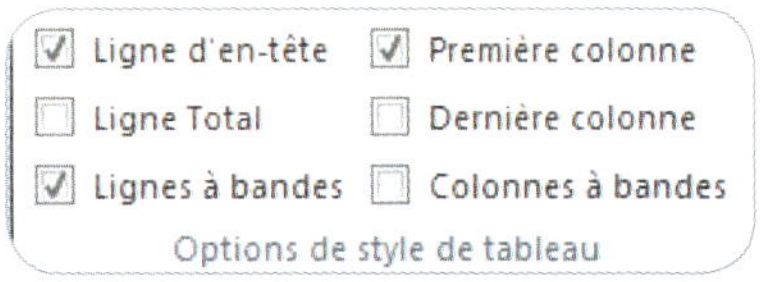

Si aucun style ne vous convient et que vous souhaitiez en créer un de toutes pièces, Word dispose d'un puissant outil de conception de styles de tableau. Cette fonctionnalité reste un passage obligatoire pour ceux qui veulent créer leur propre modèle de tableau prédéfini.

1/ Sélectionnez ou créez un tableau quelconque afin d'accéder à l'onglet **Création**.

2/  Sous l'onglet **Création**, dans le groupe *Styles de tableau*, cliquez sur cette icône afin d'ouvrir la galerie de styles.

3/ Sélectionnez **Nouveau style de tableau**.

4/ Dans la boîte de dialogue **Créer un style à partir de la mise en forme**, donnez un nom à votre nouveau style de tableau en le saisissant à la ligne éponyme.

5/ Cliquez sur la liste *Appliquer la mise en forme à* et sélectionnez la partie du tableau à mettre en forme, par exemple *Ligne d'en-tête*.

La boîte de dialogue Créer un style à partir de la mise en forme permet de créer des styles de tableau personnalisés

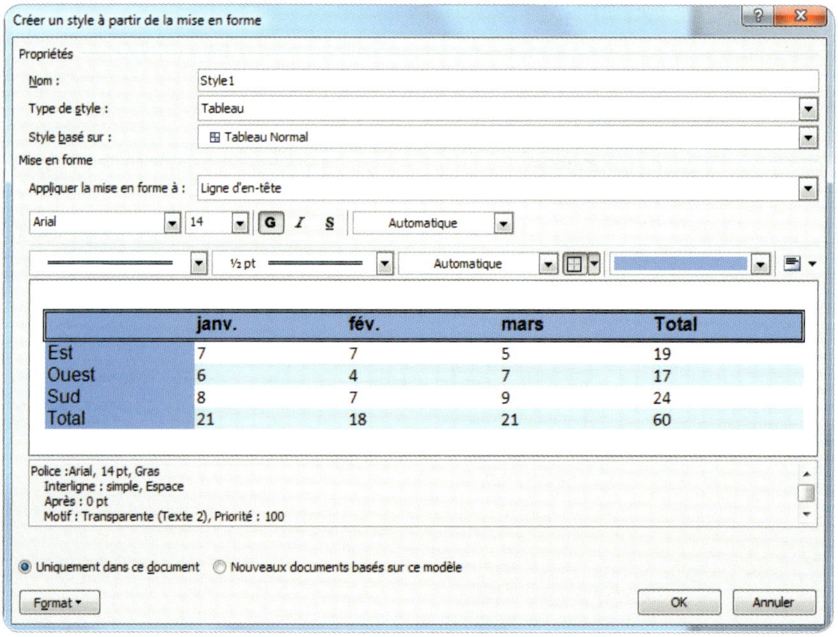

6/ Cliquez sur les listes déroulantes *Type de trait*, *Épaisseur de trait* et *Couleur de bordure* pour spécifier le style du trait, son épaisseur et la couleur de la bordure.

7/ Cliquez sur le bouton **Bordure** et appliquez la bordure voulue.

8/ Pour appliquer une trame de fond sur l'élément sélectionné, cliquez sur la liste déroulante *Couleur de remplissage* et sélectionnez une couleur.

9/ En cliquant sur le bouton **Alignement** situé à côté de la liste *Couleur de remplissage*, vous pouvez indiquer la position de votre texte dans l'élément sélectionné.

10/ Recommencez les opérations 5 à 9 pour chaque élément du tableau que vous souhaitez modifier.

11/ Cochez la case *Nouveaux documents basés sur ce modèle* pour que votre style de tableau soit rattaché au modèle de document Word (par défaut *Normal.dotm*), puis cliquez sur OK.

Vous pouvez également indiquer une police et différentes options de mise en forme de caractères pour chaque élément du tableau. Le nouveau modèle de tableau s'affiche désormais dans la galerie *Styles de tableau* sous la rubrique *Personnalisé*.

POSITIONNER UN TABLEAU DANS UNE PAGE

Un tableau, comme n'importe quel autre élément inséré dans Word (image, clipart, graphique, diagramme…), peut se déplacer librement sur la page. L'application permet toutefois de le positionner plus précisément, par exemple de le centrer horizontalement.

Pour ce faire, vous devez accéder aux propriétés du tableau.

1/ Sélectionnez le tableau à déplacer.

2/ Sous l'onglet **Disposition**, dans le groupe *Tableau*, cliquez sur **Propriétés**.

3/ Dans la boîte de dialogue qui s'affiche, cliquez sur l'onglet **Tableau**. Sous la rubrique *Alignement*, cliquez sur la position voulue parmi les trois choix proposés (*Gauche*, *Centré*, *Droite*).

Les différentes options d'alignement et d'habillage d'un tableau

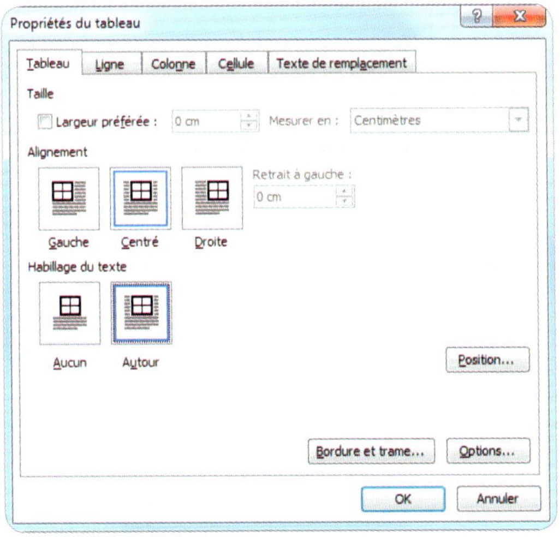

4/ Via l'option *Habillage du texte*, vous pouvez faire en sorte que le texte s'inscrive autour du tableau en cliquant sur *Autour*. Cliquez sur OK.

Au chapitre suivant, nous verrons comment insérer des éléments graphiques dans Word.

7

Ajouter des éléments graphiques

Les éléments graphiques jouent un rôle considérable dans un document. Ils permettent à la fois d'espacer le texte, d'en rendre l'aspect plus attrayant et de clarifier certaines informations. Word facilite leur insertion, leur mise en forme, voire leur retouche. Cerise sur gâteau, il dispose de quelques fonctionnalités permettant de réaliser des graphiques de qualité professionnelle.

DESSINER AVEC WORD

Les fonctions graphiques sont quasiment omniprésentes dans Word. Ce logiciel dispose de multiples outils permettant non seulement d'insérer différents types d'illustrations, mais aussi de les modifier, de les retoucher. Vous pouvez en outre effectuer des captures d'écran !

● Utiliser les formes

Dessiner avec Word, c'est possible ! Grâce à l'utilisation des formes, ces objets graphiques prédéfinis pouvant être redimensionnés à volonté sans perte notable de qualité. En les associant les unes aux autres, vous pouvez créer des illustrations et des schémas de bonne qualité.

Pour commencer à dessiner, procédez comme suit :

1/ Sous l'onglet **Insertion**, dans le groupe *Illustrations*, cliquez sur **Formes** et sélectionnez la forme de votre choix dans la galerie.

Le bouton Formes contient plusieurs styles de formes prédéfinis modifiables à volonté

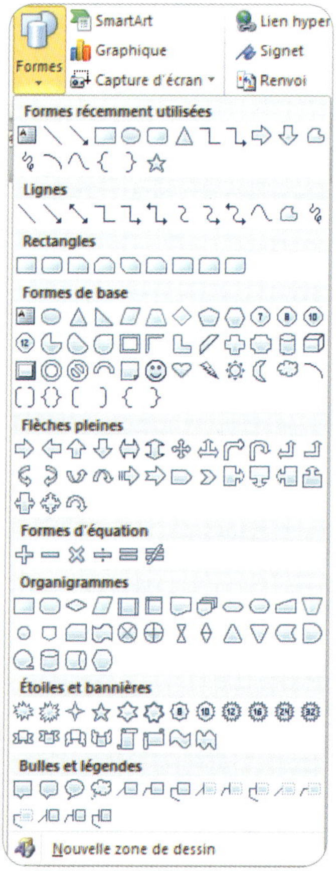

2/ Dans la zone de dessin, faites glisser le curseur afin d'appliquer la forme sélectionnée.

3/ Pour appliquer un style à une forme, rendez-vous sous l'onglet **Format**. Dans le groupe *Styles de formes*, déplacez le pointeur sur un style pour visualiser l'aspect de la forme après l'application de ce style. Cliquez sur le style pour l'appliquer.

4/ Vous pouvez également cliquer sur **Remplissage de forme**, **Contour de forme** ou **Effets de forme** et sélectionnez les options de votre choix.

Office World

La barre d'outils Dessin

Depuis Word 2007, la barre d'outils *Dessin* a pris sa retraite au profit d'une nouvelle interface censée être plus intuitive. Les onglets intelligents remplacent désormais certaines barres d'outils présentes dans Word 2003 et les versions antérieures. Le but de l'opération : optimiser l'espace de travail pour une plus grande productivité. Ces onglets intelligents apparaissent à la suite des autres onglets.

Modifier les formes

Chaque forme peut être librement modifiée. En effet, Word permet de déplacer la forme sélectionnée, de la redimensionner ou encore de lui appliquer une rotation.

1/ Sélectionnez la forme à déplacer, à redimensionner ou à faire pivoter.

2/ Positionnez le curseur sur la forme jusqu'à ce qu'apparaisse une icône représentant quatre flèches. À ce moment, tout en maintenant le bouton gauche de la souris enfoncé, cliquez sur la forme et faites glisser le curseur jusqu'à l'endroit voulu.

3/ Lorsque vous cliquez sur une forme, des poignées de redimensionnement symbolisées par des rectangles et ronds blancs s'affichent. Cliquez sur l'un d'entre eux et faites glisser le curseur jusqu'à obtenir la taille voulue.

Les poignées de redimensionnement sont symbolisées par les ronds et rectangles blancs tandis que le bouton de rotation apparaît sous la forme d'un point vert

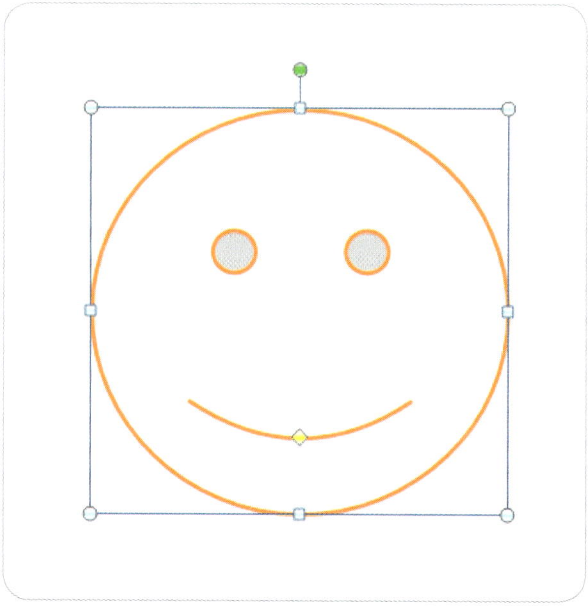

4/ Lors de la sélection d'une forme, un rond vert s'affiche. En cliquant dessus puis en déplaçant le curseur à gauche ou à droite, vous faites pivoter la forme sélectionnée.

> Astuce
>
> **Garder les proportions**
>
> Quand vous sélectionnez une forme via le bouton **Formes** de l'onglet **Insertion**, vous pouvez faire en sorte qu'elle garde ses proportions, ce qui permet de créer un cercle parfait ou encore un carré :
>
> **1/** Sélectionnez la forme de votre choix en cliquant sur le bouton **Formes** de l'onglet **Insertion**.
>
> **2/** Tout en maintenant la touche Maj enfoncée, tracez votre forme en faisant glisser le curseur sur le document.

Une option des plus intéressantes consiste à modifier la forme sélectionnée soit en la remplaçant par une autre forme, soit en déplaçant ses points-clés, voire en en ajoutant ou en en supprimant.

1/ Sélectionnez la forme à modifier.

2/ Sous l'onglet **Format**, dans le groupe *Insérer des formes*, cliquez sur **Modifier la forme**.

3/ Pointez le curseur sur la rubrique *Modifier la forme* et sélectionnez une autre forme dans la liste.

Vous pouvez remplacer une forme par une autre via le bouton Modifier la forme

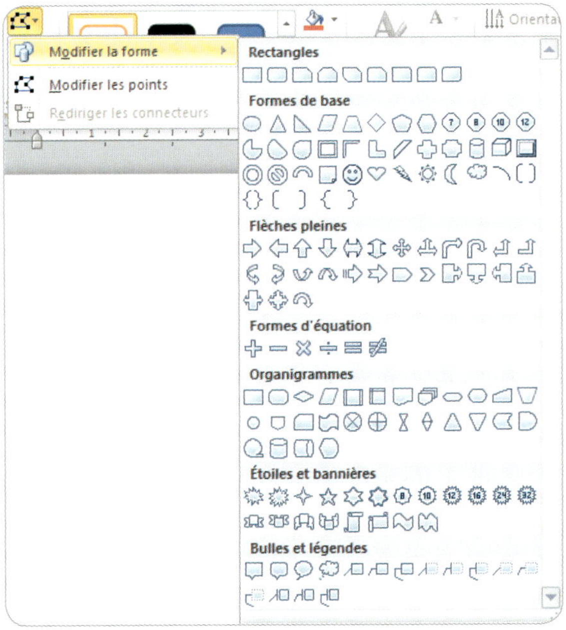

4/ Pour modifier l'aspect de la forme sélectionnée, allez sous l'onglet **Format** puis dans le groupe *Insérer des formes*, et cliquez sur **Modifier la forme**. Sélectionnez **Modifier les points**.

5/ Déplacez les points de la forme en cliquant dessus puis en les faisant glisser jusqu'à obtenir la forme voulue.

La modification et l'ajout d'autres points à une forme donnent des possibilités de dessin quasi infinies (ici, l'ajout d'un point à un rectangle)

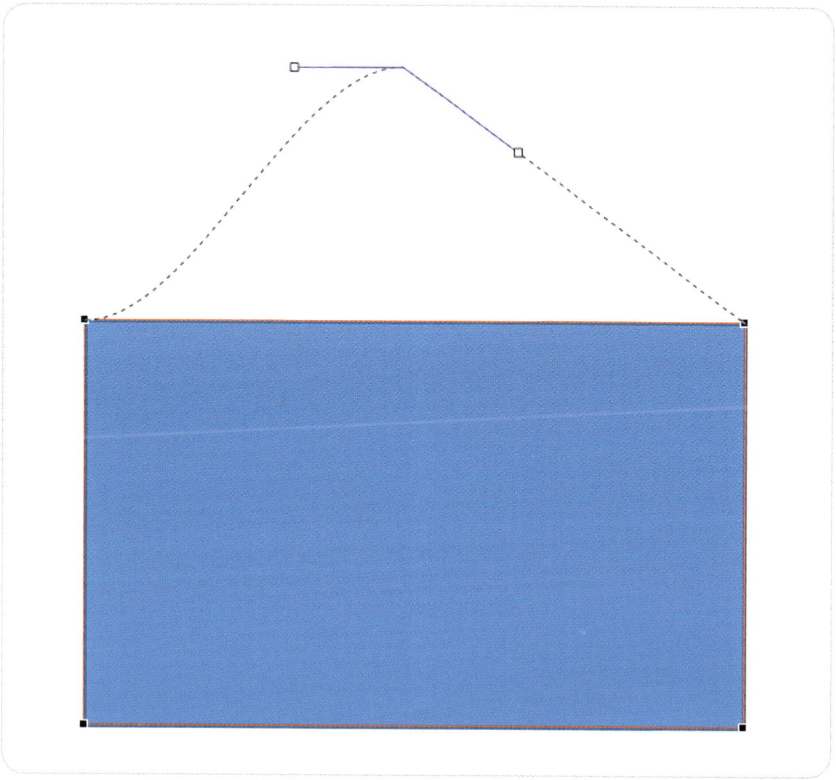

6/ Vous pouvez ajouter d'autres points en cliquant sur l'un des contours de la forme sélectionnée.

Astuce

Effacer un point d'une forme

Pour supprimer un point, rien de plus simple :

1/ Cliquez sur la forme puis, sous l'onglet **Format**, dans le groupe *Illustrations*, cliquez sur **Modifier la forme**. Sélectionnez **Modifier les points** dans le menu qui s'affiche.

2/ Placez votre curseur sur le point à effacer puis, tout en maintenant la touche Ctrl enfoncée, cliquez sur le point à supprimer.

● Organiser le dessin

Un dessin associe en général plusieurs formes. Word permet de regrouper (ou de dissocier) des formes, mais aussi de les positionner différemment les unes par rapport aux autres. De même, vous pouvez définir le mode d'habillage du dessin vis-à-vis du texte et l'aligner sur la page de multiples façons.

Les outils de positionnement, de regroupement et d'habillage sont situés dans le groupe Organiser de l'onglet Format

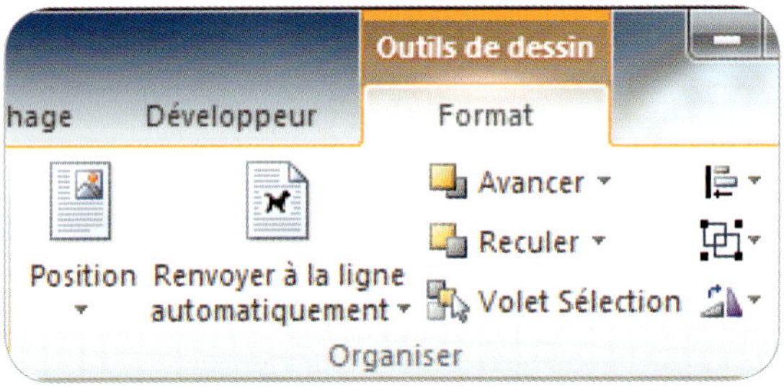

Pour positionner différents éléments d'un dessin les uns par rapport aux autres, procédez comme suit :

1/ Sélectionnez l'élément à positionner.

2/ Sous l'onglet **Format**, dans le groupe *Organiser*, cliquez sur la flèche située en regard du bouton **Avancer** ou **Reculer**.

3/ Sélectionnez dans le menu qui s'affiche l'option qui vous convient.

Les options **Avancer** et **Reculer** permettent de disposer plusieurs éléments juxtaposés de manière à les mettre en retrait ou en avant.

Une fois les éléments correctement disposés, il est parfois utile d'en regrouper certains afin de les déplacer tous en même temps par la suite ou de simplifier leur copie.

1/ Cliquez sur un élément du dessin. Sous l'onglet **Format**, dans le groupe *Organiser*, cliquez sur **Volet Sélection**. Le volet **Sélection et lisibilité** s'affiche à gauche de la fenêtre.

2/ Tout en maintenant la touche Ctrl enfoncée, sélectionnez les éléments à regrouper en cliquant sur leur nom dans le volet **Sélection et lisibilité**. Pour désélectionner un élément sélectionné par erreur, cliquez de nouveau dessus sans relâcher la touche Ctrl.

Le volet Sélection et lisibilité permet de sélectionner facilement les différentes formes

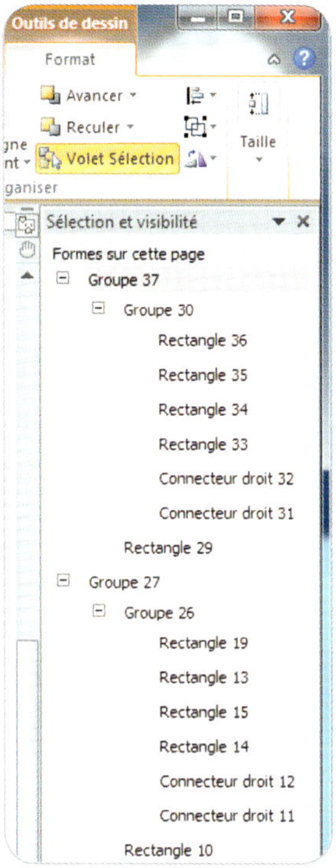

3/ Sous l'onglet **Format**, dans le groupe *Organiser*, cliquez sur **Grouper** et sélectionnez **Grouper** dans le menu qui s'affiche.

4/ Pour dissocier un élément déjà groupé, sélectionnez-le puis rendez-vous sous l'onglet **Format**. Dans le groupe *Organiser*, cliquez sur **Grouper** puis sur **Dissocier**.

Raccourci

Sélectionner plusieurs éléments facilement

Pour sélectionner des éléments distincts, maintenez enfoncée la touche Ctrl et cliquez sur les formes.

AJOUTER DES GRAPHIQUES

Que ce soit pour montrer la répartition d'une population, suivre l'évolution de vos dépenses d'une année sur l'autre ou encore communiquer clairement sur le volume des ventes d'une entreprise, les graphiques permettent d'illustrer vos propos de façon précise. Depuis Word 2007, ils sont entièrement intégrés à l'application.

Selon que vous avez installé Excel ou non, leur insertion et leur rendu diffèrent grandement :

- Si Excel est installé, Word utilise alors les fonctions avancées de ce logiciel en ouvrant une feuille Excel permettant à la fois de saisir les données et de mettre en forme de manière professionnelle le graphique. Le graphique ainsi créé est incorporé ensuite dans Word et ses données sont stockées dans une feuille de calcul Excel intégrée dans le fichier Word.

Si Excel n'est pas installé ou si le document sur lequel vous travaillez est enregistré dans un format antérieur à cette version et donc ouvert en mode de compatibilité (pour le vérifier, regardez en haut de la fenêtre si la mention « Mode de compatibilité » est indiquée à côté du nom d'enregistrement de votre fichier), Word utilise alors l'application Microsoft Graph au lieu d'Excel. Celle-ci propose moins d'options et les graphiques qu'elle produit ne disposent pas du même aspect visuel « moderne » que ceux issus d'Excel.

L'aspect visuel d'un graphique dépend de l'installation d'Excel : à gauche, un graphique créé à partir d'Excel, à droite, le même graphique créé via l'application Microsoft Graph

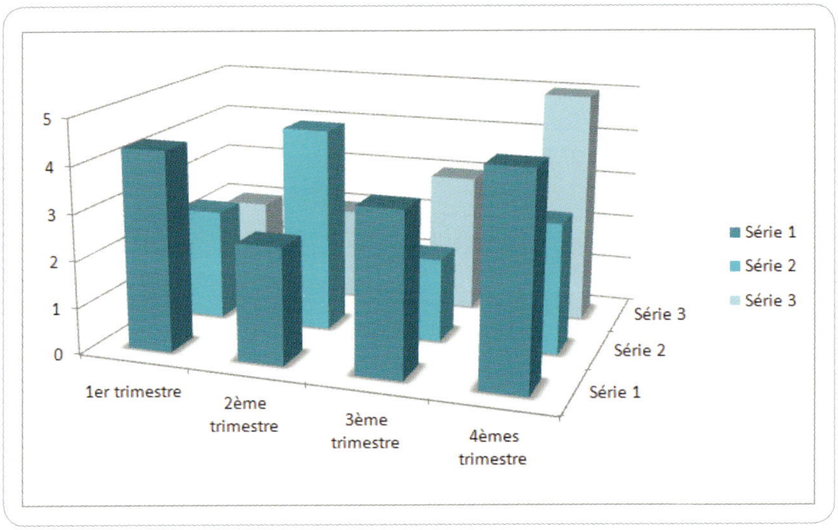

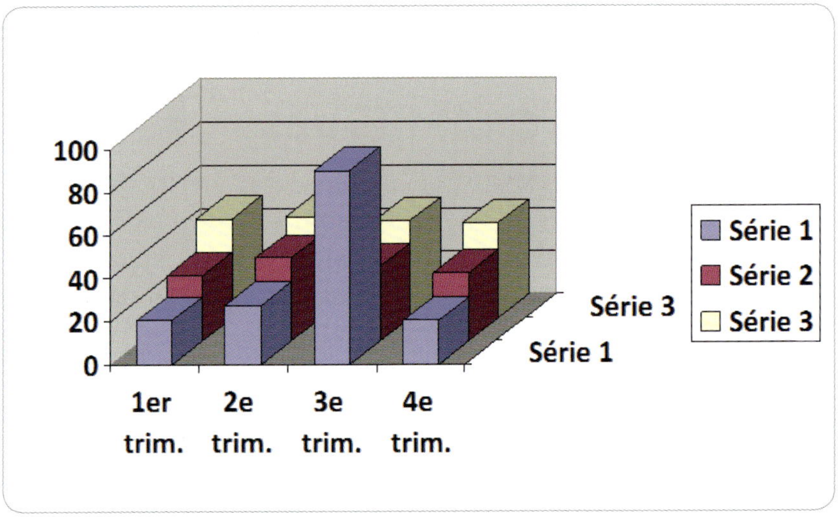

Il existe deux manières d'insérer un graphique sous Word :

- Soit vous l'incorporez dans le document par le biais du bouton **Graphique** situé dans le groupe *Illustrations* de l'onglet **Insertion**. La feuille de calcul Excel est alors intégrée au document Word.
- Soit vous collez un graphique Excel par l'intermédiaire de la commande **Coller** située sous l'onglet **Accueil** dans le groupe *Presse-papiers*. Dans ce cas, les données du graphique sont liées au document Word. Si vous souhaitez apporter des modifications sur ces dernières, il faudra opérer directement à partir de la feuille de calcul Excel d'origine, celle-ci n'étant pas incorporée dans le fichier Word.

● Saisir les données

Chaque graphique est généré à partir d'une table de données. Se présentant sous la forme d'un tableau, elle permet de définir les axes ainsi que les valeurs utiles et les légendes nécessaires à la conception d'un graphique.

Le choix et le rendu visuel du graphique diffèrent selon les deux critères suivants :

- si Excel est installé ou non ;
- si le document sur lequel vous travaillez provient d'une version antérieure de Word.

Dans ce second cas, l'application affiche la mention « Mode de compatibilité » dans le bandeau supérieur de la fenêtre.

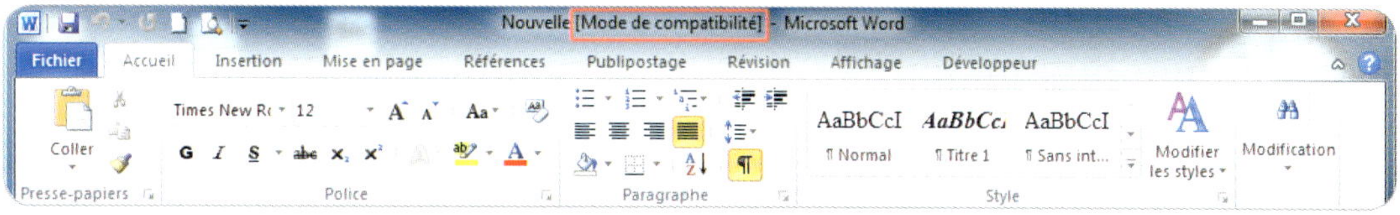

Si le document est issu d'une version antérieure de Word, la mention « Mode de compatibilité » s'affiche dans le bandeau supérieur de la fenêtre

Dans tous les cas, l'insertion d'un graphique s'effectue de la même manière : un clic sur **Graphique** sous l'onglet **Insertion**, dans le groupe *Illustrations*.

Si Excel est installé, procédez comme suit pour ajouter un graphique et modifier les données :

1/ Placez le curseur à l'endroit où vous souhaitez insérer le graphique.

2/ Sous l'onglet **Insertion**, dans le groupe *Illustrations*, cliquez sur **Graphique**.

3/ La boîte de dialogue **Insérer un graphique** s'affiche. Dans la colonne de droite, sélectionnez une catégorie de graphiques prédéfinis, choisissez celui qui vous convient, puis cliquez sur OK.

Les différentes catégories de graphiques

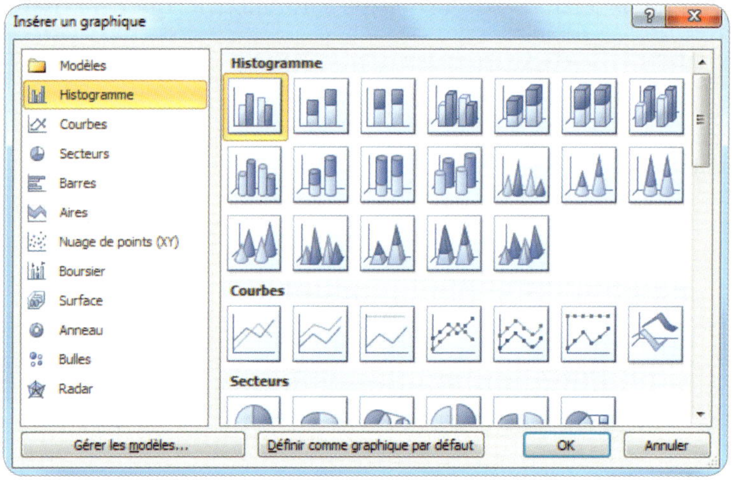

4/ Une feuille de calcul Excel s'ouvre. Dans le tableau proposé, modifiez les données par défaut en changeant les noms et les valeurs de chaque cellule.

5/ La sélection bleue représente la plage de données du graphique. Ne vous en souciez pas pour l'instant. Complétez votre tableau, quitte à sortir du champ de la plage de données définie initialement.

Le cadre bleu représente la plage de données sur laquelle se base le graphique

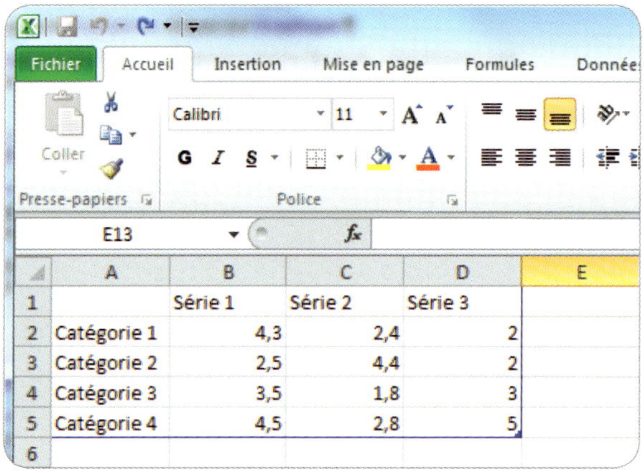

6/ Une fois vos données saisies, à l'aide de la souris faites glisser le coin inférieur droit de la plage de données de manière à ce qu'elle intègre toutes celles devant figurer dans le graphique.

7/  Fermez la feuille de calcul Excel en cliquant sur cette icône située dans le coin supérieur droit de la fenêtre.

Si Excel n'est pas installé ou si votre document est ouvert en mode de compatibilité, procédez comme suit :

1/ Placez le curseur à l'endroit où vous souhaitez insérer le graphique.

2/ Sous l'onglet **Insertion**, dans le groupe *Illustrations*, cliquez sur **Graphique**.

La saisie de données d'un graphique sous Microsoft Graph est nettement différente

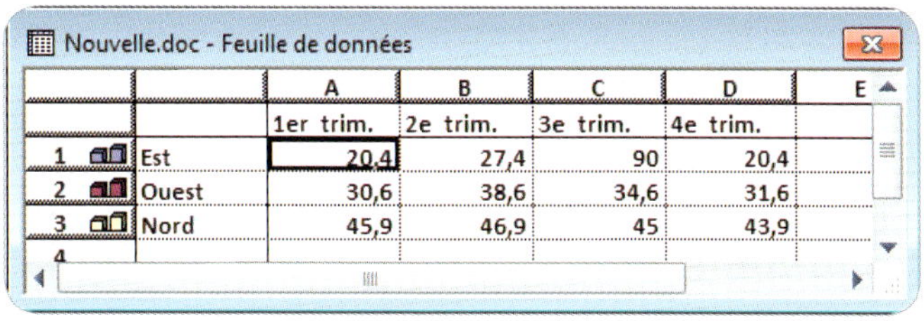

		A	B	C	D	E
		1er trim.	2e trim.	3e trim.	4e trim.	
1	Est	20,4	27,4	90	20,4	
2	Ouest	30,6	38,6	34,6	31,6	
3	Nord	45,9	46,9	45	43,9	
4						

3/ Une feuille de données s'affiche alors. Dans celle-ci, changez les différentes données et ajoutez-en au besoin en cliquant sur les autres cellules. Le graphique est modifié en conséquence.

4/ Pour changer le modèle de graphique, allez dans le menu **Graphique** et sélectionnez **Type de graphique**.

Les types de graphiques de Microsoft Graph

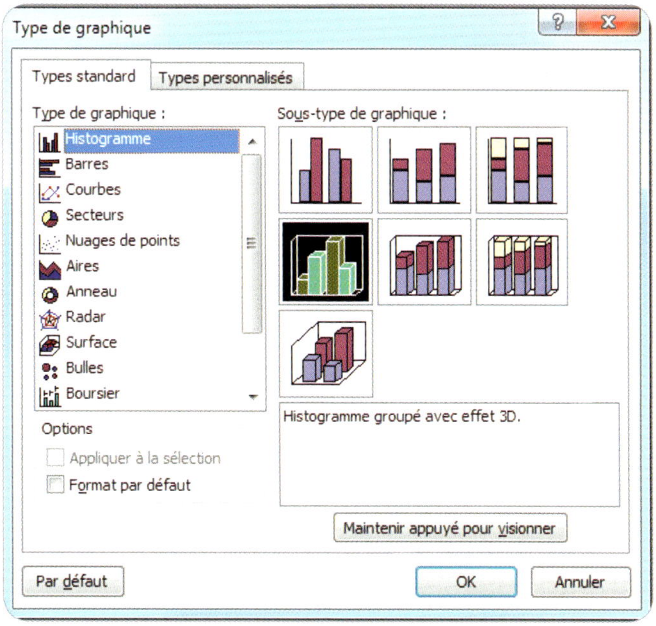

5/ Dans la boîte de dialogue **Type de graphique**, sous l'onglet **Standard**, choisissez une catégorie de graphiques dans la colonne de gauche *Type de graphique*. Dans la rubrique *Sous-type de graphique*, sélectionnez un modèle puis cliquez sur OK.

6/ Appuyez sur Echap ou cliquez sur une zone vierge de votre document pour quitter le mode de saisie de données.

Astuce

Retourner dans le mode Saisie de données

Selon que vous avez installé Excel ou pas, le retour au mode de saisie des données est différent.

- Si Excel est installé, cliquez sur votre graphique puis allez sous l'onglet **Création**. Dans le groupe *Données*, cliquez sur **Modifier les données**.
- Sinon, double-cliquez sur le graphique nouvellement créé.

Mettre en forme le graphique

Les graphiques insérés via Microsoft Graph présentent peu d'intérêt vu leur style dépassé de mode. Dans cette partie, nous allons nous consacrer à la mise en forme d'un graphique inséré depuis une feuille de calcul Excel.

Les options de mise en forme sont accessibles une fois le graphique sélectionné, sous les trois onglets suivants :

- **Création** : il contient les options de modification du type du graphique et permet d'appliquer des styles de mise en forme prédéfinis sur le graphique sélectionné.
- **Disposition** : c'est ici que vous pourrez ajouter ou masquer différents éléments, tels que les légendes, les étiquettes de données, le titre du graphique et des axes, etc.
- **Mise en forme** : cet onglet regroupe les options de mise en forme classiques (style de forme, remplissage, contour, effet…) permettant de personnaliser un élément du graphique.

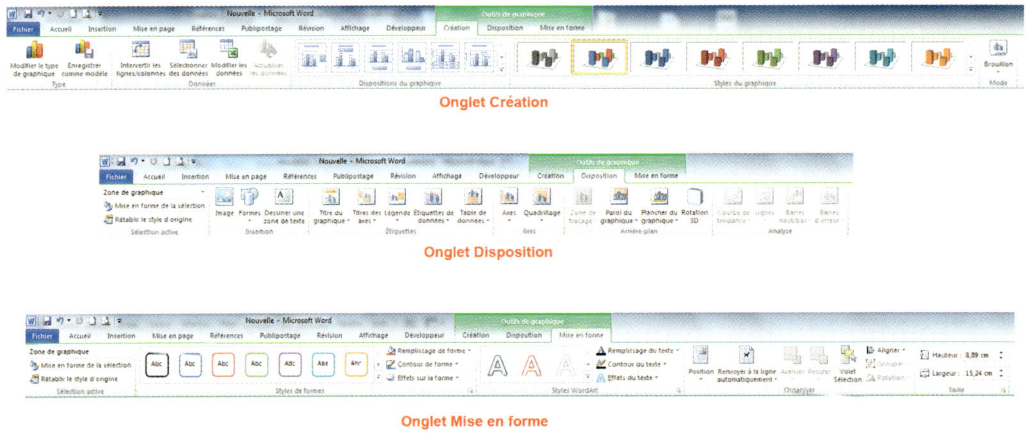

Les onglets Création, Disposition et Mise en forme

Pour mettre en forme rapidement un graphique, procédez de cette manière :

1/ Sélectionnez le graphique. Un cadre dénommé « zone de graphique » le délimite.

2/ Sous l'onglet **Création**, dans le groupe *Dispositions du graphique*, cliquez sur **Disposition rapide**.

Les différentes options de mise en page prédéfinies applicables à un graphique

3/ Sélectionnez une disposition dans la liste proposée.

4/ Toujours sous l'onglet **Création**, dans le groupe *Styles du graphique*, sélectionnez **Styles rapides**.

5/ Choisissez dans la galerie l'un des styles préformatés.

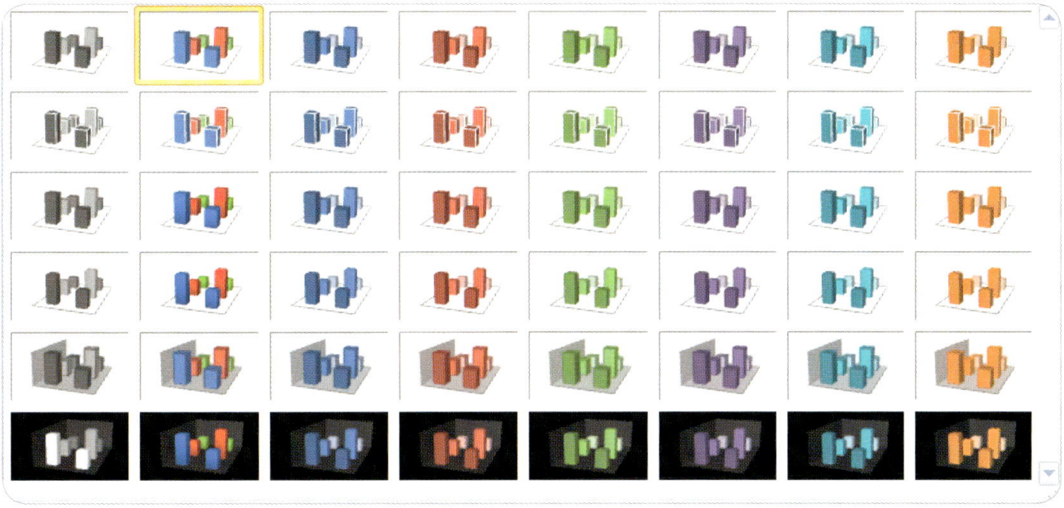

Les styles de graphique proposés par Word

Pour ajouter ou supprimer des éléments d'un graphique (titres, légendes, table de données…), procédez comme suit :

1/ Sélectionnez le graphique.

2/ Sous l'onglet **Disposition**, cliquez sur l'une des fonctions des groupes *Étiquettes*, *Axes* ou *Arrière-plan* et sélectionnez les éléments à afficher ou à masquer. Certaines de ses fonctions permettent de disposer les éléments du graphique différemment.

L'onglet **Mise en forme** permet de personnaliser l'aspect visuel des différents éléments d'un graphique de cette manière :

1/ Sélectionnez le graphique. Cliquez sur l'élément à modifier, par exemple une série de données ou un axe vertical.

2/ Sous l'onglet **Mise en forme**, dans le groupe *Styles de formes*, sélectionnez un style prédéfini.

3/ Si aucun style préformaté ne vous convient, cliquez sur les boutons **Remplissage de forme**, **Contour de forme** et **Effets sur la forme**. Sélectionnez les options de votre choix.

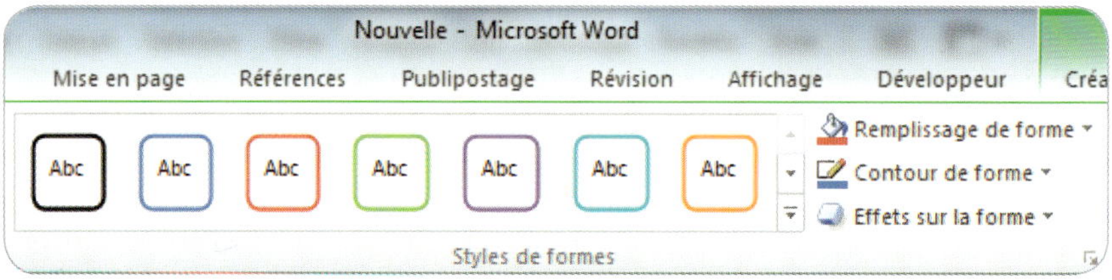

Les options de mise en forme d'un graphique

Astuce

Rétablir le style d'origine

Pour retrouver l'aspect d'origine d'un élément du graphique, procédez comme suit :

1/ Sélectionnez le graphique.

2/ Sous l'onglet **Mise en forme**, dans le groupe *Sélection active*, cliquez sur la liste déroulante *Éléments de graphique* et sélectionnez l'élément concerné. Pour réinitialiser le style global du graphique, sélectionnez *Zone de graphique*.

3/ Toujours dans le groupe *Sélection active*, cliquez sur **Rétablir le style d'origine**.

AJOUTER DES PHOTOS

Que ce soit pour illustrer un texte, embellir un document, les images sont incontournables. Word reconnaît les formats d'image les plus courants (JPEG, BMP, PNG, GIF) et dispose d'outils de mise en page et de retouche photo.

● Insérer des images

Une image permet d'illustrer les propos contenus dans un document ou simplement de l'embellir. Word reconnaît la plupart des formats d'image courants. L'ajout s'opère via l'onglet **Insertion**, dans le groupe *Illustrations*.

Pour insérer une image dans votre document, procédez de cette manière :

1/ Placez le curseur à l'endroit où vous souhaitez insérer l'image.

2/ Sous l'onglet **Insertion**, dans le groupe *Illustrations*, cliquez sur **Image**.

3/ Dans la boîte de dialogue **Insérer une image**, recherchez l'image à ajouter en naviguant dans vos différents dossiers. Sélectionnez-la puis cliquez sur **Insérer**.

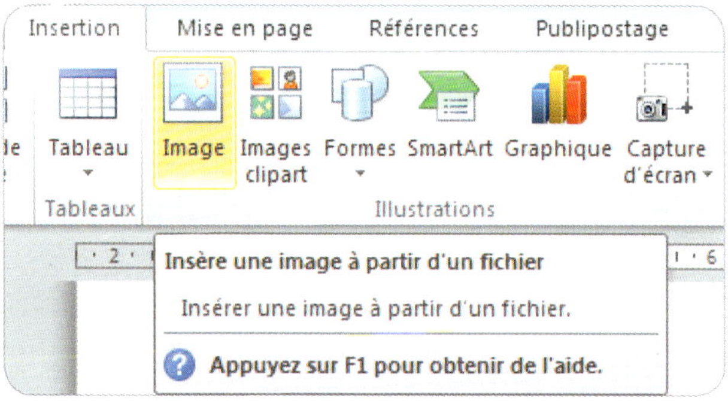

L'insertion d'une image sous Word s'effectue depuis le bouton Image

Astuce

Redimensionner une image

Pour réduire ou augmenter la taille d'une image sous Word, sélectionnez-la puis effectuer les opérations suivantes :

- Pour conserver un objet centré au même endroit, maintenez la touche Ctrl enfoncée et faites glisser la poignée de redimensionnement.
- Pour garder les proportions de l'objet, maintenez la touche Maj enfoncée, puis faites glisser la poignée de redimensionnement.
- Pour conserver à la fois les proportions de l'objet et le garder centré au même endroit, maintenez simultanément les touches Ctrl et Maj enfoncées, puis faites glisser la poignée de redimensionnement.

• Retoucher les images

Word intègre quelques outils de retouche permettant également d'affecter certains effets à une illustration. Ces options sont disponibles sous l'onglet **Format**, après la sélection de l'image.

Pour retoucher l'aspect visuel d'une image, procédez comme suit :

1/ Sélectionnez la photo.

2/ Sous l'onglet **Format**, dans le groupe *Ajuster*, cliquez sur le bouton **Corrections** et sélectionnez la correction souhaitée dans la galerie qui s'affiche.

Les options de correction d'une image

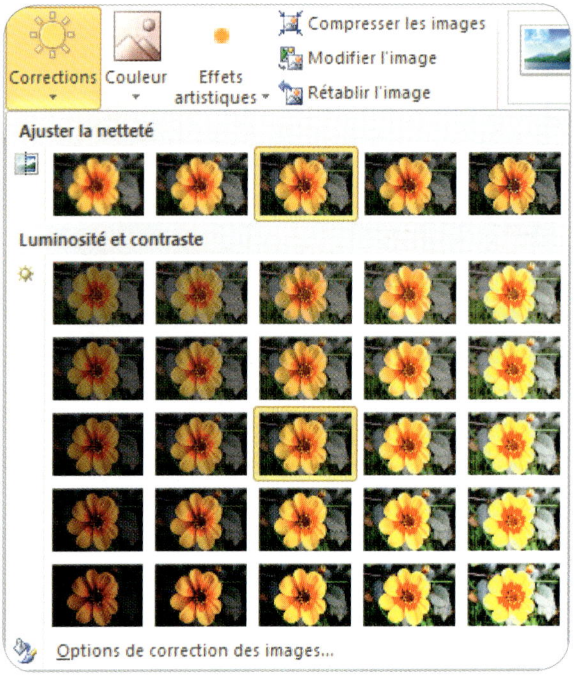

3/ Pour modifier la couleur d'une image, cliquez sur le bouton **Couleur** puis faites votre choix.

4/ Pour ajouter des effets sur l'image sélectionnée, cliquez sur **Effets artistiques** puis sur le type d'effet désiré dans la galerie qui s'affiche.

Astuce

Recadrer des images

Inutile de passer par un logiciel de retouche spécialisé, Word permet de recadrer une photo facilement de cette manière :

1/ Cliquez sur l'image à recadrer.

2/ Sous l'onglet **Format**, dans le groupe *Taille*, cliquez sur **Rogner** puis sélectionnez **Rogner**.

3/ Faites glisser l'une des poignées de rognage afin de délimiter la zone à recadrer.

Word permet de recadrer une image

Supprimer l'arrière-plan

L'une des principales innovations de Word 2010 est l'outil de suppression de fond d'une photo. Cette puissante fonctionnalité a ses limites. Si la photo à détourer contient trop de détails et ne se distingue pas du fond, vous n'obtiendrez pas de miracle.

1/ Cliquez sur l'image pour la sélectionner.

2/ Sous l'onglet **Format**, dans le groupe *Ajuster*, cliquez sur le bouton **Supprimer l'arrière-plan**.

Les outils de suppression d'arrière-plan

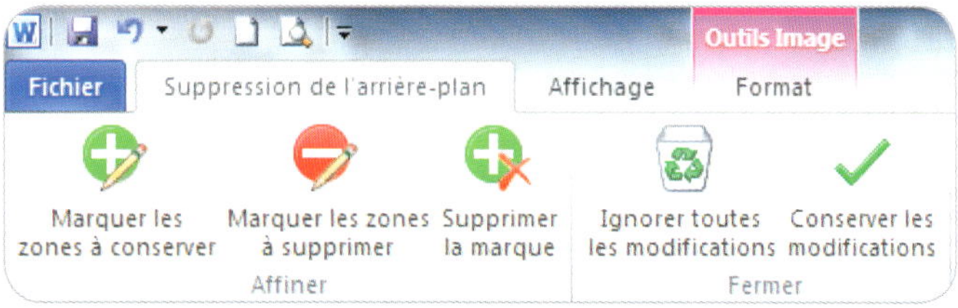

3/ Cliquez sur l'une des poignées de ligne de sélection représentées par des petits points blancs, puis faites-la glisser afin d'adapter le cadre à la zone à conserver. Toutes les zones s'affichant en rose sont supprimées.

4/ Pour indiquer les parties de l'image à conserver, cliquez sur **Marquer les zones à conserver**. À l'aide de la souris, tracez des lignes sur les zones à garder.

5/ L'outil **Marquer les zones à supprimer** s'utilise de la même manière, mais cette fois, tracez des traits sur les parties de l'image à effacer.

6/ Pour supprimer une marque, sélectionnez **Supprimer la marque** puis cliquez sur le signe + (plus) ou – (moins) de la marque indésirable.

7/ Une fois que vous avez terminé, cliquez sur **Conserver les modifications** dans le groupe *Fermer*.

L'image originale et l'image détourée avec l'outil Supprimer l'arrière-plan

SMARTART, DES DIAGRAMMES CLÉS EN MAIN

Pour représenter la structure d'une société, organiser plusieurs types de données, les organigrammes sont bien pratiques. Sous Word, ils sont plus généralement connus sous le nom de SmartArt. Cette fonction est accessible depuis l'onglet Insertion dans le groupe *Illustrations*.

1/ Sous l'onglet **Insertion**, dans le groupe *Illustrations*, cliquez sur **SmartArt**. Dans la boîte de dialogue qui s'affiche, sélectionnez une catégorie dans la colonne de gauche, comme *Cycle*, puis choisissez un type d'agencement. Cliquez sur OK.

Les différents types d'organigrammes

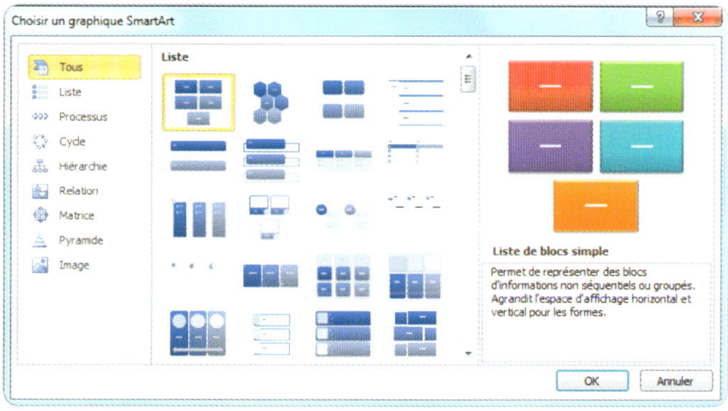

2/ Dans le volet **Tapez votre texte ici**, cliquez sur l'un des éléments de la liste et saisissez votre texte.

Le volet Texte permet de saisir le texte des différentes boîtes composant l'organigramme

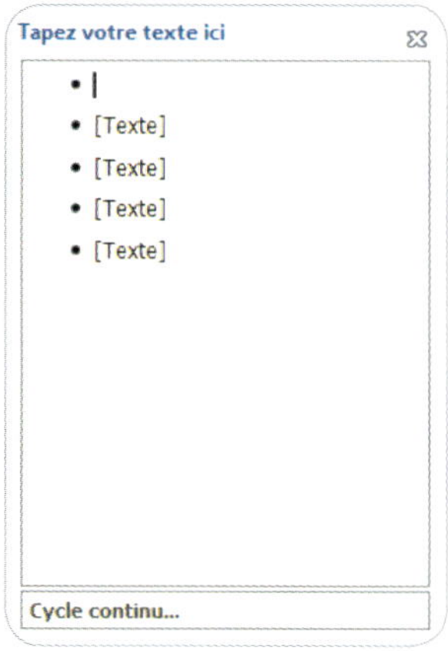

3/ Pour ajouter une forme à votre organigramme, cliquez sur la boîte à laquelle vous souhaitez rattacher votre futur élément.

4/ Sous l'onglet **Création**, dans le groupe *Créer un graphique*, cliquez sur la flèche sous **Ajouter une forme**. Précisez si vous souhaitez insérer la boîte avant, après ou au-dessus de celle sélectionnée.

Les commandes **Promouvoir**, **Abaisser**, **Réorganiser vers le haut**, **Réorganiser vers le bas** et **De droite à gauche** permettent de déplacer les boîtes au sein de l'organigramme.

Le chapitre suivant va vous permettre d'organiser un document long en ajoutant une table des matières, des notes mais aussi des légendes.

8

Organiser les documents

Word permet de créer des documents complexes (mémoire, rapport, livre) et facilite leur mise en page. Générer dynamiquement une table des matières, insérer légendes, notes, citations, éléments bibliographiques, créer des sauts de section et de page pour effectuer des mises en forme atypiques sur des portions de texte, etc. toutes ces opérations n'auront bientôt plus de secrets pour vous.

CRÉER DES SAUTS DE SECTION ET DE PAGE

Un document complexe doit être soigneusement structuré. Il est possible de modifier la mise en page d'une partie d'un paragraphe sans changer celle de l'ensemble du document.

Word dispose de deux outils permettant de séparer une partie d'un texte de l'ensemble d'un document :

- Les sauts de page : ils marquent l'endroit où se termine la page et où commence la page suivante.
- Les sauts de section : ils permettent de modifier la mise en page ou la mise en forme d'une ou de plusieurs pages d'un document. Ainsi, vous pouvez définir une orientation de page spécifique (en mode Paysage par exemple), tandis que les autres pages du document s'afficheront en mode Portrait.

Pour insérer un saut de page, procédez comme suit :

1/ Placez le curseur à l'endroit où vous souhaitez effectuer le saut de page.

2/ Sous l'onglet **Mise en page**, dans le groupe éponyme, cliquez sur **Sauts de page**.

3/ Dans le menu qui s'affiche, sous la rubrique *Saut de page*, sélectionnez *Page* pour passer à la page suivante ou *Colonne* si votre texte est situé dans une colonne et que vous souhaitiez continuer sur une autre page.

Les différents types de sauts de page et de section

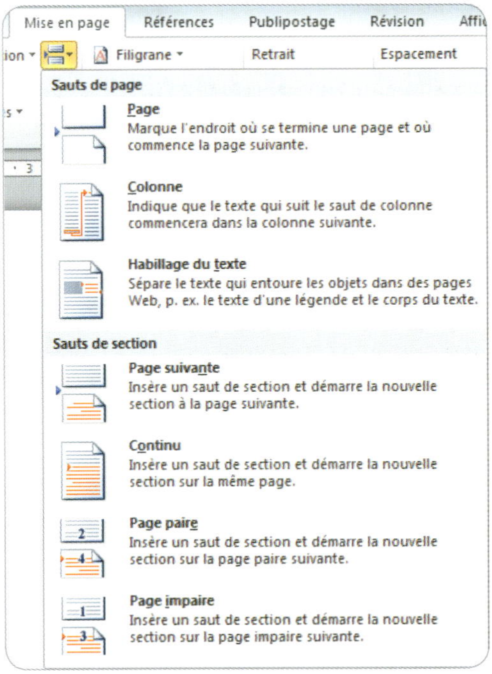

L'ajout de sauts de section se réalise de la même manière :

1/ Positionnez le curseur à l'endroit où vous souhaitez insérer un saut de section.

2/ Sous l'onglet **Mise en page**, dans le groupe éponyme, cliquez sur **Sauts de page**.

3/ Dans le menu qui s'affiche, sous la rubrique *Sauts de section*, sélectionnez le saut de section voulu.

Astuce

Bien utiliser les sauts de section

Il existe quatre types de sauts de section adaptés à différents usages :

- *Page suivante* : commence une nouvelle section sur la page suivante. Idéal pour commencer de nouveaux chapitres dans un document (la numérotation redémarre à 1).
- *Continu* : permet d'effectuer une mise en page différente sur une portion de texte donnée, sans changer la mise en forme générale du document.
- *Page paire/Page impaire* : commence la nouvelle section sur une page paire ou impaire.

AJOUTER DES TABLES

Un document complexe dispose souvent d'un sommaire et d'un index. Word propose des outils puissants permettant d'insérer facilement ces éléments dans un document et de mettre à jour automatiquement les données qu'ils contiennent.

● Générer une table des matières

Word permet en un clic de générer automatiquement une table des matières. Celle-ci peut se mettre à jour automatiquement dès lors que vous modifiez le titre d'une partie. Son insertion est conditionnée par l'utilisation des styles de titre prédéfinis et se réalise donc en deux temps.

Commencez par marquer le texte à inclure dans la table des matières en utilisant les styles de titre prédéfinis de cette manière :

1/ Sélectionnez le texte à inclure dans votre table des matières.

2/ Sous l'onglet **Accueil**, dans le groupe *Style*, cliquez sur le style souhaité, comme *Titre 1*.

L'ajout d'une table des matières dépend des styles affectés au texte, seuls les différents styles de titre sont pris en compte

Astuce

Définir des niveaux de titre

Chaque style de titre définit un niveau dans la table des matières. Ainsi, un texte en *Titre 2* s'affiche en retrait par rapport à un texte en *Titre 1*. Évitez de trop multiplier les niveaux de titre. Quatre ou cinq niveaux suffisent amplement. Le texte en *Sous-titre* n'apparaît pas dans la table des matières.

La méthode la plus simple pour créer une table des matières consiste à utiliser les modèles prédéfinis. Une fois les styles appliqués aux éléments du texte à faire figurer dans la table des matières, procédez comme suit :

1/ Cliquez à l'endroit où vous souhaitez insérer la table des matières. En général, elle se place en début du document, après la page de garde.

2/ Sous l'onglet **Références**, dans le groupe *Tables des matières*, cliquez sur **Insérer une table des matières** puis sélectionnez le style souhaité.

Les différents modèles de table des matières

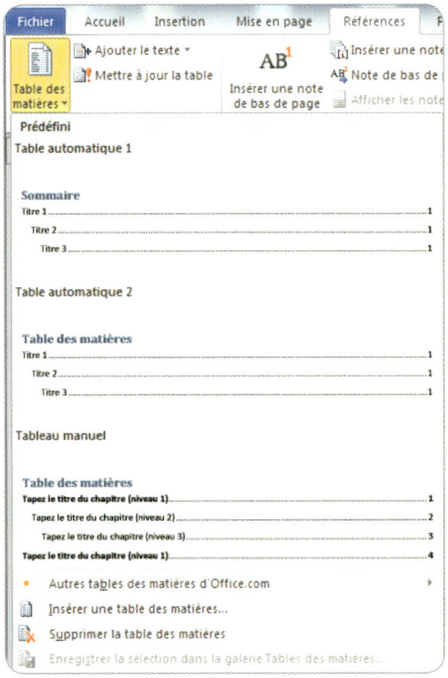

Une fois la table des matières générée, vous pouvez modifier la mise en forme des éléments, comme s'il s'agissait d'un texte « normal ».

Astuce

Mettre à jour une table des matières

Si vous modifiez une partie d'un titre ou en ajouter un nouveau, vous pouvez mettre à jour la table des matières afin qu'elle prenne en compte ses modifications.

1/ Cliquez sur la table des matières.

2/ Dans le cadre, cliquez sur **Mettre à jour la table**.

3/ Dans la boîte de dialogue qui s'affiche, cochez *Mettre à jour toute la table* puis cliquez sur OK.

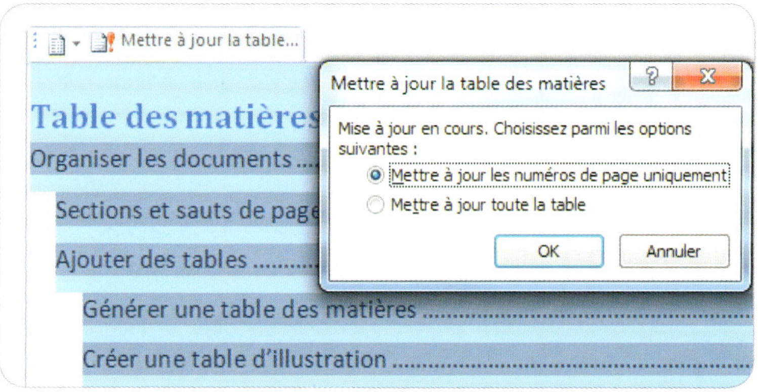

Pour mettre à jour une table des matières, sélectionnez-la puis cliquez sur Mettre à jour la table

Concevoir un index

L'index répertorie, au sein d'une liste située généralement à la fin d'un document, les termes rencontrés dans ce dernier, tout en indiquant les numéros des pages où ils figurent. Cela permet aux lecteurs de trouver facilement ce qu'ils recherchent. Word offre la possibilité d'en créer un de toutes pièces.

Pour concevoir un index, il est nécessaire de marquer au préalable les entrées qui vont y figurer de cette manière :

1/ Sélectionnez le terme à faire figurer dans l'index.

2/ Sous l'onglet **Références**, dans le groupe *Index*, cliquez sur **Entrée**.

3/ Dans la boîte de dialogue qui s'ouvre, à la ligne *Entrée*, vérifiez que le terme inscrit correspond à celui sélectionné.

4/ Si vous souhaitez classer le terme sélectionné en tant que sous-entrée d'un terme général, indiquez le terme général à la ligne *Entrée* et saisissez le terme sélectionné à la ligne *Sous-entrée*. Par exemple, si vous voulez que « Mode Normal » soit classé sous le terme « Modes », indiquez `Modes` dans le champ *Entrée* et `Mode Normal` dans la zone *Sous-entrée*.

La boîte de dialogue Entrée permet de saisir les éléments d'un index

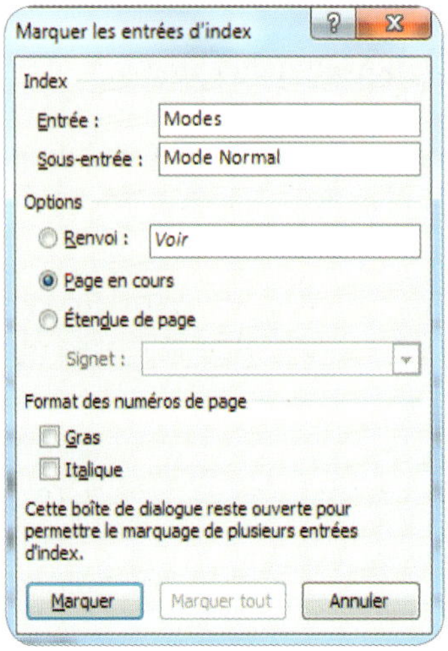

5/ Pour marquer toutes les occurrences du terme sélectionné et donc indiquer toutes les pages où il se situe, cliquez sur **Marquer tout**. Dans le cas contraire, cliquez simplement sur **Marquer**.

6/ Recommencez les étapes 2 à 5 pour faire figurer d'autres termes dans l'index.

Une fois l'opération de marquage effectuée, procédez comme suit pour concevoir l'index :

1/ Positionnez le curseur à l'endroit où vous souhaitez ajouter l'index. En général, il se situe à la fin d'un document.

2/ Sous l'onglet **Références**, dans le groupe *Index*, cliquez sur **Insérer l'index**.

Les différentes options de création d'un index

3/ Cliquez sur la liste déroulante *Formats* et sélectionnez l'un des modèles de mise en page prédéfinis.

4/ Cochez *Afficher les numéros de page à droite* pour gagner en lisibilité.

5/ À la ligne *Type*, sélectionnez l'un des deux types d'index : *Une par ligne* ou *À la suite*.

6/ À la ligne *Colonnes*, indiquez le nombre de colonnes voulu puis cliquez sur OK.

Raccourci

Mettre l'index à jour

Au fur et à mesure que vous ajoutez des entrées à l'index, vous devez mettre ce dernier à jour afin de les faire figurer dedans. Pour cela, il suffit simplement d'appuyer sur la touche F9. Cette option est aussi accessible depuis l'onglet **Références**, dans le groupe *Index*, d'un clic sur **Mettre à jour l'index**.

INSÉRER DES CITATIONS ET UNE BIBLIOGRAPHIE

Lors de la rédaction d'un mémoire ou d'un rapport, vous avez besoin de citer de nombreuses sources. Word permet à la fois de les saisir et de les enregistrer sur votre ordinateur pour une utilisation ultérieure dans un autre document. Il offre la possibilité de concevoir en quelques clics une bibliographie.

● Insérer des citations et des sources

Un texte saisi dans un document fait parfois référence à une source extérieure. Ces références peuvent être facilement ajoutées dans n'importe quel autre fichier Word par le biais de l'outil **Citation**.

Word 2010 différencie les citations standard, effectuées à partir d'un texte préalablement sélectionné, de l'ajout d'une source, qui se réfère à des éléments bibliographiques extérieurs au document.

Pour insérer une citation dans un document, procédez de cette manière :

1/ Sélectionnez le texte que vous souhaitez ajouter en tant que citation.

2/ Sous l'onglet **Références**, dans le groupe *Tables des références*, cliquez sur **Citation**.

3/ Dans la boîte de dialogue **Citation**, cliquez sur la liste déroulante *Catégorie* et sélectionnez la catégorie à laquelle se rattache votre citation dans la liste proposée. Vous pouvez ajouter une nouvelle catégorie en cliquant sur le bouton éponyme.

La boîte de dialogue Citation

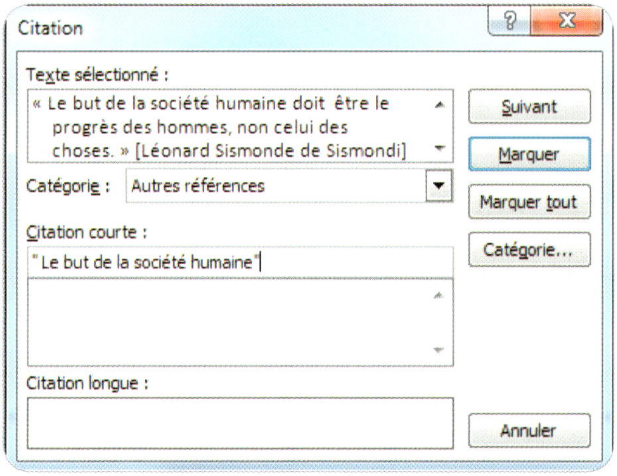

4/ Cliquez sur **Marquer** ou **Marquer tout** pour inclure toutes les citations identiques du document puis cliquez sur **Fermer**.

Astuce

Insérer une table des références

Vous pouvez créer une table des références recensant toutes les citations d'un document de cette manière :

1/ Sous l'onglet **Références**, dans le groupe *Citation*, cliquez sur **Insérer une table des références**.

2/ Sélectionnez un modèle prédéfini dans la liste déroulante *Format*, choisissez la catégorie à faire apparaître dans la table des références sous la liste *Catégorie*, puis cliquez sur OK.

Les sources font appel à des éléments extérieurs au document. Il faut donc les saisir afin de pouvoir les réutiliser par la suite dans d'autres documents.

1/ Placez le curseur à l'endroit où vous voulez ajouter une nouvelle source.

2/ Sous l'onglet **Références**, dans le groupe *Citations et bibliographie*, cliquez sur la flèche en regard de *Style*. Sélectionnez le style que vous souhaitez utiliser pour la source.

3/ Toujours dans le groupe *Citations et bibliographie*, cliquez sur **Insérer une citation** puis sélectionnez **Ajouter une nouvelle source**.

4/ Dans la boîte de dialogue **Créer une source**, cliquez sur la liste déroulante *Type de la source* et sélectionnez une catégorie.

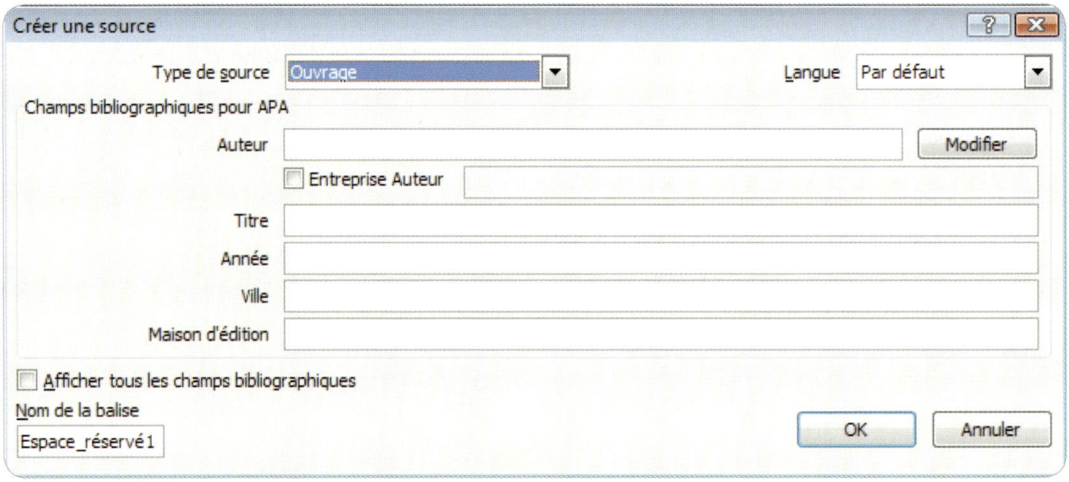

L'ajout d'une source se réalise depuis la boîte de dialogue Créer une source

5/ Complétez les différents champs (*Auteur*, *Titre*, *Année*, *Ville*, *Maison d'édition*…). Ils varient en fonction de la catégorie choisie.

6/ Cliquez sur OK.

Astuce

Insérer une source rapidement
Si vous souhaitez insérer une source déjà enregistrée dans votre document, il suffit d'aller sous l'onglet **Références**. Dans le groupe *Citations et bibliographie*, cliquez sur **Insérer une citation** et sélectionnez la source de votre choix dans le menu qui s'affiche.

● Gérer les sources

Lors de l'ajout de sources, celles-ci sont automatiquement enregistrées dans Word. Pour pouvoir les réutiliser dans d'autres documents, vous pouvez effectuer une recherche dans l'application à l'aide de l'outil **Gérer les sources**.

Au fil du temps, les sources que vous consultez ou citez deviennent de plus en plus importantes. Pour retrouver la source citée dans l'un de vos documents, procédez de cette manière :

1/ Sous l'onglet **Références**, dans le groupe *Citations et bibliographie*, cliquez sur **Gérer les sources**.

2/ Si vous êtes sur un nouveau document ne contenant pas encore de références, les sources utilisées dans les documents précédents s'affichent dans la colonne *Liste principale*. Dans le cas contraire, les éléments déjà cités dans le document apparaissent dans la colonne *Liste active*.

3/ Pour rechercher une source, cliquez sur la zone de tri et sélectionnez une catégorie.

Le Gestionnaire de sources permet non seulement de rechercher une source dans les différents documents mais aussi d'ajouter une source au document actif

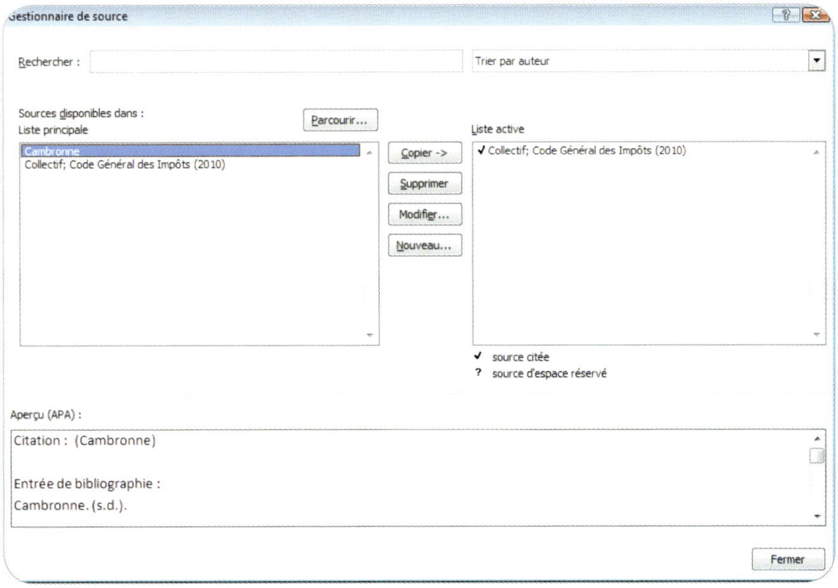

4/ Dans le champ *Rechercher*, saisissez l'objet de votre recherche.

5/ Pour ajouter une source à votre liste active, sélectionnez-la dans la colonne *Liste principale* puis cliquez sur **Copier**.

Lors de l'ajout d'une nouvelle source depuis le Gestionnaire de sources, celle-ci apparaît dans le menu **Insérer une citation** situé dans le groupe *Citations et bibliographie* de l'onglet **Références**.

● Ajouter une bibliographie

Une bibliographie contient les sources d'un document. Elle permet de retrouver facilement une référence dans ce document. Utile lorsqu'il s'agit de retrouver un auteur ou un ouvrage auquel une citation se réfère !

Une bibliographie se situe traditionnellement à la fin d'un document et se conçoit de cette manière :

1/ Placez le curseur à l'endroit où vous voulez ajouter une bibliographie.

2/ Sous l'onglet **Références**, dans le groupe *Citations et bibliographie*, cliquez sur **Bibliographie**.

3/ Dans le menu qui s'affiche, sous la rubrique *Prédéfini*, sélectionnez un modèle de bibliographie.

Les styles prédéfinis de bibliographie

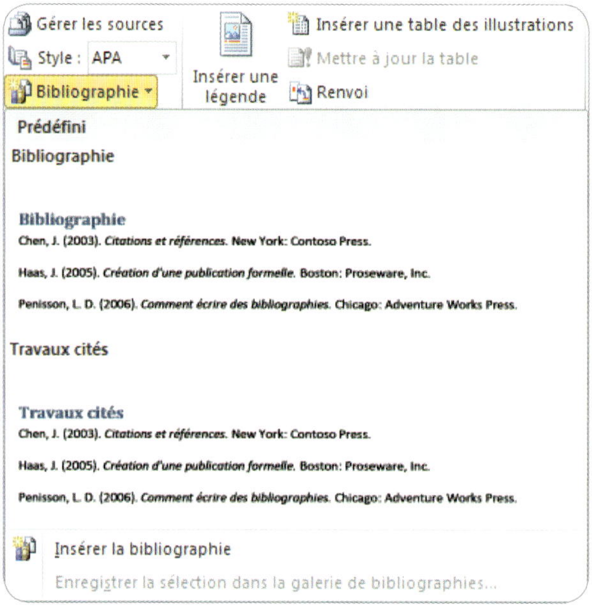

4/ La bibliographie est automatiquement ajoutée. Pour la mettre à jour, il suffit de la sélectionner et de cliquer sur **Mettre à jour les citations et la bibliographie**.

AJOUTER DES NOTES ET LÉGENDES

Les notes de bas de page permettent de donner une explication immédiate sur une partie d'un texte. En outre, il est possible de légender les photos insérées dans un document afin de les retrouver plus facilement via la création d'une table d'illustrations.

● Créer une note de bas de page

C'est une fonctionnalité assez méconnue et pourtant fort efficace lors de la réalisation d'un rapport ou d'un mémoire. Les notes de bas de page permettent d'expliquer, d'annoter ou de fournir des références sur le texte d'un document. Elles se composent de deux parties :

- Une marque d'appel de note : elle apparaît dans le corps même du texte, sous la forme d'un numéro, et permet de renvoyer à la note de bas de page correspondante, portant le même numéro.
- La note de bas de page : située en bas de la page du texte auquel elle fait référence, elle se compose d'une simple zone de texte déjà mis en forme.

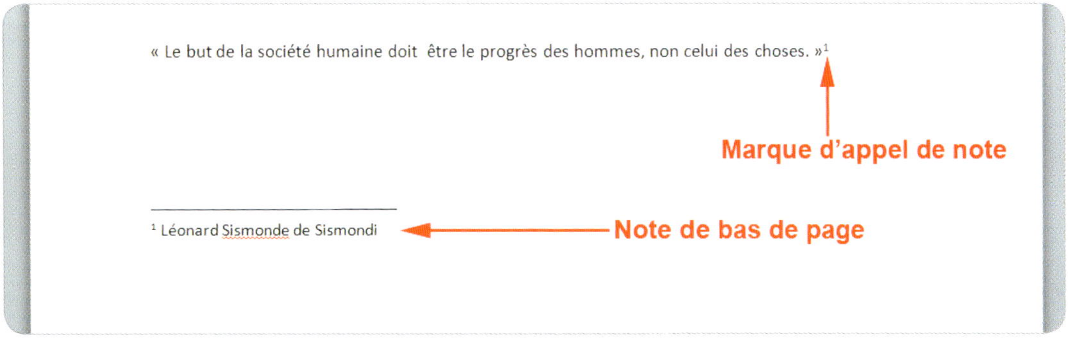

Composition d'une note de bas de page

Word permet d'insérer deux types de notes :

- les notes de bas de page, qui se situent à la fin de la page concernée ;
- les notes de fin, qui se situent à la fin du document.

Pour insérer une note de bas de page ou de fin, procédez comme ceci :

1/ Placez le curseur à l'endroit où vous souhaitez insérer la marque d'appel de note.

Les différents outils d'insertion et de modification d'une note de bas ou de fin de page

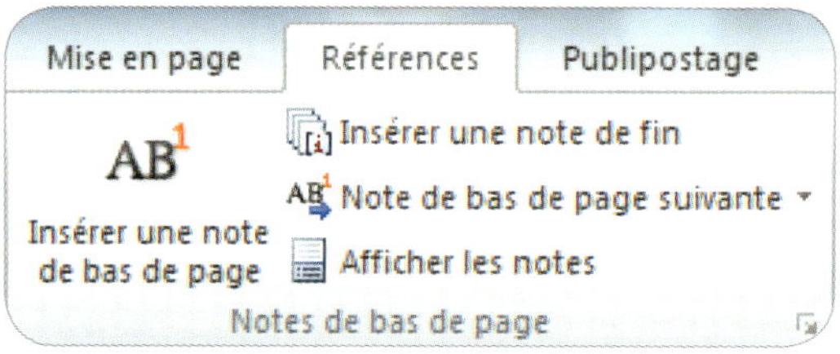

2/ Sous l'onglet **Références**, dans le groupe *Notes de bas de page*, cliquez sur **Insérer une note de bas de page** ou **Insérer une note de fin**.

3/ Saisissez le texte dans la note de bas de page.

4/ Pour ajouter une nouvelle note de bas ou de fin de page, allez sous l'onglet **Références**. Dans le groupe *Notes de bas de page*, cliquez sur la flèche en regard de **Note de bas de page suivante** et sélectionnez l'option de votre choix.

Raccourci

Insérer une note de bas ou de fin de page facilement

Pour insérer plusieurs notes de bas ou de fin de page simplement, utilisez les raccourcis clavier suivants :

- Ctrl + Alt + F insère une note de bas de page suivante.
- Ctrl + Alt + D ajoute une note de fin de page suivante.

Ajouter des légendes et créer une table des illustrations

Word 2010 offre la possibilité d'ajouter des légendes aux images et à d'autres éléments graphiques (tableau, graphique…). Celles-ci permettent de générer une table des illustrations que vous pouvez insérer, par la suite, comme annexe.

Pour ajouter des légendes, procédez comme suit :

1/ Cliquez sur l'élément graphique à légender, comme une photo ou un tableau.

2/ Sous l'onglet **Références**, dans le groupe *Légendes*, cliquez sur **Insérer une légende**.

3/ Dans la boîte de dialogue **Légende**, dans le champ éponyme, saisissez une légende.

L'ajout de légendes se réalise par le biais de la boîte de dialogue Légende

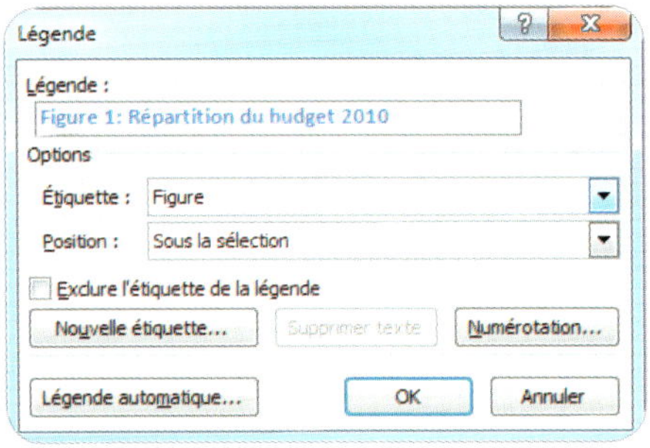

4/ Cliquez sur la liste déroulante *Étiquette* et sélectionnez la catégorie à laquelle votre élément graphique se rapporte, par exemple *Figure* pour une illustration.

5/ Cliquez sur la liste déroulante *Position* et indiquez la position de la légende sur l'élément sélectionné, puis cliquez sur OK.

Une fois vos éléments correctement légendés, vous pouvez insérer une table des illustrations qui recensera toutes les légendes de votre document.

Les options de création et de modification de légendes

1/ Placez le curseur où vous souhaitez ajouter la table des illustrations.

2/ Sous l'onglet **Références**, dans le groupe *Légendes*, cliquez sur **Insérer une table des illustrations**.

3/ Dans la boîte de dialogue **Table des illustrations**, cliquez sur la liste déroulante *Formats* puis choisissez un modèle prédéfini.

4/ Cliquez sur OK.

NAVIGUER DANS LE DOCUMENT

À travers des liens hypertextes, des signets ou des renvois, Word permet de naviguer aisément dans un document, voire de renvoyer vers d'autres fichiers ou sites web. Ces options sont accessibles à partir du groupe *Liens* situé sous l'onglet Insertion.

Trois types d'éléments permettent de simplifier la navigation dans un document :

- Les liens hypertextes : ils renvoient à une partie d'un document ou vers d'autres fichiers, voire vers des sites web.
- Les signets : ils permettent d'accéder directement à une portion de texte.

→ Les renvois : ils permettent de renvoyer vers un élément du document, comme une note de bas de page, un signet, une photo, etc.

L'ajout de liens hypertextes, de signets ou de renvois s'effectue depuis le groupe Liens situé sous l'onglet Insertion

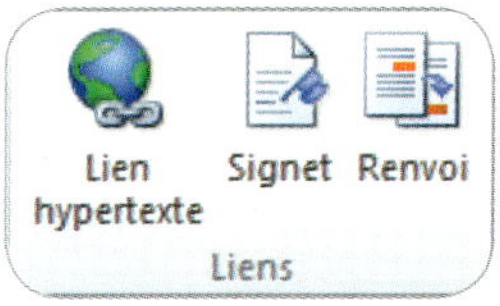

Insérer des liens hypertextes

Les liens hypertextes sont certainement les éléments de navigation offrant le plus de souplesse et de possibilités ! Ils permettent à la fois de naviguer dans un document, d'effectuer des renvois d'un mot à une note de bas de page ou encore d'ouvrir un autre fichier, un site web, etc.

Vous pouvez renvoyer un lien hypertexte vers une partie du texte d'un document ; il dépend alors du style de titre (*Titre 1*, *Titre 2*…) affecté à cette partie. Vous pouvez aussi le renvoyer vers un signet. Pour insérer un lien hypertexte, procédez comme suit :

1/ Sélectionnez le texte ou l'élément auquel vous souhaitez ajouter un lien hypertexte.

2/ Sous l'onglet **Insertion**, dans le groupe *Liens*, cliquez sur **Lien hypertexte**.

3/ Dans la boîte de dialogue **Insérer un lien hypertexte**, sélectionnez l'élément auquel vous voulez lier le lien hypertexte en choisissant une catégorie dans la colonne *Lier à*. Dans ce cas, choisissez *Emplacement dans ce document*.

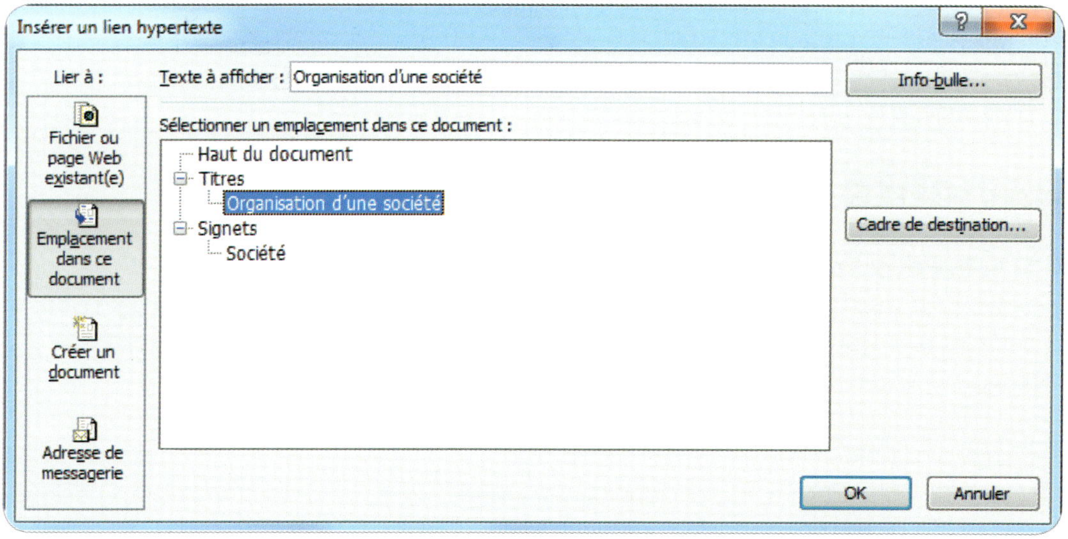

Les liens hypertextes permettent notamment de renvoyer à différents éléments d'un document

4/ Sous la rubrique *Sélectionner un emplacement dans ce document*, sélectionnez le titre ou le signet de la partie à laquelle vous souhaitez rattacher le lien.

5/ Cliquez sur OK.

Les liens hypertextes sont par défaut soulignés et viennent dans une police de couleur bleue. Pour supprimer un lien hypertexte, cliquez du bouton droit sur le lien, et dans le menu contextuel, cliquez sur **Supprimer le lien hypertexte**.

Pour effacer un lien hypertexte, cliquez du bouton droit dessus et cliquez sur Supprimer le lien hypertexte

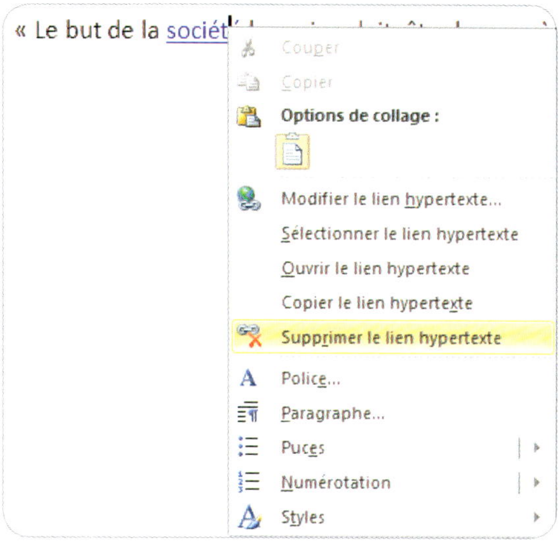

Astuce

Suivre un lien hypertexte
Pour aller à l'emplacement où pointe le lien hypertexte, maintenez la touche Ctrl enfoncée et cliquez sur le lien.

Ajouter des signets

Les signets ont leur intérêt lorsqu'il s'agit de marquer une portion d'un texte. Vous pouvez y faire référence notamment quand vous désirez faire pointer un lien hypertexte vers une partie spécifique d'un document.

Pour ajouter un signet, procédez de cette manière :

1/ Sélectionnez le texte ou l'élément auquel vous souhaitez associer un signet.

2/ Sous l'onglet **Insertion**, dans le groupe *Liens*, cliquez sur **Signet**.

3/ Dans la boîte de dialogue **Signet**, saisissez un nom dans le champ correspondant. Le nom d'un signet doit commencer par une lettre.

Ajout d'un signet depuis la boîte de dialogue éponyme

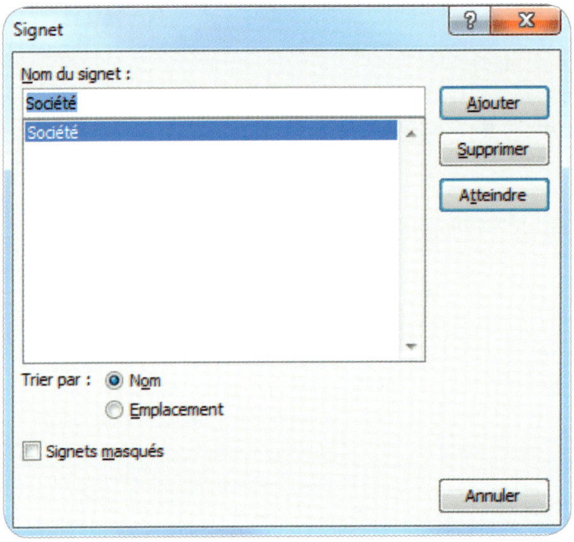

4/ Cliquez sur **Ajouter** puis sur **Fermer**.

> Astuce
>
> **Supprimer un signet**
> Les signets n'apparaissent pas visuellement dans le document. Pour les supprimer, procédez comme suit :
> **1/** Sous l'onglet **Insertion**, dans le groupe *Liens*, cliquez sur **Signet**.
> **2/** Cliquez sur le nom du signet à supprimer, puis cliquez sur **Supprimer**.

● Créer des renvois

Les renvois peuvent être d'une précieuse aide quand il s'agit de renvoyer une partie d'un texte vers un élément graphique, une note de bas ou de fin de page, un titre, une image légendée, etc.

Pour ajouter un renvoi à un élément de votre document, procédez comme suit :

1/ Sélectionnez le texte auquel sera rattaché le renvoi.

2/ Sous l'onglet **Insertion**, dans le groupe *Liens*, cliquez sur **Renvoi**.

3/ Dans la boîte de dialogue **Renvoi**, cliquez sur la liste déroulante *Catégorie* et choisissez la catégorie de l'élément auquel vous souhaitez associer le renvoi.

Les renvois permettent de renvoyer à un élément déjà clairement identifié sous Word, comme une image légendée, un titre, etc.

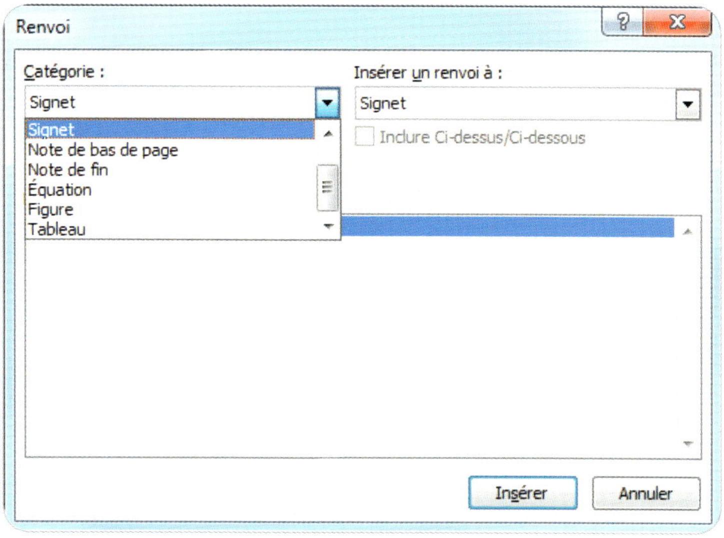

4/ Dans la liste déroulante *Insérer un renvoi à*, indiquez la légende à faire figurer à côté du texte sélectionné.

5/ Cochez la case *Insérer comme lien hypertexte* puis cliquez sur **Insérer**.

De la mise en forme des polices, à la mise en forme du document en passant par son organisation avec l'ajout d'index et de table des matières ainsi que l'insertion de différents éléments graphiques, Word ne présente désormais plus de secrets pour vous. Dans le prochain et dernier chapitre, nous verrons comment imprimer un document sous Word.

9

Mettre en page et imprimer un document

Au travers des différents chapitres, vous avez appris à maîtriser Word. Votre document est pratiquement prêt pour être imprimé et diffusé. Pratiquement, car il y a encore quelques petits détails à régler, comme la mise en page, l'ajout d'une page de garde, voire d'en-tête et de pied de page. Et que diriez-vous d'ajouter un filigrane ? Une fois ces questions réglées, encore faut-il configurer correctement Word pour l'impression.

CRÉER UNE PAGE DE GARDE

La page de garde reflète l'image et le contenu d'un document. Elle doit être soignée, claire et montrer une certaine originalité. C'est elle qui invite le lecteur à entrer dans le document. Word 2010 permet d'ajouter facilement des pages de garde prédéfinies.

Les pages de garde sont toujours insérées au début d'un document, quel que soit l'emplacement du curseur dans le fichier. Pour insérer une page de garde, procédez comme suit :

1/ Sous l'onglet **Insertion**, dans le groupe *Pages*, cliquez sur **Page de garde**.

2/ Cliquez sur une mise en page dans la galerie.

Word propose plusieurs types de pages de garde prédéfinis

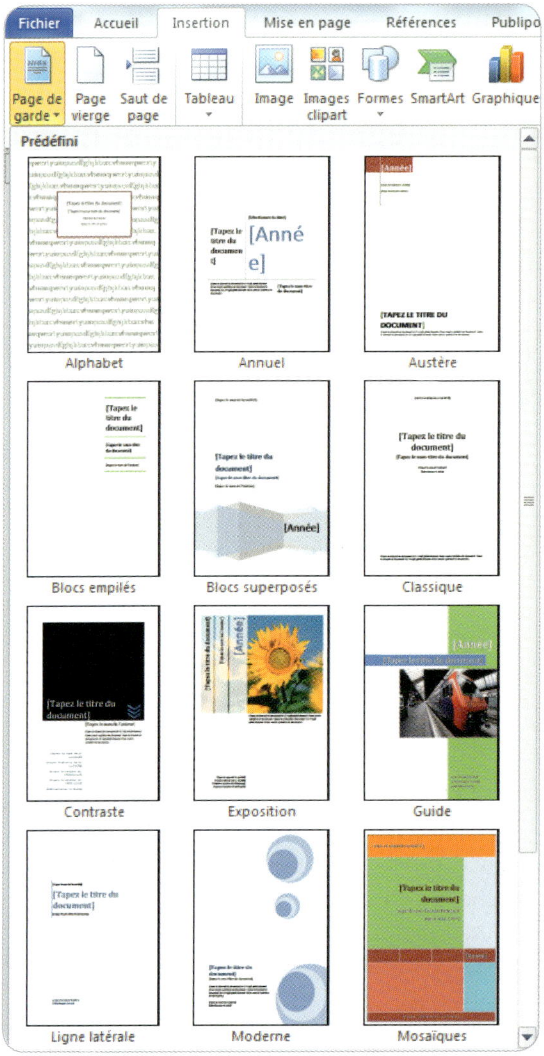

3/ Cliquez sur les éléments à remplacer.

Il est possible d'accéder à d'autres pages de garde préformatées sur Internet.

1/ Sous l'onglet **Insertion**, dans le groupe *Pages*, cliquez sur **Page de garde**.

2/ Dans la galerie qui s'affiche, placez le curseur sur la rubrique *Autres pages de garde d'Office.com* et sélectionnez la page de garde qui vous convient.

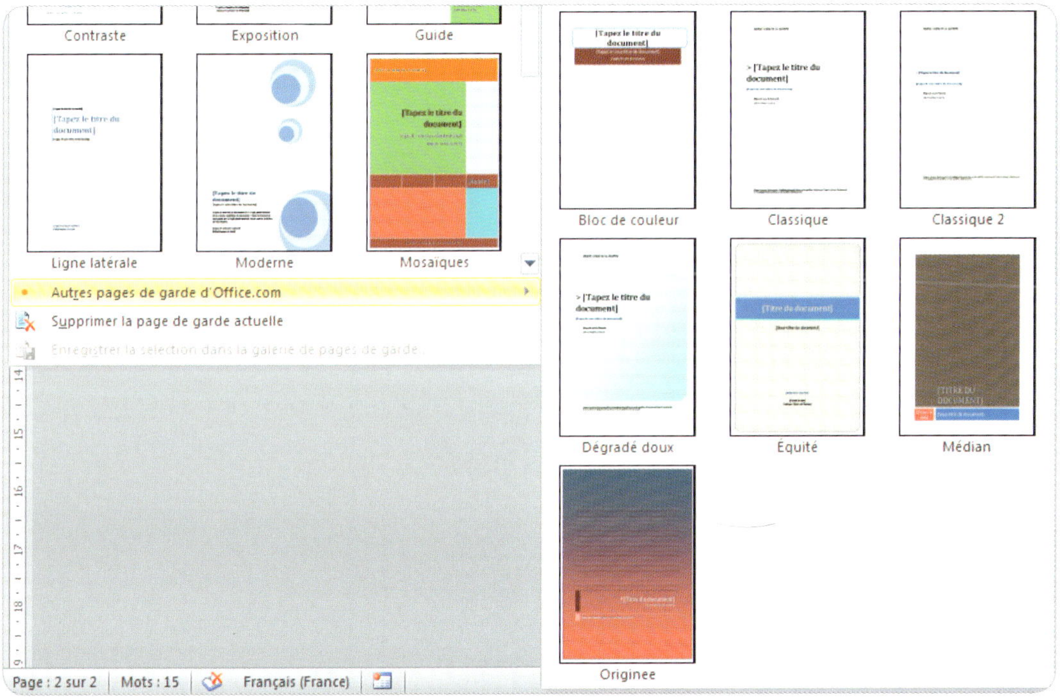

D'autres pages de garde sont disponibles via le site Office.com

> Office World
>
> **Office Online**
> Au fil des ans, la plateforme de ressources en ligne Office Online s'est considérablement enrichie. Depuis la sortie de Microsoft Office 2007, Word, comme les autres applications de la suite bureautique de Microsoft, peut télécharger différents éléments, tels que de nouvelles pages de garde ou des modèles de document, depuis son interface.

PLACER DES EN-TÊTES ET PIEDS DE PAGE

Les en-têtes et les pieds de page sont des zones clairement définies dans les marges supérieure et inférieure d'un document. Plus rarement, elles peuvent aussi se placer latéralement. Elles sont très utiles lorsqu'il s'agit de faire figurer le logo de sa société, son nom, son adresse, etc.

● Insérer des en-têtes et pieds de page prédéfinis

L'insertion d'en-têtes et de pieds de page permet d'enrichir un document en lui adjoignant diverses informations : logo de société, nom du fichier, de l'auteur, date, etc. Vous pouvez appliquer une mise en forme particulière à chacun de ces éléments. Word 2010 propose quelques mises en page prédéfinies applicables de cette manière :

1/ Sous l'onglet **Insertion**, dans le groupe *En-tête et pied de page*, cliquez sur **En-tête** et sélectionnez un modèle prédéfini dans la liste proposée.

2/ Au même endroit, cliquez sur **Pied de page** et choisissez le modèle qui vous convient.

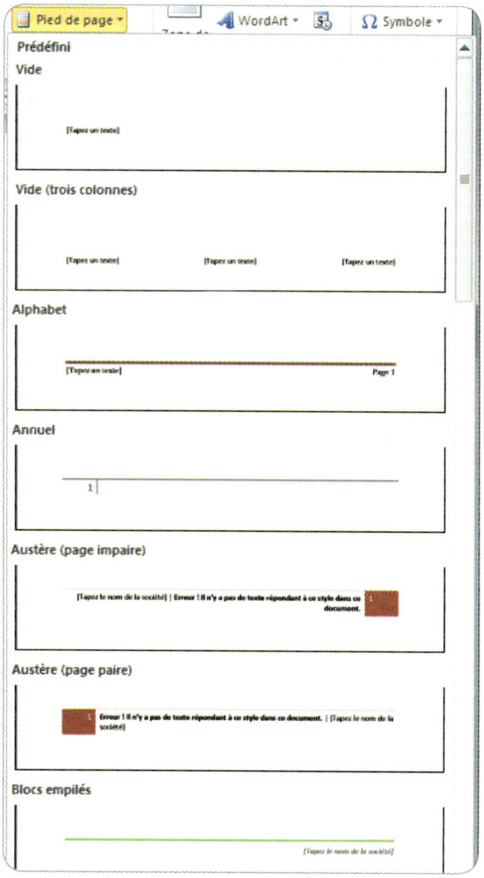

Les modèles de pied de page prédéfinis

Astuce

Supprimer un en-tête ou un pied de page

Pour effacer un en-tête ou un pied de page, rendez-vous sous l'onglet **Insertion** dans le groupe *En-tête et pied de page* et procédez comme suit :

1/ Cliquez sur **En-tête** et sélectionnez **Supprimer l'en-tête**.

2/ Pour effacer un pied de page, cliquez sur **Pied de page** puis sur **Supprimer le pied de page**.

● Créer ses propres en-têtes et pieds de page

Ces éléments atypiques sont disposés de la même manière sur toutes les pages du document. C'est pour cette raison qu'ils doivent être particulièrement soignés. Word permet de créer des en-têtes et pieds de page personnalisés.

1/ Double-cliquez dans la marge supérieure ou inférieure d'une page de votre document.

2/ Saisissez votre texte et mettez-le en forme.

3/ Pour ajouter un numéro de page, allez sous l'onglet **Création**. Dans le groupe *En-tête et pied de page*, cliquez sur **Numéro de page** et sélectionnez l'option correspondante.

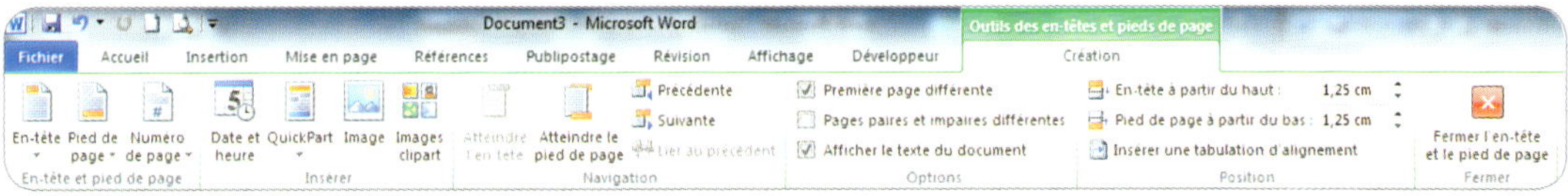

L'onglet Création et ses outils dédiés à la personnalisation des en-têtes et pieds de page

4/ Pour insérer une image, cliquez sur **Image** dans le groupe *Insérer* de l'onglet **Création**.

5/ Pour ajouter la date et l'heure, sélectionnez **Date et heure** dans le groupe *Insérer* sous l'onglet **Création**. Dans la boîte de dialogue qui s'affiche, sélectionnez le format désiré puis cliquez sur OK. Vous pouvez mettre automatiquement à jour la date et l'heure en cochant la case *Mettre à jour automatiquement*.

6/ Vous pouvez faire varier la position de l'en-tête ou du pied de page en changeant la valeur (en cm) des champs *En-tête à partir du haut* et *Pied de page à partir du bas*. Ces options se situent sous l'onglet **Création**, dans le groupe *Position*.

Les champs En-tête à partir du haut et Pied de page à partir du bas permettent de positionner les en-têtes et pieds de page dans le document

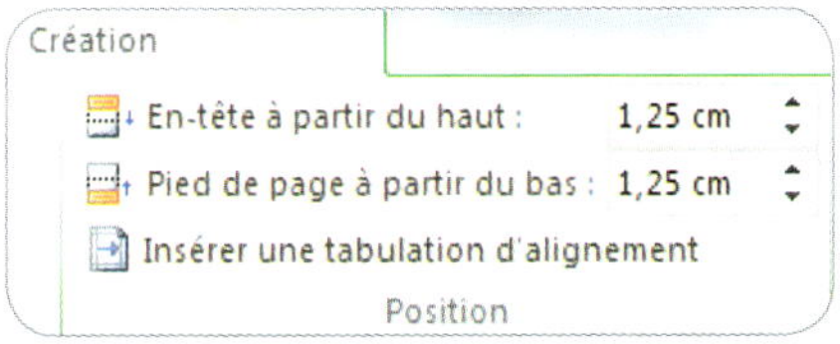

7/ Cliquez sur le bouton **Fermer l'en-tête et le pied de page**.

● Numéroter les pages

À moins de relier par la suite le document, il est préférable de lui ajouter des numéros de page. Surtout s'il est volumineux !

1/ Sous l'onglet **Création**, dans le groupe *En-tête et pied de page*, cliquez sur **Numéro de page**.

2/ Placez le curseur sur la rubrique qui vous convient. Elle indique la position finale du numéro de page.

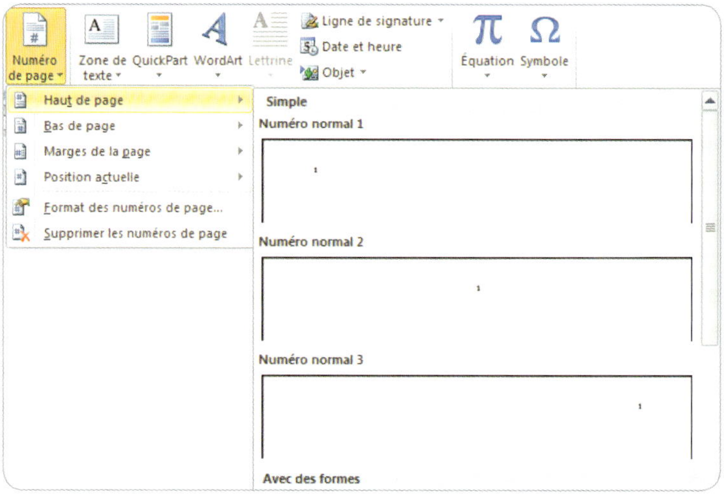

Les options d'insertion de numéros de page

3/ Choisissez un modèle de numéro de page.

Vous pouvez changer le format du numéro de page de cette façon :

1/ Sous l'onglet **Création**, dans le groupe *En-tête et pied de page*, cliquez sur **Numéro de page** puis sélectionnez **Formats des numéros de page**.

2/ Dans la boîte de dialogue qui s'ouvre, cliquez sur la liste déroulante *Format de la numérotation* et sélectionnez un format.

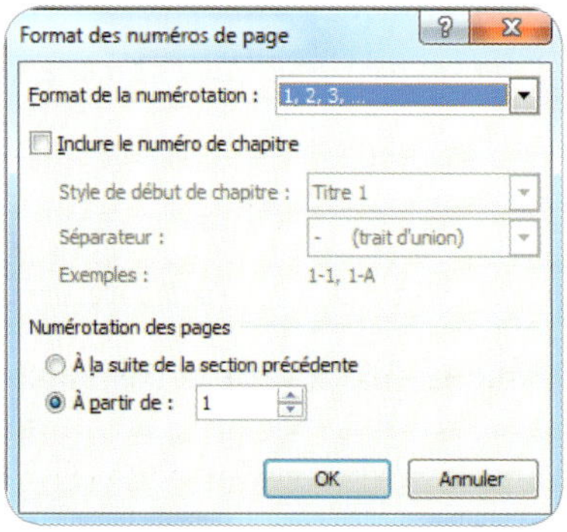

La boîte de dialogue Format des numéros de page permet de personnaliser la numérotation d'un document

3/ À la rubrique *Numérotation des pages*, cochez *À partir de* (par défaut) et indiquez, dans le champ, la valeur à laquelle doit débuter la numérotation.

4/ Cochez *À la suite de la section précédente* si votre document présente des sections. Cette option permet de redémarrer la numérotation à partir de 1 à chaque section définie. Cliquez sur OK.

AJOUTER UN FILIGRANE

Un filigrane permet de marquer un document en lui ajoutant en arrière-plan une image transparente. Word 2010 propose différents styles de filigrane.

Pour ajouter un filigrane, effectuez les opérations suivantes :

1/ Sous l'onglet **Mise en page**, dans le groupe *Arrière-plan de page*, cliquez sur **Filigrane**.

2/ Dans la galerie qui s'affiche, cliquez sur le style de filigrane que vous souhaitez.

Les styles de filigrane proposés par Word 2010

Il est possible d'ajouter une image personnelle en filigrane de cette manière :

1/ Sous l'onglet **Mise en page**, dans le groupe *Arrière-plan de page*, cliquez sur **Filigrane** puis sélectionnez **Filigrane personnalisé**.

L'ajout d'une image ou d'un texte en filigrane s'effectue à partir de la boîte de dialogue Filigrane imprimé

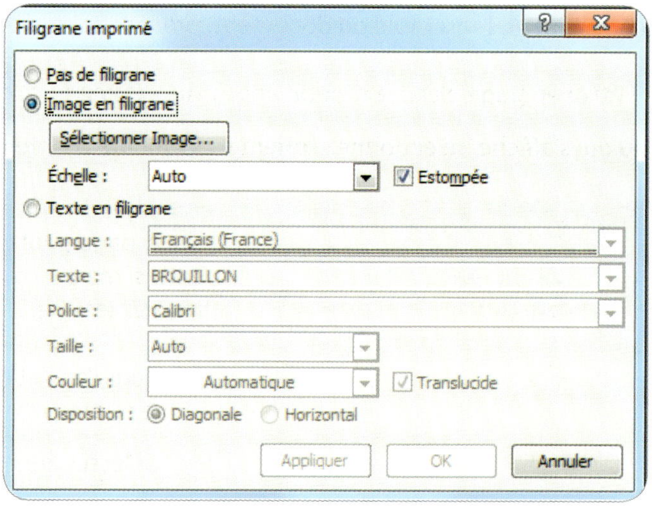

2/ Cochez la case *Image en filigrane* puis cliquez sur **Sélectionner image**.

3/ Dans la boîte de dialogue **Insérer une image**, recherchez l'image voulue et cliquez sur **Insérer**.

4/ Vérifiez que la case *Estompée* est bien cochée et cliquez sur OK.

Astuce

À propos des images en filigrane
Une image en filigrane ne doit pas gêner la lisibilité du texte. Veillez-y. Privilégiez des images ayant des teintes douces et des fonds clairs.

PARAMÉTRER UN DOCUMENT POUR L'IMPRESSION

La version 2010 de Word présente une amélioration notable au niveau de l'impression d'un document. L'opération s'effectue directement en mode Backstage, qui regroupe l'intégralité des options d'impression, mais aussi d'aperçu. Dernières étapes avant le rendu final sur papier !

● Orienter la page et configurer les marges

Vous pouvez modifier l'orientation d'un document ou définir d'autres marges que celles par défaut afin d'intégrer plus ou moins de texte au sein des pages, voire d'imprimer sans marge une image insérée si votre imprimante tolère ce mode d'impression.

Pour modifier l'orientation de l'ensemble du document, procédez comme suit :

1/ Sous l'onglet **Mise en page**, dans le groupe éponyme, cliquez sur **Orientation**.

2/ Dans le menu qui s'affiche, sélectionnez l'orientation voulue : *Portrait* ou *Paysage*.

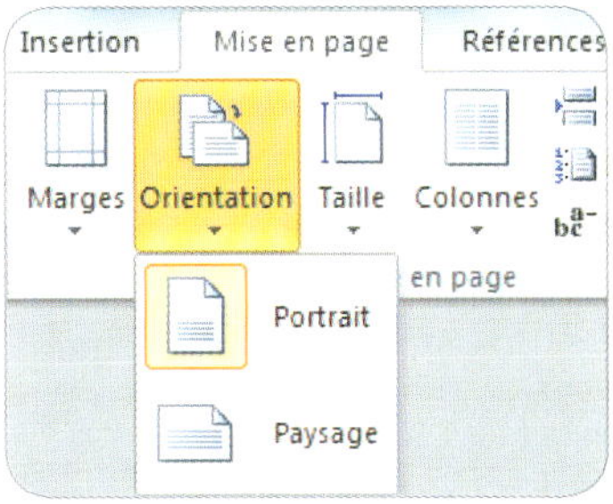

La modification de l'orientation d'un document se réalise à partir du bouton Orientation

Les marges définissent la quantité de texte qu'une page peut contenir. Pour définir d'autres marges que celles par défaut, effectuez les opérations suivantes :

1/ Sous l'onglet **Mise en page**, dans le groupe éponyme, cliquez sur **Marges**.

2/ Sélectionnez un style de marge.

3/ Si aucun des styles proposés ne vous convient, cliquez sur **Marges** puis sur **Marges personnalisées**.

4/ Dans la boîte de dialogue qui s'ouvre, définissez les marges voulues en modifiant les champs *Haut*, *Bas*, *Gauche* et *Droite*.

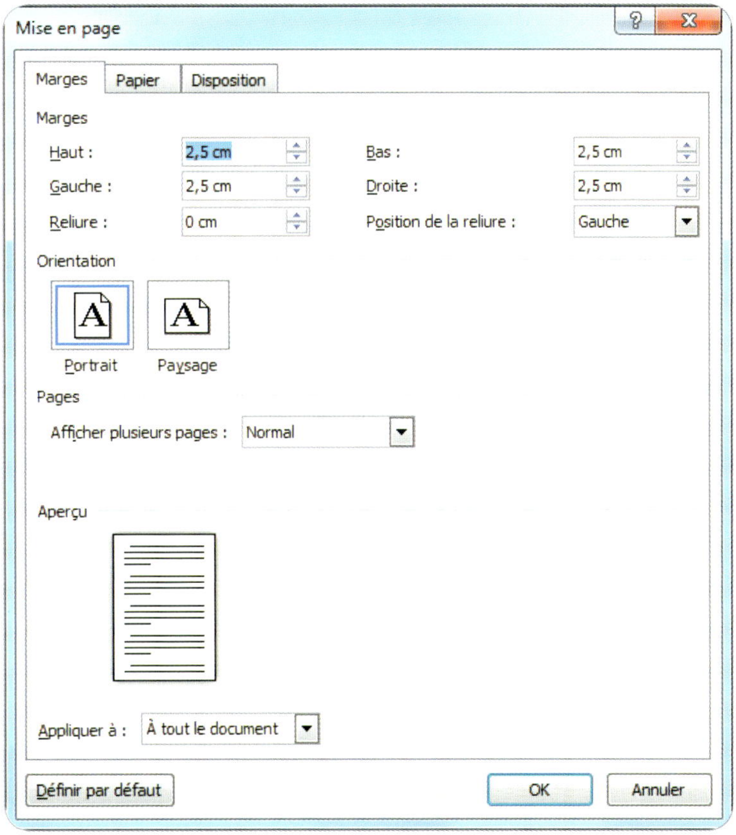

Les options de marge personnalisées

5/ Cliquez sur **Définir par défaut** pour garder ces paramètres en mémoire pour tous vos nouveaux documents. Cliquez sur OK.

> Astuce
>
> **Modifier rapidement les marges**
> Vous pouvez modifier directement la position des marges sur un document en cliquant sur la jonction entre la portion grisée et la partie blanche de la règle. Cliquez dessus et faites glisser la souris de manière à ce que la partie grise diminue ou augmente, ce qui aura pour effet de réduire ou d'augmenter la marge. Pour afficher la valeur (en cm), maintenez les deux boutons (droit et gauche) de la souris enfoncés et déplacez la partie grise de la règle.

Vous pouvez modifier une marge dans le document en faisant glisser la souris entre la partie grise et la zone blanche de la règle

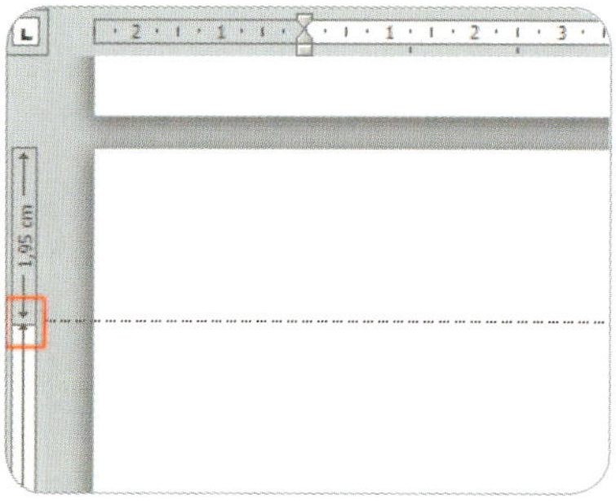

● Préparer et imprimer un document

Suivant le type de support (papier normal, transparent) et de format sur lequel vous souhaitez imprimer votre document, vous pouvez configurer Word afin que l'impression soit optimale. Pour cela, le module d'impression a été entièrement revu et corrigé.

Le module d'impression de Word 2010 a été entièrement revu

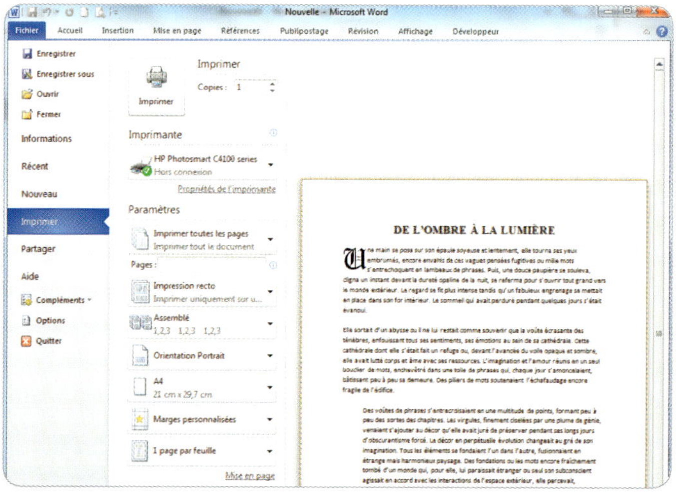

Pour configurer l'impression d'un document, procédez comme suit :

1/ Sous l'onglet **Fichier**, cliquez sur **Imprimer**. Le volet droit de la fenêtre affiche un aperçu de votre document. Vous pouvez naviguer dedans en utilisant l'ascenseur à droite ou en vous aidant de la molette de la souris.

2/ À la ligne *Copie*, indiquez le nombre de copies voulu.

3/ Cliquez sur la liste déroulante *Imprimante* et choisissez votre imprimante. Si elle n'est pas allumée, Word indiquera la mention « Hors connexion » sous le nom de l'imprimante sélectionnée.

4/ Sous la rubrique *Paramètres*, cliquez sur la liste déroulante *Imprimer toutes les pages* et sélectionnez l'une des options. Par défaut, Word imprime l'intégralité du document.

5/ Pour imprimer des pages spécifiques, cliquez dans la zone *Pages*. Si les pages ne se suivent pas, saisissez les numéros de page séparés par un point-virgule (par exemple, `1 ; 3 ; 7 ; 11`). Si les pages se suivent, indiquez la page de début et celle de fin (par exemple, `5-12` pour imprimer les pages 5 à 12). Vous pouvez cumuler ces deux méthodes afin d'imprimer une plage personnalisée. Par exemple, si vous saisissez `3; 7; 9-12`, les pages 3, 7, 9, 10, 11 et 12 seront imprimées.

6/ Cliquez sur le bouton **Taille** afin de modifier la taille du papier. Par défaut, Word imprime les documents au format A4.

Les différentes tailles de document reconnues par Word

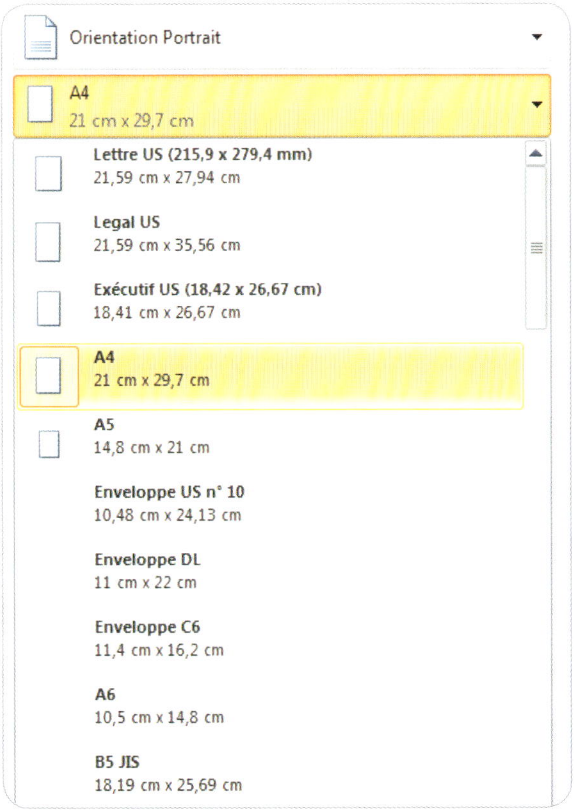

7/ Si vous souhaitez imprimer plusieurs pages par feuille afin, par exemple, de créer un chemin de fer présentant les différentes pages de votre document, cliquez sur le bouton **Une page par feuille** et sélectionnez l'option désirée.

Word permet d'imprimer plusieurs pages sur une même feuille

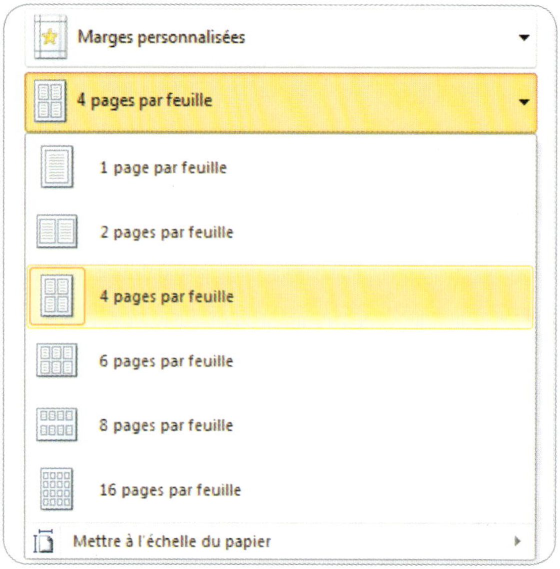

8/ Cliquez sur le bouton **Imprimer**.

Grâce à cet ouvrage, vous maîtrisez une grande partie des fonctionnalités courantes du logiciel de traitement de texte de Microsoft. Word dispose en outre de multiples fonctionnalités cachées, comme la création de macros, de formulaires, des outils de révision du document ou de travail collaboratif, que vous découvrirez par la force des choses ou en fouillant quelque peu dans ses entrailles.

10

Fonctions avancées

Word dispose de multiples fonctionnalités destinées à vous faciliter la vie dans la grande majorité des tâches d'écriture que vous pouvez rencontrer que ce soit pour la réalisation d'un livre, d'un mémoire ou d'une simple lettre. Ce chapitre particulier est destiné à accroître votre niveau de pratique de ce logiciel en rentrant dans certaines de ces arcanes. Vous apprendrez comment ajouter l'onglet Développeur, réaliser un formulaire, protéger vos documents par un mot de passe ou encore effectuer des tâches de traduction depuis Word.

AJOUTER L'ONGLET DÉVELOPPEUR

L'onglet Développeur recense certains outils nécessaires non seulement au développement de nouvelles fonctions Word avec l'aide des Macros mais aussi des commandes utiles à la conception de formulaires.

L'onglet **Développeur** dispose de nombreuses fonctionnalités de création et de développement réparties en six catégories :

— **Code** : ce groupe rassemble toutes les fonctions de développement nécessaire à la création de macro.

— **Compléments** : cette catégorie recense les différents éléments ajoutés à Word tels que de nouveaux onglets insérés par un programme tiers comme un correcteur orthographique ou encore un logiciel de conversion de PDF tel qu'Adobe Acrobat…

— **Contrôles** : c'est le groupe le plus complet. Vous trouverez toutes les fonctions permettant notamment de créer des formulaires.

— **XML** : cette catégorie répertorie les fonctions de gestion et d'association de code XML à un document.

— **Protéger** : comme son nom l'indique, vous trouvez les options permettant de restreindre l'utilisation d'un document à certaines personnes.

— **Modèles** : ce groupe permet de gérer les modèles de document.

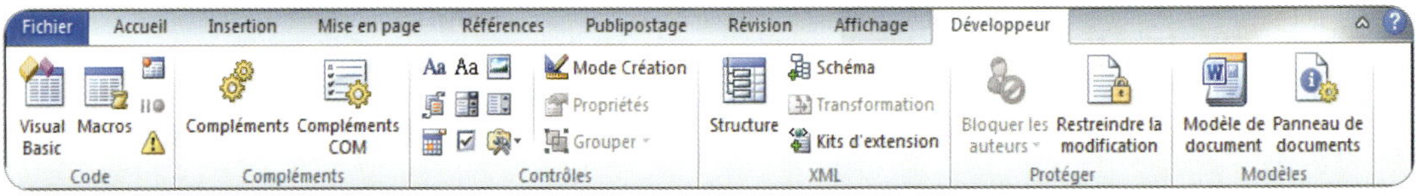

L'onglet Développeur

Par défaut, Word masque cet onglet. Vous pouvez le rétablir en procédant de cette manière :

1/ Cliquez sur l'onglet **Fichier** afin d'accéder au mode **Backstage**.

2/ Dans la colonne de gauche, sélectionnez la rubrique *Options*.

3/ Dans la boite de dialogue **Options Word**, cliquez sur l'onglet **Personnaliser le ruban** dans la colonne de gauche.

4/ Dans la partie centrale de la boite de dialogue, sous la rubrique *Personnaliser le ruban*, cochez la case *Développeur* dans la liste de droite.

5/ Cliquez sur le bouton OK.

Accessible depuis le menu **Fichier** puis en cliquant sur *Options*, l'onglet **Personnaliser le ruban** de la boîte de dialogue **Options Word** permet d'afficher ou de masquer les onglets disponibles dans le ruban de l'application. Pour cela, il suffit de décocher l'onglet à faire disparaître ou au contraire de cocher sa case pour l'afficher.

CONCEVOIR DES FORMULAIRES

Word permet de réaliser des formulaires. Ceux-ci s'avèrent relativement pratiques lorsqu'il s'agit de faire des enquêtes diverses sur les habitudes des clients ou des lecteurs. Les formulaires se composent de cases à cocher ainsi que de listes déroulante recensant de multiples choix…

La conception de formulaire se réalise en plusieurs temps. Tout d'abord, il nécessite l'affichage de l'onglet **Développeur** comme nous venons de le voir précédemment dans ce chapitre. Ensuite, vous devez ajouter différents contrôles tels que des cases à cocher ou encore des listes déroulantes et autres zones de texte réservées. Afin de limiter toutes modifications du formulaire et donc la suppression de vos différents contrôles (cases à cocher, zones de texte prédéfinies, listes déroulantes, etc.), vous devrez protéger votre document.

Les différents contrôles de l'onglet Développeur servant notamment à ajouter des cases à cocher, des zones de textes ou encore des listes déroulantes dans un formulaire.

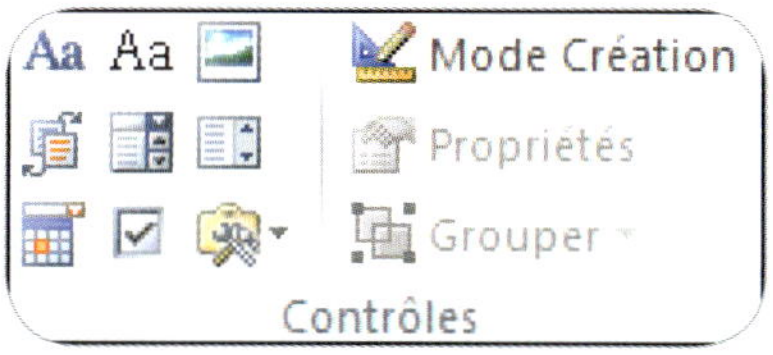

● Ajouter des contrôles de contenu au formulaire

Un formulaire se compose de contrôles du contenu tels que des cases à cocher ou encore des zones de texte réservées. Word intègre différents types de contrôles du contenu situés dans l'onglet **Développeur** sous le groupe *Contrôles* dont les plus fréquemment utilisés sont :

—  **Contrôle du contenu de texte enrichi** : insère une zone de texte dans laquelle vous pouvez effectuer une mise en forme du texte saisi (taille de la police, caractère en gras, italique, etc.).

—  **Contrôle du contenu** de texte brut : ajoute une zone de texte dans laquelle vous ne pouvez saisir que du texte sans mise en forme possible.

—  **Contrôle du contenu image** : permet d'insérer une image de votre choix dans la zone sélectionnée.

—  **Contrôle du contenu de zone de liste déroulante** : insère une zone de liste déroulante dont vous pouvez indiquer les différents choix proposés.

—  **Contrôle du contenu de liste déroulante** : insère une liste déroulante.

—  **Contrôle du contenu de sélecteur de dates** : permet d'ajouter une zone de date qui peut être automatiquement mise à jour.

—  **Case à cocher – Contrôle de contenu** : insère une case à cocher.

Pour concevoir un formulaire, commencez par préparer votre document ainsi que les différents éléments à y faire figurer. Une fois cette opération terminée, procédez comme suit pour ajouter les différents contrôles de contenu :

1/ Sous l'onglet **Développeur**, dans le groupe *Contrôles*, cliquez sur **Mode Création**, puis cliquez là où vous voulez placer votre contrôle.

2/   Pour insérer un contrôle de texte dans lequel les utilisateurs peuvent saisir un texte, allez dans l'onglet **Développeur**, dans le groupe *Contrôles*, cliquez sur le contrôle **Texte enrichi** représenté par cet icône ou **Texte brut** reconnaissable à cet icône.

3/  Si vous souhaitez insérer une liste déroulante, rendez-vous dans l'onglet **Développeur**, dans le groupe *Contrôles*, cliquez sur le contrôle **Liste déroulante**.

4/ Afin de créer une liste avec plusieurs choix possibles, sélectionnez le contrôle de contenu et dans l'onglet **Développeur**, dans le groupe *Contrôles*, cliquez sur **Propriétés**.

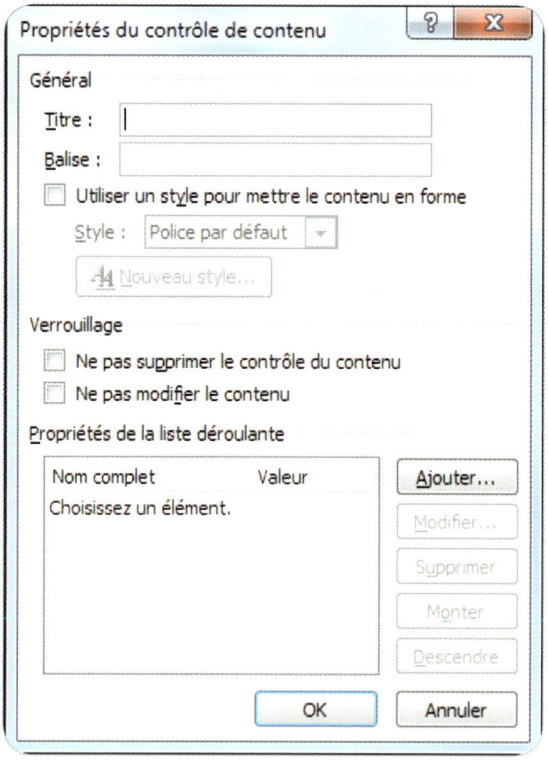

Les différentes propriétés du contrôle de contenu Liste déroulante

5/ Pour créer une liste de choix, sous *Propriétés de la liste déroulante*, cliquez sur **Ajouter**.

6/ Tapez un choix dans la zone *Nom complet*, comme `Oui`, `Non` ou `Peut-être`.

7/ Recommencez les étapes **5** à **6** autant de fois que nécessaire afin que tous les choix voulus figurent dans la liste déroulante.

Astuce

Modifier les propriétés des contrôles de contenu

Chaque contrôle de contenu possède des propriétés que vous pouvez définir ou modifier. Par exemple, le contrôle **Sélecteur de dates** offre des options pour le format que vous utilisez pour afficher une date.

1/ Cliquez avec le bouton droit sur le contrôle de contenu que vous souhaitez modifier.

2/ Dans le menu contextuel, cliquez sur *Propriétés* et modifiez les propriétés voulues.

● Ajouter un texte d'instructions au formulaire

Un texte d'instructions peut faciliter l'utilisation du formulaire que vous créez et distribuez. Vous pouvez modifier le texte d'instructions par défaut des contrôles de contenu.

Pour personnaliser le texte d'instructions par défaut pour les utilisateurs de votre formulaire, procédez comme suit :

1/ Sous l'onglet **Développeur**, dans le groupe *Contrôles*, cliquez sur **Mode Création**.

2/ Cliquez sur le contrôle de contenu dont vous souhaitez modifier le texte d'instructions de l'espace réservé.

En sélectionnant le contrôle et en cliquant sur Mode Création, il est possible d'ajouter un texte d'instructions à chaque contrôle de contenu afin de guider l'utilisateur dans la saisie du formulaire

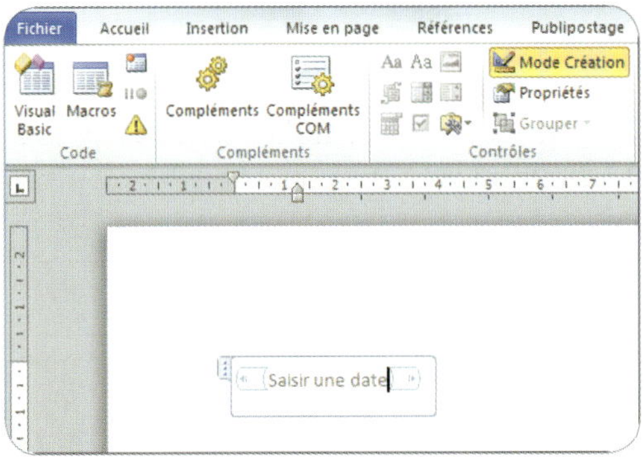

3/ Modifiez ce texte et mettez-le en forme comme vous le voulez.

4/ Si vous voulez que vos instructions s'effacent lorsqu'un utilisateur tape son propre texte dans un contrôle de texte ou de texte enrichi, cliquez sur **Propriétés** dans le groupe *Contrôles*, puis activez la case à cocher *Supprimer le contrôle du contenu lorsque les contenus sont modifiés*.

5/ Sous l'onglet **Développeur**, dans le groupe *Contrôles*, cliquez sur **Mode Création** pour désactiver ce mode et enregistrer le texte des instructions.

Astuce

À propos de la modification d'un contrôle

Lorsque vous sélectionnez un contrôle de contenu et accédez à ses propriétés en réalisant un clic droit dessus puis en cliquant sur *Propriétés*, ne cocher pas la case *Ne pas modifier le contenu* si vous souhaitez que les utilisateurs du formulaire remplacent les instructions par leur propre texte.

Protéger le formulaire

Word permet de protéger le contenu d'un formulaire afin d'empêcher toutes modifications d'un utilisateur ou la suppression d'un contrôle de contenu particulier voire d'un groupe de contrôles.

Pour protéger des parties spécifiques d'un formulaire, il est nécessaire de limiter les modifications qui peuvent être apportées à un contrôle de contenu spécifique de cette manière :

1/ Ouvrez le formulaire à protéger.

2/ Sélectionnez le contrôle de contenu ou le groupe de contrôles dont vous souhaitez limiter les possibilités de modification.

3/ Sous l'onglet **Développeur**, dans le groupe *Contrôles*, cliquez sur **Propriétés**.

4/ Dans la boîte de dialogue **Propriétés du contrôle de contenu**, sous *Verrouillage*, cochez l'option *Ne pas supprimer le contrôle du contenu*. Cela a pour effet d'autoriser la modification du contenu du contrôle, mais empêche la suppression du contrôle dans le document.

La boite de dialogue Propriétés du contrôle de contenu permet de verrouiller le contrôle sélectionné afin d'éviter sa suppression ou la modification de son contenu

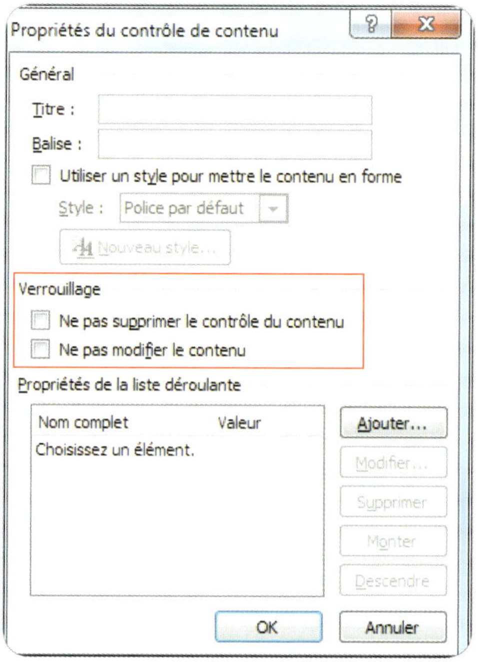

5/ Toujours dans la boîte de dialogue **Propriétés du contrôle de contenu**, sous la rubrique *Verrouillage*, cochez *Ne pas modifier le contenu*. Cette action permet d'autoriser la suppression du contrôle tandis que sa modification du contenu reste interdite. Cette dernière fonction n'est pas disponible pour tous les contrôles.

Astuce

Regrouper plusieurs contrôles de contenu

Word permet de créer des groupes de contrôles de contenu. Cela s'avère utile lorsqu'il s'agit de verrouiller en quelques clics ces contrôles afin de limiter toutes modifications par un autre utilisateur. Procédez comme suit :

1/ Pour regrouper plusieurs contrôles, sélectionnez-les en appuyant sur la touche Maj et en cliquant sur chaque contrôle à regrouper.

2/ Sous l'onglet **Développeur**, dans le groupe *Contrôles*, cliquez sur **Grouper**, puis sur *Groupe*.

Si vous ne souhaitez pas que l'ensemble de votre formulaire soit modifié, il est conseillé de le protéger intégralement. Les utilisateurs pourront alors seulement le remplir. Pour ce faire, procédez de cette manière :

1/ Ouvrez le formulaire à protéger.

2/ Sous l'onglet **Développeur**, dans le groupe *Protéger*, cliquez sur **Restreindre la modification**.

3/ Dans le volet **Restreindre la mise en forme et la modification**, dans *Restrictions de modifications*, activez la case à cocher *Autoriser uniquement ce type de modifications dans le document*.

Le volet Restreindre la mise en forme et la modification

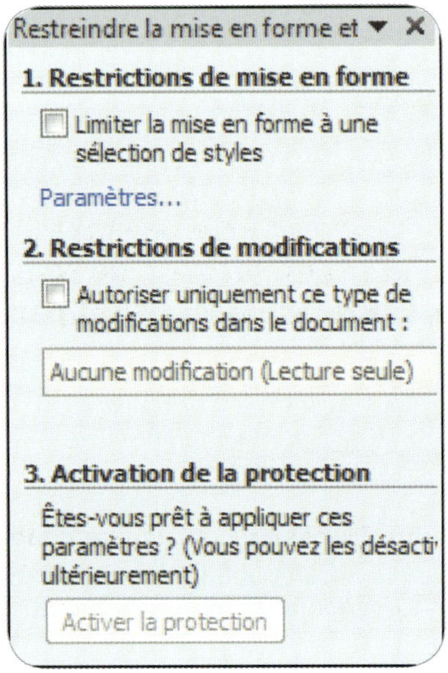

4/ Dans la liste des restrictions de modification, sélectionnez *Remplissage de formulaires*.

5/ Dans *Activation de la protection*, cliquez sur **Activer la protection**.

6/ Pour affecter un mot de passe au document afin que seuls les relecteurs qui le connaissent puissent supprimer la protection, tapez un mot de passe dans la zone *Tapez un nouveau mot de passe (facultatif)*, puis confirmez-le et cliquez sur OK.

Astuce

Créer un mot de passe « fort »
Un mot de passe fort associe des lettres majuscules et minuscules, des nombres et des symboles. Les mots de passe faibles ne mélangent pas ces éléments. Par exemple, un mot de passe fort peut être de ce type `Y6dh!et5` tandis qu'un mot de passe faible prendra cette forme `soleil13`. Les mots de passe doivent contenir au moins 8 caractères. Une expression qui utilise au moins 14 caractères est conseillée. Par ailleurs, stockez vos mots de passe dans un endroit sécurisé loin de votre document protégé (par exemple sur un disque dur amovible ou une clé USB). Afin de limiter le piratage de vos données, l'un des moyens les plus sûrs consiste à noter vos mots de passe sur un papier que vous rangerez soigneusement dans un lieu sécurisé.

AJOUTER DES CLIPARTS

Les cliparts sont des dessins qui peuvent être redimensionnés à volonté sans perte de qualité. Word en dispose de tous types. Ceux-ci sont accessibles depuis la bibliothèque de cliparts intégrée au sein de l'application.

Pour ajouter un clipart sous Word, procédez comme suit :

1/ Sous l'onglet **Insertion**, dans le groupe *Illustrations*, cliquez sur **Images clipart**.

2/ Dans le volet **Images clipart**, dans la zone *Rechercher*, tapez un mot ou une expression décrivant l'image désirée.

Le volet Images clipart permet de rechercher et d'insérer des cliparts

3/ Pour affiner votre recherche, cliquez sur la liste déroulante. Cochez ou décochez les catégories à inclure dans votre recherche.

4/ Si vous disposez d'une connexion Internet, cochez la case *Inclure le contenu Office.com* qui permet d'incorporer dans la bibliothèque les cliparts du site Office.com.

5/ Cliquez sur OK.

6/ Dans la liste des résultats, cliquez sur l'image clipart pour l'insérer.

Astuce

Afficher tous les cliparts

Si vous souhaitez afficher l'intégralité des cliparts contenus dans la bibliothèque *Image clipart*, procédez comme suit :

1/ Sous l'onglet **Insertion**, dans le groupe *Illustrations*, cliquez sur **Images clipart**.

2/ Dans le volet *Images clipart*, cliquez sur la zone **Rechercher** puis appuyez sur la touche Entrée de votre clavier.

WORDART OU COMMENT DONNER DE L'EFFET À UN TEXTE

Éloignez-vous de la routine en donnant des effets fantaisistes à votre texte ! C'est possible en utilisant les WordArt, une fonctionnalité permettant de rendre des textes décoratifs atypiques.

1/ Sous l'onglet **Insertion**, dans le groupe *Texte*, cliquez sur **Texte**.

2/ Sélectionnez l'effet désiré dans la galerie qui s'affiche.

3/ Remplacez le texte par défaut par celui de votre choix.

Les effets WordArt

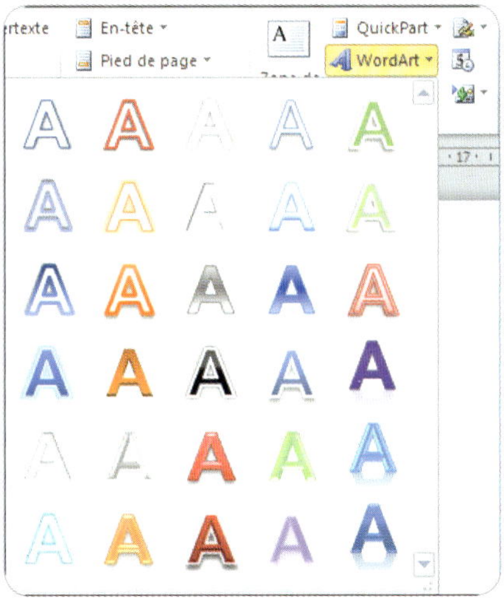

Quand l'objet WordArt est inséré, vous pouvez le déplacer librement dans le document en cliquant sur son cadre et tout en maintenant le bouton gauche de la souris enfoncé, faites glisser la souris à l'emplacement voulu.

Astuce

Modifier l'effet prédéfini d'un objet WordArt

Les modifications d'un objet WordArt s'effectuent depuis l'onglet **Format** après avoir sélectionné l'objet WordArt :

1/ Cliquez sur l'objet WordArt. Allez dans l'onglet **Format**, sous le groupe *Styles WordArt*.

2/ Dans le groupe *Styles WordArt*, cliquez sur **Style rapides** et sélectionnez un autre effet.

PROTÉGER LES DOCUMENTS

Word dispose d'une fonctionnalité puissante destinée à restreindre l'utilisation d'un document à certaines personnes en lui adjoignant un mot de passe. D'autre part, vous pouvez également protéger un document par un mot de passe pour empêcher sa modification ou qu'il soit lisible par d'autres personnes.

Les options de protections d'un document Word

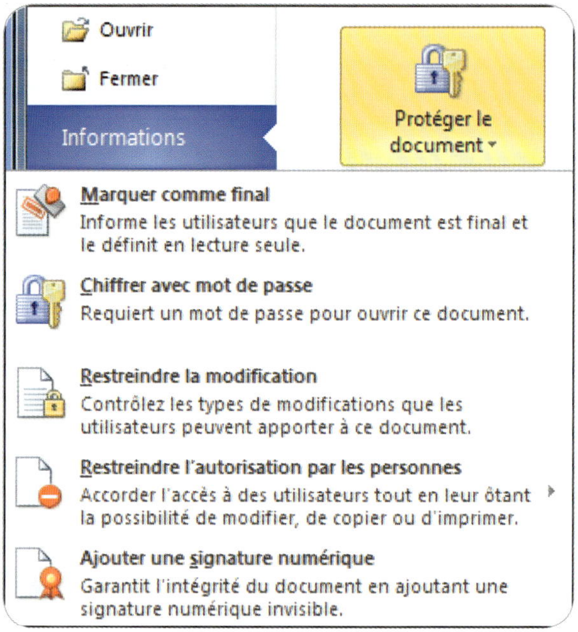

● Protéger un document par un mot de passe

Pour protéger un document par un mot de passe et empêcher ainsi qu'il soit lisible par des tiers, procédez comme suit :

1/ Cliquez sur l'onglet **Fichier**. Dans le **mode Backstage**, cliquez sur *Informations* puis sur **Protéger le document**. Sélectionnez *Chiffrer avec un mot de passe* dans le menu contextuel qui s'affiche.

2/ Dans la boîte de dialogue **Chiffrer le document**, dans la zone *Mot de passe*, saisissez un mot de passe et cliquez sur OK.

La boîte de dialogue Chiffrer le document

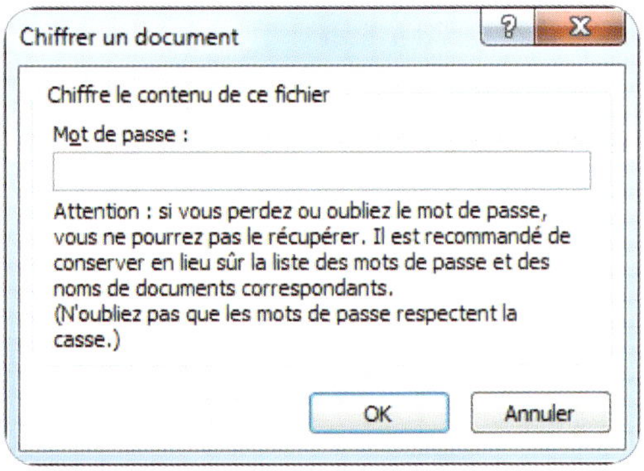

3/ Dans la boîte de dialogue **Confirmer le mot de passe**, dans la zone *Retaper le mot de passe*, saisissez de nouveau le mot de passe et cliquez sur OK.

4/ Pour enregistrer le mot de passe, allez dans l'onglet **Fichier** puis cliquez sur **Enregistrer**.

Word offre deux possibilités permettant de restreindre l'utilisation du document à sa seule lecture. Ainsi, vous pouvez ajouter un mot de passe avant que le fichier ne s'ouvre mais aussi indiquer un mot de passe différent pour empêcher toutes modifications dans celui-ci.

1/ Cliquez sur l'onglet **Fichier** puis sur *Enregistrer sous*.

2/ Cliquez sur **Outils** puis sur *Options générales*.

La boîte de dialogue Enregistrer sous permet d'accéder à différentes options grâce au bouton Outils

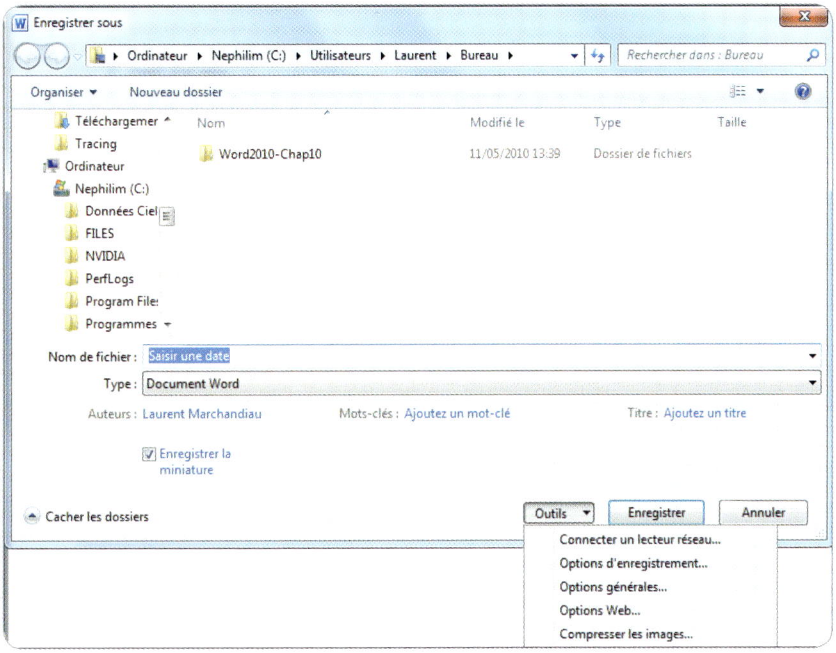

3/ Si vous souhaitez que les relecteurs entrent un mot de passe avant de pouvoir afficher le document, tapez un mot de passe dans la zone *Mot de passe pour la lecture*.

4/ Si vous souhaitez que les relecteurs entrent un mot de passe avant de pouvoir enregistrer des modifications apportées au document, tapez un mot de passe dans la zone *Mot de passe pour la modification*. Cette fonctionnalité est conçue pour que vous puissiez collaborer avec des relecteurs de confiance.

5/ Si vous ne souhaitez pas que les relecteurs modifient accidentellement le fichier, activez la case à cocher *Lecture seule recommandée*. Lorsque les relecteurs ouvrent le fichier, il leur est alors demandé s'ils souhaitent l'ouvrir en lecture seule.

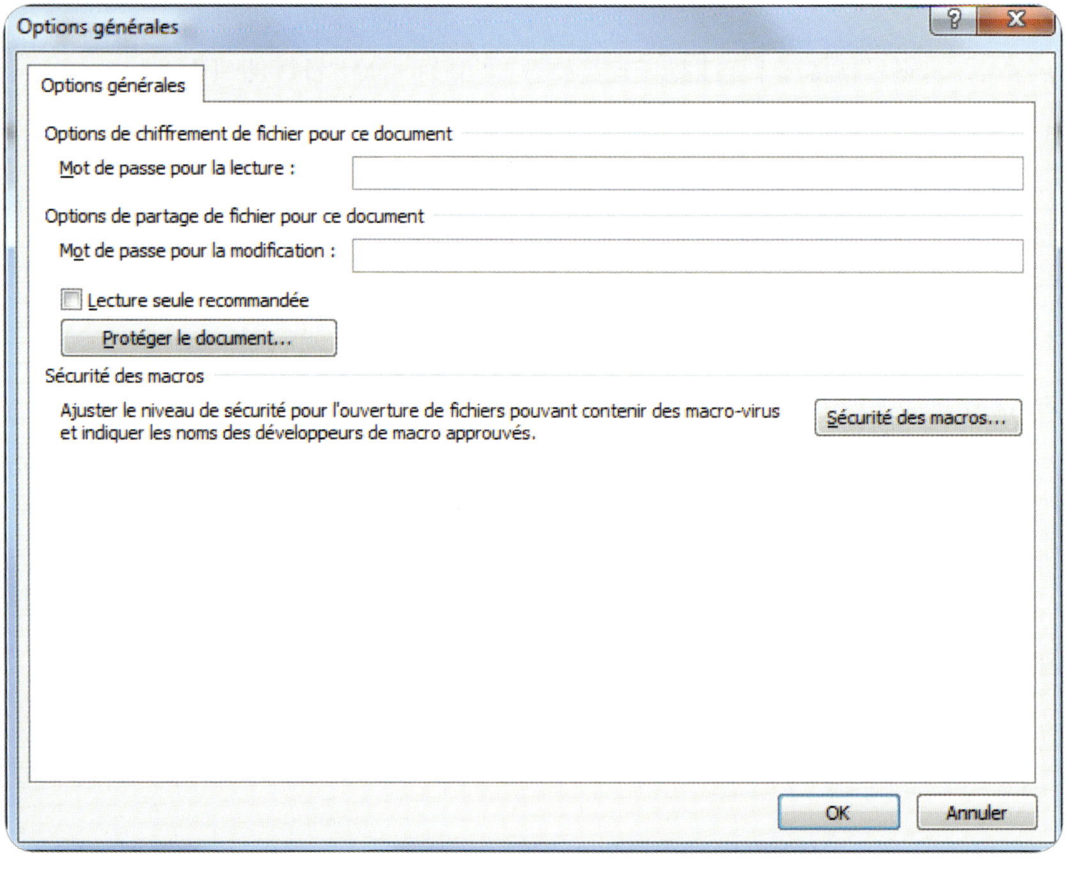

La boîte de dialogue Options générales permet de protéger votre document contre toutes modifications

6/ Cliquez sur OK.

7/ À l'invite, retapez vos mots de passe pour les confirmer puis cliquez sur OK.

8/ Dans la boîte de dialogue **Enregistrer sous**, cliquez sur **Enregistrer**.

9/ À l'invite, cliquez sur **Oui** pour remplacer le document existant.

Astuce

Au sujet des mots de passe
Rien ne vous empêche d'affecter deux mots de passe : le premier pour accéder au fichier et l'autre pour permettre à des relecteurs autorisés spécifiques de modifier son contenu. Veillez alors à choisir des mots de passe différents.

● Restreindre l'utilisation d'un document à des utilisateurs spécifiques

Par défaut, l'ensemble des documents ouverts sous Word sont en accès illimité. Comprenez par là que toutes les personnes peuvent modifier le document librement sans avoir à saisir un quelconque mot de passe. Or, il s'avère parfois utile de limiter l'accès d'un document à seulement quelques initiés. Word intègre un module de gestion des droits utilisateurs permettant d'effectuer cette opération pour peu que vous ayez une connexion Internet. Procédez de la manière suivante :

1/ Ouvrez le document dont vous souhaitez limiter l'accès.

2/ Rendez-vous dans l'onglet **Fichier**. Cliquez sur *Informations* dans la colonne de gauche puis dans le volet central, sélectionnez **Protéger le document**. Dans le menu contextuel qui s'ouvre, pointez le curseur sur *Restreindre l'autorisation par les personnes* et cliquez sur *Accès restreint*.

Word permet de restreindre l'accès d'un document à certains utilisateurs

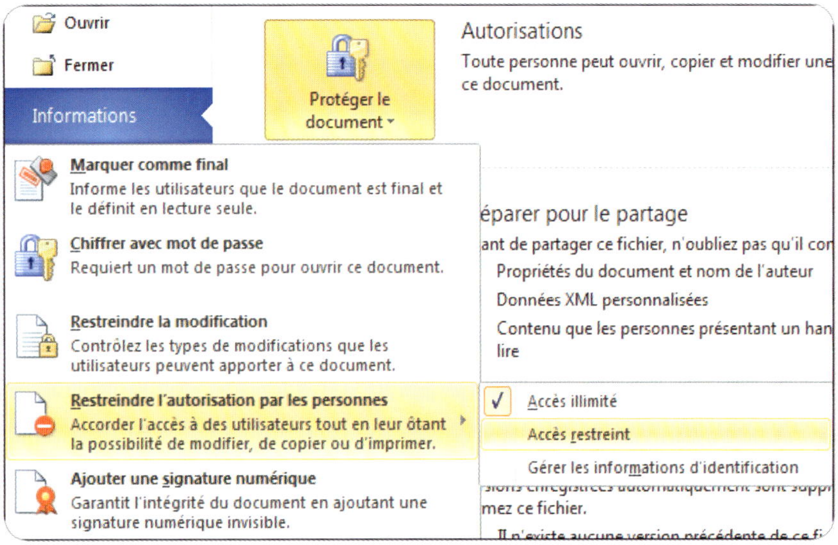

3/ Dans la fenêtre **Inscription au service**, cochez la case *Oui, je veux souscrire à ce service gratuit Microsoft* puis cliquez sur **Suivant**.

4/ Dans la fenêtre suivante, cochez l'option *Oui, je possède un compte Windows Live ID* si vous avez déjà un compte Windows Live Messenger (Msn, hotmail ou live). Dans le cas contraire, cochez la case *Non, je souhaite m'inscrire à un compte Windows Live maintenant*. Cliquez sur **Suivant**.

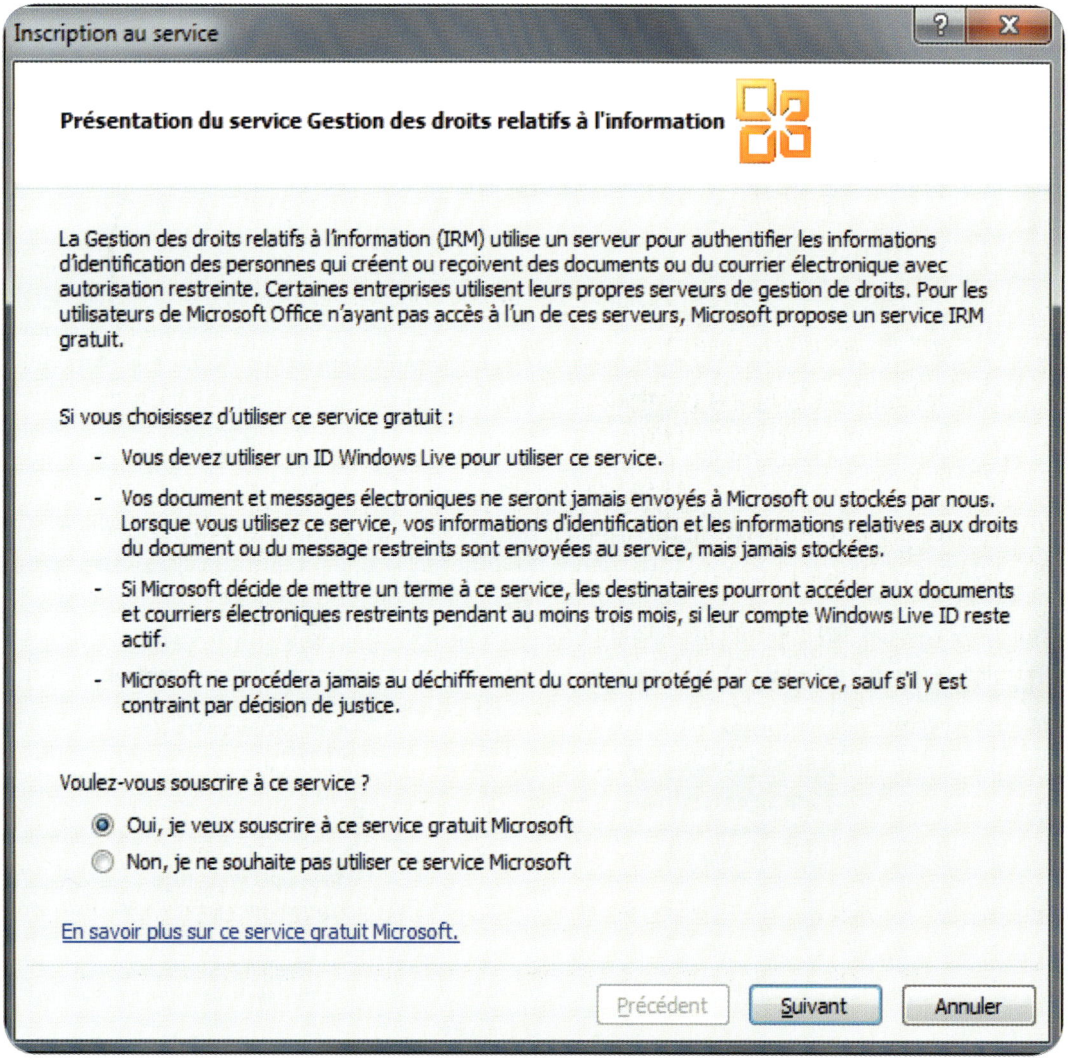

Pour restreindre l'autorisation d'un document à un groupe d'utilisateurs, vous devez souscrire à un service Internet Microsoft gratuit

5/ Dans le cas ou vous avez cochez *Non, je souhaite m'inscrire à un compte Windows Live maintenant*, la fenêtre qui s'affiche permet de vous inscrire à ce service. Suivez les indications et remplissez les différents champs demandés puis confirmez votre inscription.

6/ Dans le cas ou avez cochez *Oui, je possède un compte Windows Live ID*, l'étape suivante consiste à entrer votre adresse de messagerie dans la zone éponyme ainsi que son mot de passe. Appuyez ensuite sur **Connexion**.

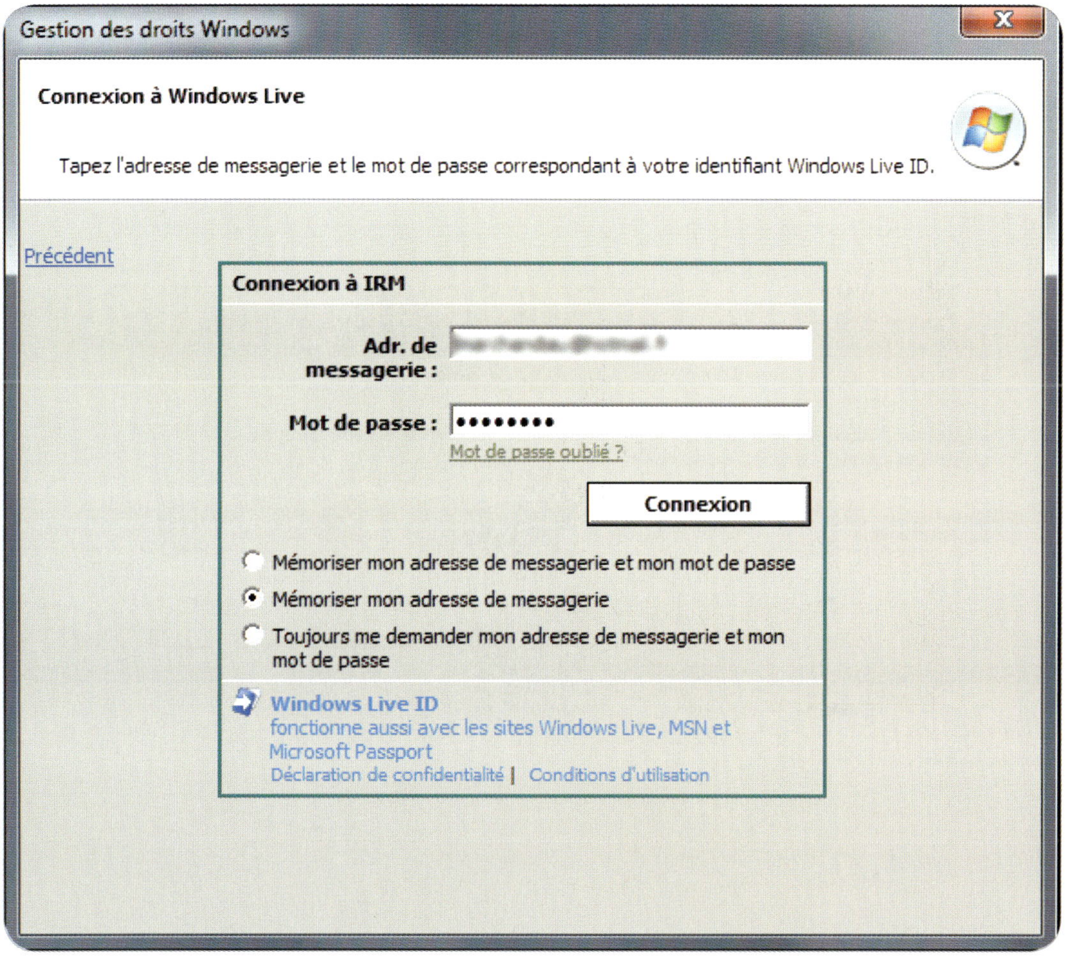

L'inscription à ce service nécessite une adresse de messagerie Windows Live Mail (msn, hotmail, live)

7/ Choisissez l'option qui vous convient le mieux dans l'étape suivante. Cochez la case *Il s'agit d'un ordinateur privé* si vous utilisez ce PC depuis votre domicile ou grisez la case *Il s'agit d'un ordinateur public ou partagé* si votre ordinateur est utilisé par des tiers. Cliquez ensuite sur **J'accepte**.

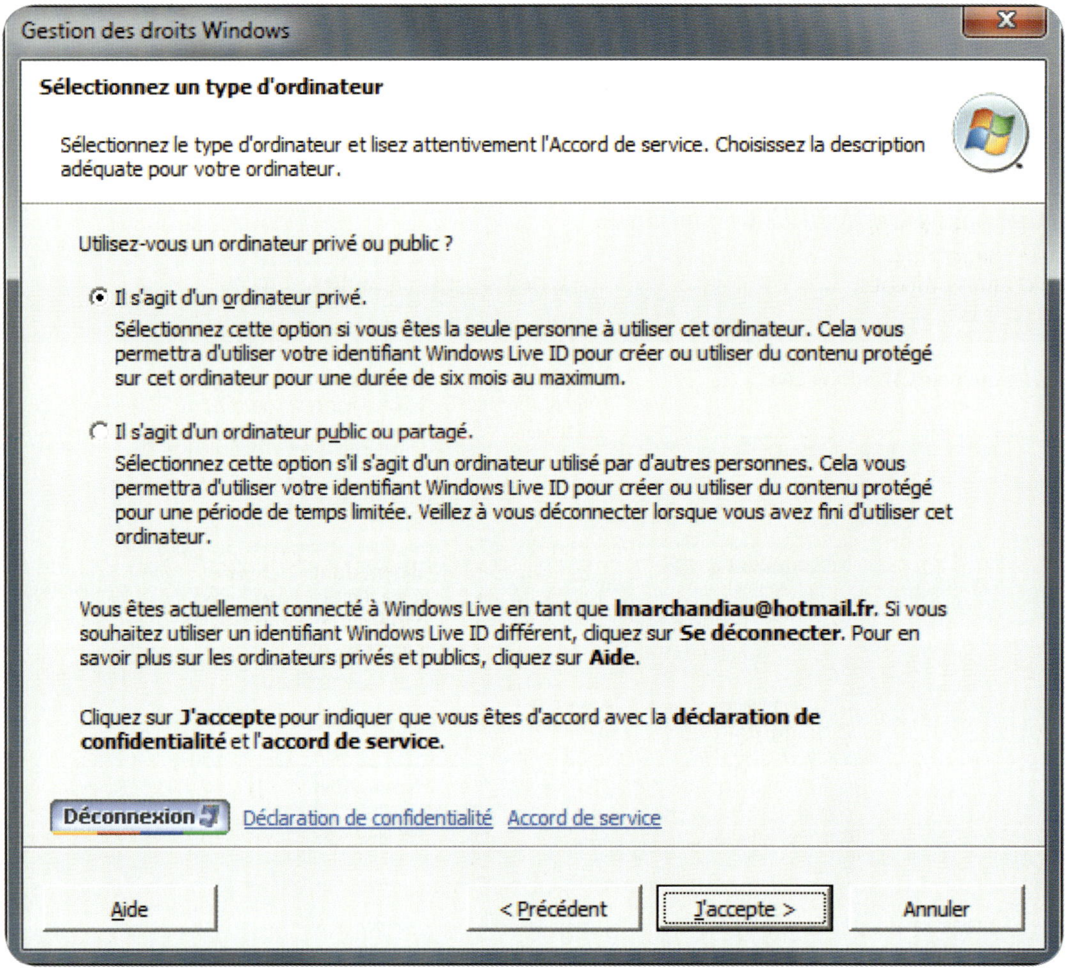

Suivant qu'il s'agit d'un ordinateur public ou privé, le service auquel vous souscrivez est actif pendant une durée plus ou moins longue

8/ Appuyez ensuite sur **Terminer**.

9/ Maintenant que le service est activé, dans la boîte de dialogue **Sélectionner l'utilisateur**, cliquez sur votre adresse de messagerie puis sur OK.

10/ Dans la boîte de dialogue **Autorisations**, cochez la case *Restreindre l'autorisation à : document*.

11/ Pour restreindre la lecture du document à certaines personnes, saisissez les adresses mail des utilisateurs autorisés dans le champ *Lire*. N'oubliez pas de les séparer par un point-virgule. De la même manière, si vous souhaitez restreindre les modifications qu'un groupe de personnes peut apporter à votre document, indiquez les adresses de messagerie de ces utilisateurs dans le champ *Modifier*.

La boîte de dialogue Autorisations permet de restreindre l'utilisation du document à un groupe de personnes pourvu que vous saisissiez leur adresse de messagerie dans les champs proposés.

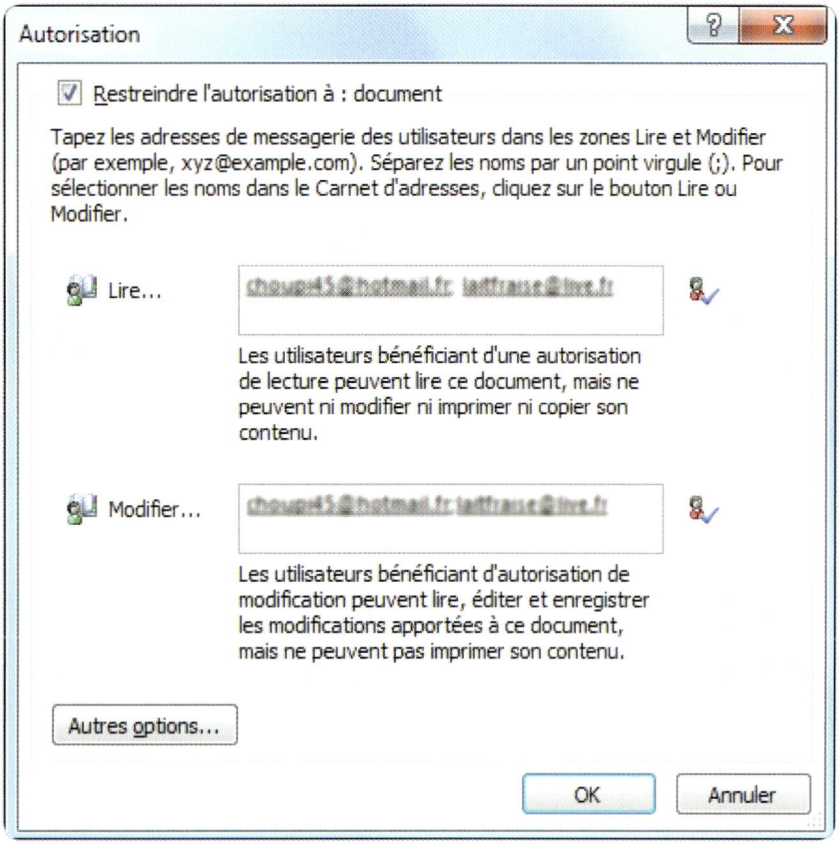

12/ Cliquez sur OK pour valider.

Restreindre la modification

Word permet de limiter la modification du document à seulement certaines personnes tout en restreignant ces modifications apportées qu'à quelques éléments du document. Ainsi par exemple, un utilisateur autorisé ne pourra ajouter uniquement que des commentaires ou encore disposer seulement des options de révision d'un document. Pour ce faire, procédez comme suit :

1/ Allez dans l'onglet **Fichier** puis cliquez sur *Informations*.

2/ Dans le volet central, cliquez sur **Protéger le document** puis sélectionnez *Restreindre la modification*.

3/ Dans le volet qui s'ouvre à droite, cochez *Limiter la mise en forme à une sélection de styles* si vous ne souhaitez pas que l'utilisateur puisse changer le style du document.

Le volet Limiter la mise en forme à une sélection de styles permet de restreindre les modifications d'un document suivant plusieurs critères

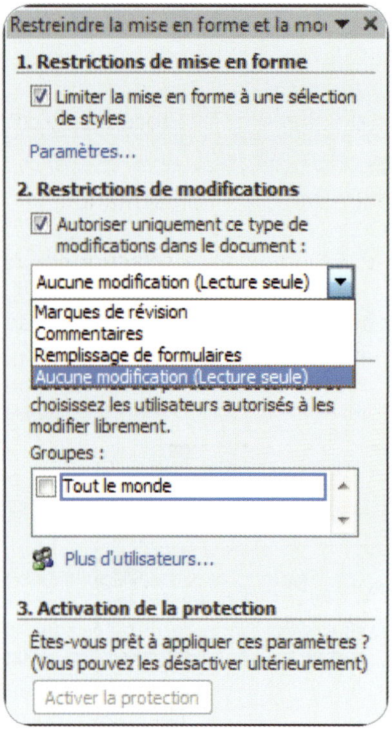

4/ À la rubrique **Restrictions de modifications**, cochez la case *Autoriser uniquement ce type de modifications dans le document* puis cliquez sur la liste déroulante située en dessous. Sélectionnez une option parmi celles proposées.

5/ Dans la rubrique **Exceptions**, cochez la case *Tout le monde* si vous souhaitez que l'ensemble des personnes puissent procéder aux types de modifications précédemment sélectionnées. Dans le cas contraire, cliquez sur *Plus d'utilisateurs*. Dans ce cas, la boîte de dialogue **Ajouter les utilisateurs** s'ouvre. Saisissez alors les adresses mail des utilisateurs autorisés, séparées par des points virgules, puis cliquez sur OK.

6/ En dernier lieu, cliquez sur le bouton **Activer la protection**.

7/ Enregistrer votre document pour que la protection devienne active.

TRADUIRE AVEC WORD, C'EST POSSIBLE !

C'est l'une des fonctions les moins en vue de Word 2010 et généralement de la suite Office mais qui peut rendre à bien des égards de nombreux services. Le logiciel de traitement de texte de Microsoft dispose d'un petit module de traduction assez complet nécessitant une connexion Internet.

Traduire un texte

Pour accéder à cet outil « magique », rien de plus simple ! Procédez de cette manière :

1/ Surligner le mot ou la phrase à traduire dans votre présentation.

2/ Cliquez sur l'onglet **Révision**. Sous le groupe *Langue*, sélectionnez **Traduire**.

3/ Dans le menu contextuel qui s'affiche, cliquez sur *Traduire le texte sélectionné*. Le volet de traduction s'ouvre alors à droite de la fenêtre.

Le volet de traduction de Word

4/ Par défaut, Word 2010 traduit du français vers l'anglais (États-Unis). Vous pouvez changer la langue de traduction. Pour cela, sous la rubrique *Traduction*, cliquez sur la liste déroulante *De* puis sélectionnez la langue d'origine du terme à traduire.

5/ Dans la liste déroulante *Vers*, sélectionnez la langue de traduction désirée. Les correspondances trouvées s'affichent alors en bas du volet de traduction.

Word permet de traduire un texte en de nombreuses langues

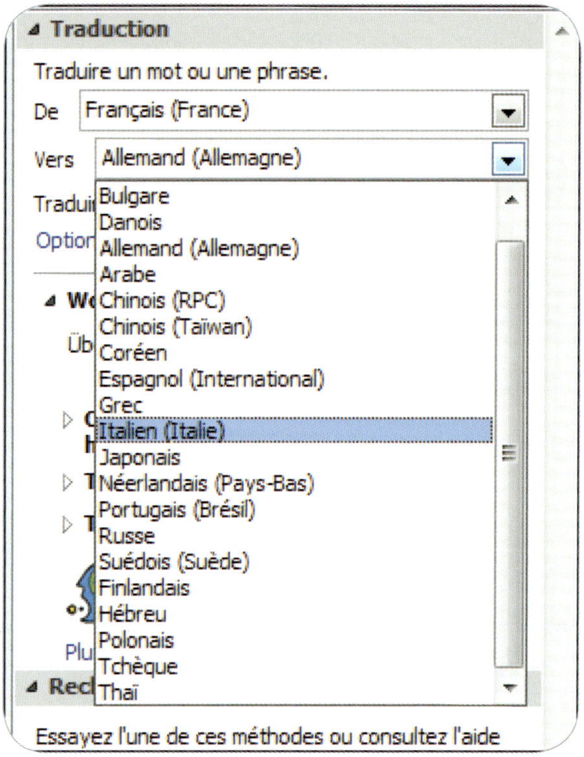

● Utiliser le mini-traducteur

Word intègre un mini-traducteur légèrement moins complet que la fonction précédente mais qui s'avère suffisant dans bien des cas. Celui-ci permet d'afficher la traduction d'un mot ou d'une phrase surlignée quasi instantanément, en pointant le curseur de la souris sur le terme à traduire.

1/ Surlignez un terme ou une phrase dans votre document.

2/ Rendez-vous dans l'onglet **Révision**. Sous le groupe *Langue*, cliquez sur **Traduire**.

3/ Sélectionnez *Choisir la langue de traduction* dans le menu contextuel qui s'affiche afin de définir la langue de traduction pour le mini-traducteur.

4/ Dans la boîte de dialogue **Options de langue de traduction**, cliquez sur la liste déroulante *Traduire en* et sélectionnez une langue parmi les idiomes proposés. Cliquez sur OK une fois fait.

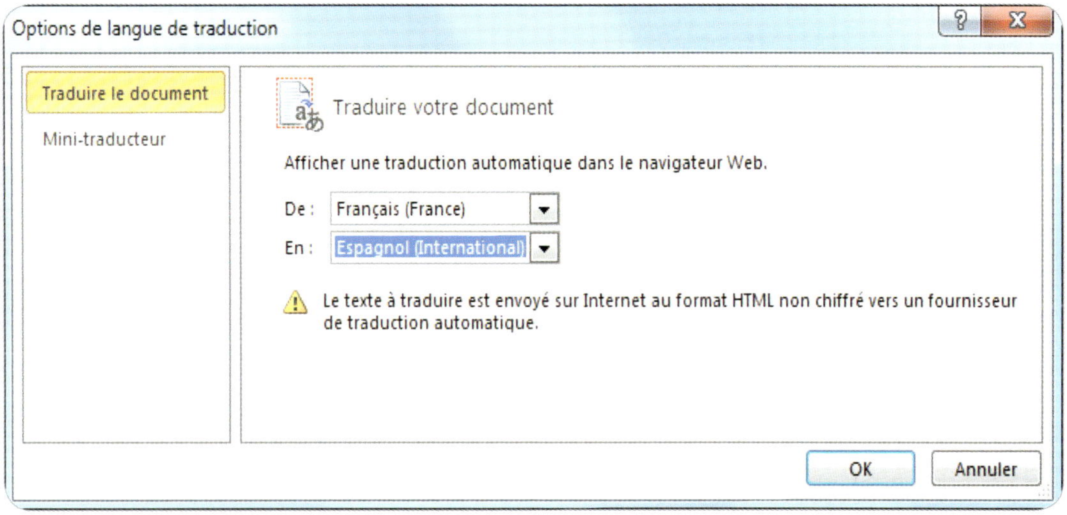

La boîte de dialogue Options de langue de traduction permet de définir la langue de traduction par défaut

5/ Cliquez de nouveau sur le bouton **Traduire** situé dans l'onglet **Révision** et sélectionnez *Mini-traducteur*.

6/ Dans la boîte de dialogue **Options de langue de traduction**, cliquez sur la liste déroulante *Traduire en* et sélectionnez l'idiome de votre choix parmi ceux proposés. Cliquez sur OK.

7/ Cliquez sur un mot ou surlignez une phrase dans votre présentation. Effectuez un clic droit sur le mot ou la phrase sélectionnée puis choisissez *Traduire* dans le menu contextuel qui s'affiche.

8/ Le volet de traduction s'ouvre alors à droite et les termes sélectionnés sont automatiquement traduits. La traduction apparaît sous la rubrique **Traduction**.

Pour traduire rapidement un mot ou une phrase, effectuez un clic droit sur le terme sélectionné et choisissez Traduire

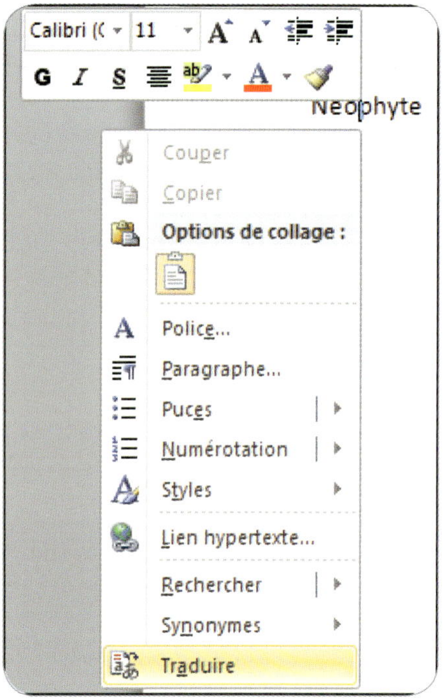

ENREGISTRER UN DOCUMENT AU FORMAT PDF / XPS

Les documents au format PDF, et son pendant XPS, permettent de diffuser des documents auprès du public de manière sécurisée. Ainsi, un document PDF ou XPS peut avoir des limitations quant à son usage telle que l'interdiction de supprimer un élément ou l'interdiction de son impression, etc.

Depuis Office 2007, cette fonction est incorporée aux différents logiciels de la suite bureautique de Microsoft sous la forme d'un module téléchargeable auprès du site de l'éditeur. Avec Word 2010, cette fonctionnalité est désormais pleinement intégrée à l'application en standard.

● PDF ou XPS : quel format choisir ?

Word permet de convertir une présentation en PDF mais également en XPS. Tous deux sont des formats de lecture seule. Ainsi, les fichiers convertis dans l'un de ces formats peuvent être lus mais ne sont pas modifiables par le destinataire. Ils nécessitent tous deux des logiciels permettant de les lire : le logiciel gratuit Acrobat pour les PDF et la visionneuse gratuite de Microsoft pour le XPS.

Notez qu'en ce qui concerne ce dernier format, il est pris en charge nativement par Windows Vista et Windows 7 et ne nécessite donc pas d'application tierce à installer si votre destinataire possède l'un de ces deux systèmes d'exploitation, ce qui n'est pas le cas du format PDF. L'avantage d'utiliser le XPS réside dans le fait que les fichiers convertis dans ce format sont moins volumineux que ceux générés en PDF. A contrario, le PDF est plus largement usité par la plupart des personnes.

● Enregistrer un document en PDF ou XPS

La conversion en PDF ou en XPS d'un document s'effectue de la même manière. Procédez comme suit :

1/ Rendez-vous dans l'onglet **Fichier** afin d'accéder au **mode Backstage** de Word.

2/ Dans la colonne de gauche, cliquez sur la rubrique *Partager*.

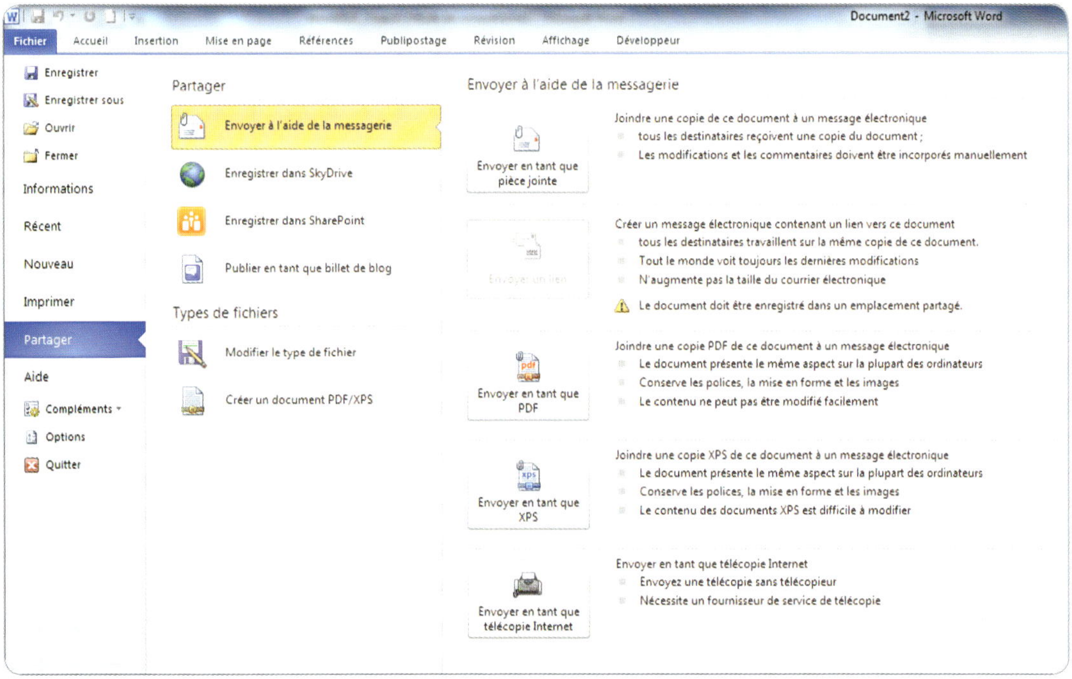

La rubrique Partager intègre de nombreux outils facilitant le partage de document

3/ Sélectionnez *Créer un document PDF/XPS* dans le volet central. Cliquez sur le bouton **Créer un document PDF/XPS** situé dans la colonne de droite. La boîte de dialogue **Publier comme PDF ou XPS** s'affiche.

4/ Saisissez un nom de fichier à la ligne éponyme et sélectionnez l'emplacement d'enregistrement de votre choix en naviguant dans l'arborescence.

5/ Cliquez sur la liste déroulante *Type* afin de choisir votre format : sélectionnez soit *PDF* (par défaut) ou *Document XPS*.

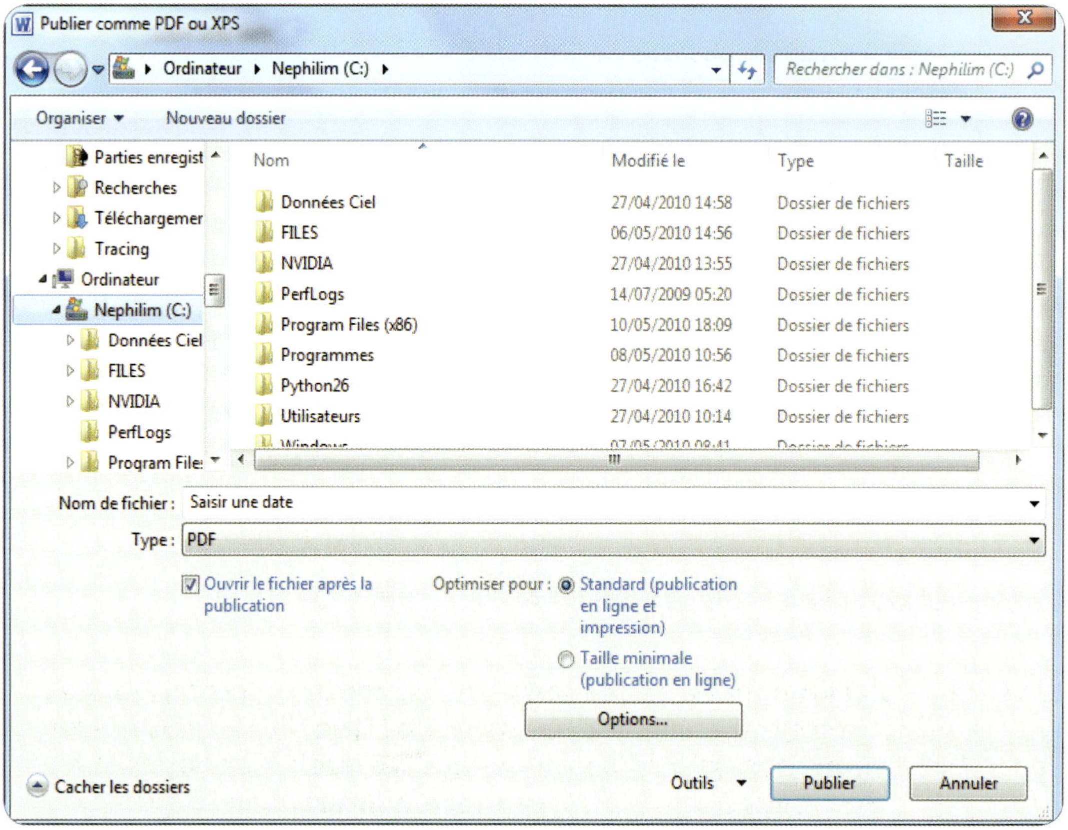

La boîte de dialogue Publier comme PDF ou XPS

6/ À la ligne *Optimiser pour*, sélectionnez l'option qui vous convient selon que vous souhaitez l'imprimer - dans ce cas cochez *Standard (publication en ligne et impression)* - ou que vous voulez le diffuser sur le Web ou par mail. Dans ce cas, privilégiez l'option *Taille minimale (publication en ligne.)*

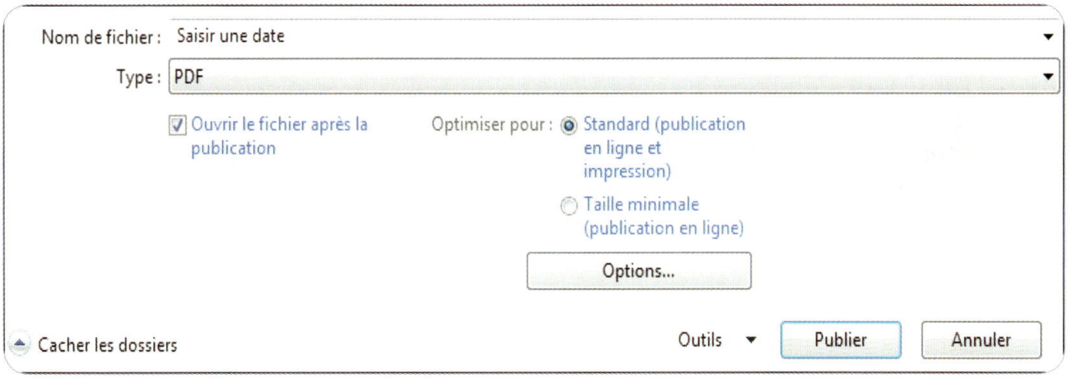

Les options d'enregistrement d'un document en PDF ou XPS

7/ Décochez la case *Ouvrir le fichier après la publication* si vous ne voulez pas ouvrir votre document une fois converti.

8/ Appuyez sur le bouton **Publier**.

Notez la présence du bouton **Options** dans la boîte de dialogue **Publier comme PDF ou XPS**. Celui-ci permet d'afficher les options afférentes au format sélectionné. Ces dernières sont presque les mêmes. Ainsi, en accédant aux options de format PDF ou XPS vous pourrez définir les pages à convertir en PDF ainsi qu'inclure ou exclure certains éléments de votre futur document PDF ou XPS.

PARTAGER DES FICHIERS AVEC SKYDRIVE

SkyDrive, voici un nom étrange évoquant des contrées lointaines. En réalité, elles ne sont pas si lointaines que cela ! Que diriez-vous d'avoir vos présentations accessibles depuis n'importe quels coins du globe ? Tout ce qu'il vous faut ? Une bonne connexion Internet ainsi que des identifiants ID Windows Live (un compte de messagerie Windows Live, Hotmail ou MSN.)

Windows Live SkyDrive est une sorte de disque dur gratuit sur Internet de 25 giga-octets pour partager vos photos et stocker des données. Avec ce service accessible seulement dans le cas où vous possédez un compte Windows Live ID, vous pouvez consulter, modifier et télécharger vos fichiers depuis n'importe quel ordinateur.

● Enregistrer votre présentation dans SkyDrive

Pour enregistrer votre présentation sur ce disque dur virtuel accessible via n'importe quels navigateurs Internet, effectuez les opérations suivantes :

1/ Rendez-vous sur l'onglet **Fichier** puis sélectionnez la rubrique *Partager*.

2/ Dans le volet central, cliquez sur *Enregistrer dans SkyDrive*. Vous devez être connecté à Internet.

3/ Dans la colonne de droite, sous la rubrique *Enregistrer dans SkyDrive*, cliquez sur le bouton **Réessayer** si la connexion ne s'établit pas correctement. Cliquez sur **Connexion** dans la colonne de droite. Dans la boîte de dialogue qui s'ouvre, indiquez votre adresse Windows Live (msn, hotmail, live) dans le champ *Nom d'utilisateur* ainsi que votre mot de passe dans la zone éponyme puis cliquez sur OK.

Les options d'enregistrements de l'outil SkyDrive

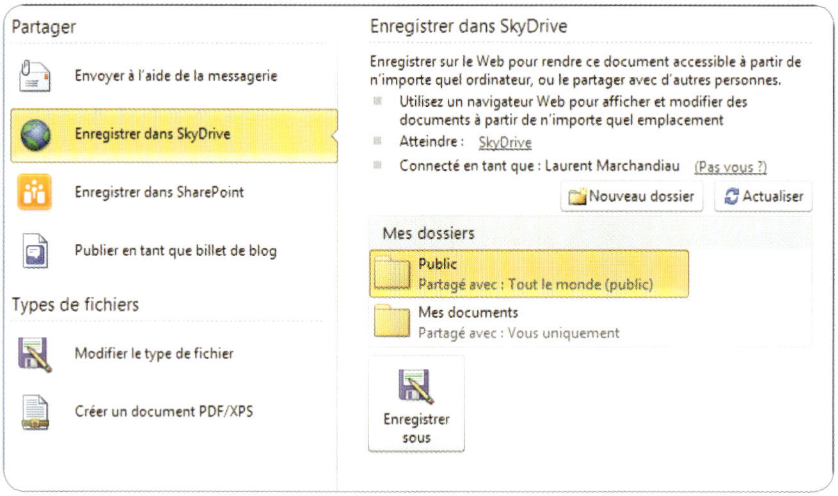

4/ Une fois la connexion établie, dans la sous-rubrique *Mes dossiers*, sélectionnez l'un des deux dossiers au choix. Privilégiez le dossier *Mes documents* qui n'est accessible qu'à vous seul ou cliquez sur *Public* pour partager votre document avec tout le monde.

5/ La boîte de dialogue **Enregistrer sous** apparaît ensuite. Dans cette dernière, à la ligne *Nom du fichier*, indiquez un nom à votre document. Cliquez sur la liste déroulante *Type* pour l'enregistrer sous un autre format que celui par défaut puis appuyez sur **Enregistrer**.

Notez l'apparition d'un nouvel icone dans la barre de notification de Windows. Celui-ci indique l'état de téléchargement dans le Centre de téléchargement Microsoft Office.

LES PRINCIPAUX RACCOURCIS CLAVIER

Word dispose de nombreux raccourcis clavier destinés à faciliter la mise en page. En les connaissant, vous optimiserez votre productivité en gagnant un temps certain.

● Saisir le texte

[Entrée] : insère une fin de paragraphe.

[Maj] + [Entrée] : insère une fin de ligne au sein d'un paragraphe.

[Ctrl] + [Entrée] : insère un saut de page

[Suppr] : supprime l'élément situé à droite du curseur.

[Ctrl] + [Suppr] : efface le mot situé à droite du curseur.

[Maj] : maintenez ce bouton tout en tapant votre texte pour saisir en majuscule.

[Ctrl] + [Maj] + [Espace] pour insérer l'espace insécable.

● Insérer des caractères spéciaux

[Alt Gr] + [E] : insère le symbole euros (€).

[Alt Gr] + [0] : insère le symbole arobase (@).

[Alt Gr] + [C] : insère le symbole copyright (©).

[Alt Gr] + [T] : insère le symbole Trade mark (™).

[Alt] + [0137] : insère le symbole pour mille, les chiffres 0137 sont saisis directement depuis le pavé numérique.

● Mettre en forme le texte

[Ctrl] + [<] : réduire le texte sélectionné.

[Ctrl] + [Maj] + [<] : augmenter le texte sélectionné.

Ctrl + G : Met le texte en gras.

Ctrl + I : Passe le texte en italique.

Ctrl + U : Souligne les mots et les espaces.

Ctrl + Maj + + : Met le texte en exposant.

Ctrl + = : Passe le texte en indice.

Ctrl + Maj + A : Met le texte en majuscule.

Ctrl + Maj + K : Passe le texte en petites majuscules.

Ctrl + D : Ouvre la boîte de dialogue **Police**.

● Aligner les paragraphes

Ctrl + Maj + G : aligne le paragraphe à gauche.

Ctrl + Maj + D : aligne le paragraphe à droite.

Ctrl + J : justifie le texte et aligne la dernière ligne du paragraphe à gauche.

Ctrl + Maj + J : justifie le texte en prenant compte de la dernière ligne (justification forcée).

Ctrl + E : centre le paragraphe.

Ctrl + R : augmente le retrait gauche.

Ctrl + Maj + M : diminue le retrait gauche.

● Copier, coller, couper

Ctrl + C : Copie l'élément sélectionné.

Ctrl + V : Colle l'élément copié à l'endroit où est placé le curseur.

Ctrl + X : Déplace l'élément copié à l'endroit où est positionné le curseur.

CPI Aubin Imprimeur - *Ligugé*, D.L. juin 2010 / Impr. : P 73789